浙江改革开放四十年研究系列

创新发展
浙江的探索与实践

吴晓波 杜 健 等 ◎ 著

中国社会科学出版社

图书在版编目（CIP）数据

创新发展：浙江的探索与实践／吴晓波等著 .—北京：中国社会科学出版社，2018.10（2019.3 重印）

（浙江改革开放四十年研究系列）

ISBN 978-7-5203-3356-6

Ⅰ.①创… Ⅱ.①吴… Ⅲ.①区域经济发展—研究—浙江 Ⅳ.①F127.55

中国版本图书馆 CIP 数据核字（2018）第 237567 号

出 版 人	赵剑英
责任编辑	梁剑琴
责任校对	杨　林
责任印制	王　超

出　　版	中国社会科学出版社
社　　址	北京鼓楼西大街甲 158 号
邮　　编	100720
网　　址	http://www.csspw.cn
发 行 部	010-84083685
门 市 部	010-84029450
经　　销	新华书店及其他书店
印　　刷	北京君升印刷有限公司
装　　订	廊坊市广阳区广增装订厂
版　　次	2018 年 10 月第 1 版
印　　次	2019 年 3 月第 2 次印刷
开　　本	710×1000　1/16
印　　张	16.5
字　　数	245 千字
定　　价	69.00 元

凡购买中国社会科学出版社图书，如有质量问题请与本社营销中心联系调换
电话：010-84083683
版权所有　侵权必究

浙江省文化研究工程指导委员会

主　任：车　俊

副主任：葛慧君　郑栅洁　陈金彪　周江勇
　　　　成岳冲　陈伟俊　邹晓东

成　员：胡庆国　吴伟平　蔡晓春　来颖杰
　　　　徐明华　焦旭祥　郭华巍　徐宇宁
　　　　鲁　俊　褚子育　寿剑刚　盛世豪
　　　　蒋承勇　张伟斌　鲍洪俊　许　江
　　　　蔡袁强　蒋国俊　马晓晖　张　兵
　　　　马卫光　陈　龙　徐文光　俞东来
　　　　陈奕君　胡海峰

浙江文化研究工程成果文库总序

有人将文化比作一条来自老祖宗而又流向未来的河,这是说文化的传统,通过纵向传承和横向传递,生生不息地影响和引领着人们的生存与发展;有人说文化是人类的思想、智慧、信仰、情感和生活的载体、方式和方法,这是将文化作为人们代代相传的生活方式的整体。我们说,文化为群体生活提供规范、方式与环境,文化通过传承为社会进步发挥基础作用,文化会促进或制约经济乃至整个社会的发展。文化的力量,已经深深熔铸在民族的生命力、创造力和凝聚力之中。

在人类文化演化的进程中,各种文化都在其内部生成众多的元素、层次与类型,由此决定了文化的多样性与复杂性。

中国文化的博大精深,来源于其内部生成的多姿多彩;中国文化的历久弥新,取决于其变迁过程中各种元素、层次、类型在内容和结构上通过碰撞、解构、融合而产生的革故鼎新的强大动力。

中国土地广袤、疆域辽阔,不同区域间因自然环境、经济环境、社会环境等诸多方面的差异,建构了不同的区域文化。区域文化如同百川归海,共同汇聚成中国文化的大传统,这种大传统如同春风化雨,渗透于各种区域文化之中。在这个过程中,区域文化如同清溪山泉潺潺不息,在中国文化的共同价值取向下,以自己的独特个性支撑着、引领着本地经济社会的发展。

从区域文化入手,对一地文化的历史与现状展开全面、系统、扎实、有序的研究,一方面可以藉此梳理和弘扬当地的历史传统和文化资源，繁荣和丰富当代的先进文化建设活动，规划和指导未来的文化发展蓝图，增强文化软实力，为全面建设小康社会、加快推进社会主义现代化提供思想保证、精神动力、智力支持和舆论力量；另一方面，这也是深入了解中国文化、研究中国文化、发展中国文化、创新中国文化的重要途径之一。如今，区域文化研究日益受到各地重视，成为我国文化研究走向深入的一个重要标志。我们今天实施浙江文化研究工程，其目的和意义也在于此。

千百年来，浙江人民积淀和传承了一个底蕴深厚的文化传统。这种文化传统的独特性，正在于它令人惊叹的富于创造力的智慧和力量。

浙江文化中富于创造力的基因，早早地出现在其历史的源头。在浙江新石器时代最为著名的跨湖桥、河姆渡、马家浜和良渚的考古文化中，浙江先民们都以不同凡响的作为，在中华民族的文明之源留下了创造和进步的印记。

浙江人民在与时俱进的历史轨迹上一路走来，秉承富于创造力的文化传统，这深深地融汇在一代代浙江人民的血液中，体现在浙江人民的行为上，也在浙江历史上众多杰出人物身上得到充分展示。从大禹的因势利导、敬业治水，到勾践的卧薪尝胆、励精图治；从钱氏的保境安民、纳土归宋，到胡则的为官一任、造福一方；从岳飞、于谦的精忠报国、清白一生，到方孝孺、张苍水的刚正不阿、以身殉国；从沈括的博学多识、精研深究，到竺可桢的科学救国、求是一生；无论是陈亮、叶适的经世致用，还是黄宗羲的工商皆本；无论是王充、王阳明的批判、自觉，还是龚自珍、蔡元培的开明、开放，等等，都展示了浙江深厚的文化底蕴，凝聚了浙江人民求真务实的创造精神。

代代相传的文化创造的作为和精神，从观念、态度、行为方式和价值取向上，孕育、形成和发展了渊源有自的浙江地域文化传统和与时俱进的浙江文化精神，她滋育着浙江的生命力、催生着浙江的凝聚力、激发着浙江的创造力、培植着浙江的竞争力，激励着浙江人民永不自满、永不停息，在各个不同的历史时期不断地超越自我、创业奋进。

悠久深厚、意韵丰富的浙江文化传统，是历史赐予我们的宝贵财富,也是我们开拓未来的丰富资源和不竭动力。党的十六大以来推进浙江新发展的实践,使我们越来越深刻地认识到,与国家实施改革开放大政方针相伴随的浙江经济社会持续快速健康发展的深层原因,就在于浙江深厚的文化底蕴和文化传统与当今时代精神的有机结合,就在于发展先进生产力与发展先进文化的有机结合。今后一个时期浙江能否在全面建设小康社会、加快社会主义现代化建设进程中继续走在前列,很大程度上取决于我们对文化力量的深刻认识、对发展先进文化的高度自觉和对加快建设文化大省的工作力度。我们应该看到,文化的力量最终可以转化为物质的力量,文化的软实力最终可以转化为经济的硬实力。文化要素是综合竞争力的核心要素,文化资源是经济社会发展的重要资源,文化素质是领导者和劳动者的首要素质。因此,研究浙江文化的历史与现状,增强文化软实力,为浙江的现代化建设服务,是浙江人民的共同事业,也是浙江各级党委、政府的重要使命和责任。

2005年7月召开的中共浙江省委十一届八次全会,作出《关于加快建设文化大省的决定》,提出要从增强先进文化凝聚力、解放和发展生产力、增强社会公共服务能力入手,大力实施文明素质工程、文化精品工程、文化研究工程、文化保护工程、文化产业促进工程、文化阵地工程、文化传播工程、文化人才工程等"八项工程",实施科教兴国和人才强国战略,加快建设教育、科技、卫生、体育等"四个强省"。作为文化建设"八项工程"之一的文化研究工程,其任务就是系统研究浙江文化的历史成就和当代发展,深入挖掘浙江文化底蕴、研究浙江现象、总结浙江经验、指导浙江未来的发展。

浙江文化研究工程将重点研究"今、古、人、文"四个方面,即围绕浙江当代发展问题研究、浙江历史文化专题研究、浙江名人研究、浙江历史文献整理四大板块,开展系统研究,出版系列丛书。在研究内容上,深入挖掘浙江文化底蕴,系统梳理和分析浙江历史文化的内部结构、变化规律和地域特色,坚持和发展浙江精神;研究浙江文化与其他地域文化的异同,厘清浙江文化在中国文化中的地位和相互影响的关系;围绕浙江生动的当代实践,深入解读浙江现象,总结浙江经验,指导浙江发展。在研究力量上,通过课题组织、出版资助、重点研究基地建设、加强省内外大院名校合作、整合各地各部门力量等途径，形成上下联动、学界互动的整体合力。在成果运用上，注重研究成果的学术价值和应用价值，充分发挥其认识世界、传承文明、创新理论、咨政育人、服务社会的重要作用。

我们希望通过实施浙江文化研究工程，努力用浙江历史教育浙江人民、用浙江文化熏陶浙江人民、用浙江精神鼓舞浙江人民、用浙江经验引领浙江人民，进一步激发浙江人民的无穷智慧和伟大创造能力，推动浙江实现又快又好发展。

今天，我们踏着来自历史的河流，受着一方百姓的期许，理应负起使命，至诚奉献，让我们的文化绵延不绝，让我们的创造生生不息。

2006 年 5 月 30 日于杭州

浙江文化研究工程(第二期)序

车俊

文化是一个国家、一个民族的灵魂。文化兴国运兴，文化强民族强。没有高度的文化自信，没有文化的繁荣昌盛，就没有中华民族伟大复兴。文化研究肩负着继承文化传统、推动文化创新、激发文化自觉、增强文化自信的历史重任和时代担当。

浙江是中华文明的重要发祥地，文源深、文脉广、文气足。悠久深厚、意蕴丰富的浙江文化传统，是浙江改革发展最充沛的养分、最深沉的力量。2003年，时任浙江省委书记的习近平同志作出了"八八战略"重大决策部署，明确提出要"进一步发挥浙江的人文优势，积极推进科教兴省、人才强省，加快建设文化大省"。2005年，作为落实"八八战略"的重要举措，习近平同志亲自谋划实施浙江文化研究工程，并亲自担任指导委员会主任，提出要通过实施这一工程，用浙江历史教育浙江人民、用浙江文化熏陶浙江人民、用浙江精神鼓舞浙江人民、用浙江经验引领浙江人民。

12年来，历届省委坚持一张蓝图绘到底，一年接着一年干，持续深入推进浙江文化研究工程的实施。全省哲学社会科学工作者积极响应、踊跃参与，将毕生所学倾注于一功，为工程的顺利实施提供了强大智力支持。经过这些年的艰苦努力和不断积淀，第一期"浙江文化研究工程"圆满完成了规划任务。通过实施第一期"浙江文化研究工程"，一大批优秀学术研究成果涌现出来，一大批优秀哲学社会科学人才成长起来，我省哲学社会科学研究水平站上了新高度，这不仅为优秀传统文化创造性转化、创新性发展作出了浙江探索，也为加快构建中国特色哲学社会科学提供了浙江素材。可以说，浙江文化研究工程，已经成为浙江文化大省、文化强省建设的有力抓手，成为浙江社会主义文化建设的一块"金字招牌"。

新时代，历史变化如此深刻，社会进步如此巨大，精神世界如此活跃，文化建设正当其时，文化研究正当其势。党的十九大深刻阐明了新时代中国特色社会主义文化发展的一系列重大问题，并对坚定文化自信、推动社会主义文化繁荣兴盛作出了全面部署。浙江省第十四次党代会也明确提出"在提升文化软实力上更进一步、更快一步，努力建设文化浙江"。在承接第一期成果的基础上，实施新一期浙江文化研究工程，是坚定不移沿着"八八战略"指引的路子走下去的具体行动，是推动新时代中国特色社会主义文化繁荣兴盛的重大举措，也是建设文化浙江的必然要求。新一期浙江文化研究工程将延续"今、古、人、文"的主题框架，通过突出当代发展研究、历史文化研究、"浙学"文化阐述三方面内容，努力把浙江历史讲得更动听、把浙江文化讲得更精彩、把浙江精神讲得更深刻、把浙江经验讲得更透彻。

新一期工程将进一步传承优秀文化，弘扬时代价值，提炼浙江文化的优秀基因和核心价值，推动优秀传统文化基因和思想融入经济社会发展之中，推动文化软实力转化为发展硬实力。

新一期工程将进一步整理文献典籍，发掘学术思想，继续对浙江文献典籍和学术思想进行系统梳理，对濒临失传的珍贵文献和经典著述进行抢救性发掘和系统整理，对历代有突出影响的文化名家进行深入研究，帮助人们加深对中华思想文化宝库的认识。

新一期工程将进一步注重成果运用，突出咨政功能，深入阐释红船精神、浙江精神，积极提炼浙江文化中的治理智慧和思想，为浙江改革发展提供学理支持。

新一期工程将进一步淬炼"浙学"品牌，完善学科体系，不断推出富有主体性、原创性的研究成果，切实提高浙江学术的影响力和话语权。

文化河流奔腾不息，文化研究逐浪前行。我们相信，浙江文化研究工程的深入实施，必将进一步满足浙江人民的精神文化需求，滋养浙江人民的精神家园，夯实浙江人民文化自信和文化自觉的根基，激励浙江人民坚定不移沿着习近平总书记指引的路子走下去，为高水平全面建成小康社会、高水平推进社会主义现代化建设凝聚起强大精神力量。

目 录

第一章 总论 ……………………………………………… （1）
 第一节 浙江创新驱动发展的历史进程 ……………… （2）
 第二节 浙江创新驱动发展的举措 …………………… （19）
 第三节 浙江创新驱动发展的启示 …………………… （25）

第二章 让科技成为经济社会发展的主引擎 ………… （30）
 第一节 科技创新融入经济社会发展的历程 ………… （30）
 第二节 科技创新成为经济社会发展新动能 ………… （43）
 第三节 促进科技创新成为经济社会发展
    新引擎的启示 ………………………………… （62）

第三章 坚定不移地走自主创新之路 …………………… （71）
 第一节 浙江推进自主创新的基本进程 ……………… （71）
 第二节 浙江推进创新驱动的主要抓手 ……………… （86）
 第三节 浙江推进自主创新发展的启示 ……………… （123）

第四章 创新全球化 ……………………………………… （132）
 第一节 浙江创新全球化的基本历程 ………………… （132）
 第二节 浙江创新全球化的关键举措 ………………… （152）
 第三节 浙江创新全球化的重要启示 ………………… （170）

第五章 以改革释放创新活力 …………………………… （177）

第一节　浙江科技体制改革的历程 …………………（178）
　　第二节　浙江创新驱动发展与政府改革的主要举措………（198）
　　第三节　浙江创新驱动发展与政府改革的启示……………（207）

第六章　总结与展望 ………………………………………（216）
　　第一节　浙江创新发展的科学规律……………………（216）
　　第二节　新时期创新发展的重大机遇……………………（225）
　　第三节　在范式转变中实现超越追赶……………………（231）

参考文献 …………………………………………………（240）

后　记 ……………………………………………………（247）

第一章　总论

创新是一个民族进步的灵魂，是一个国家兴旺发达的不竭源泉，也是中华民族最鲜明的民族禀赋。[1] 创新是引领发展的第一动力，是建设现代经济体系的战略支撑。[2] 面对复杂的改革环境、艰巨的发展任务，今天的中国比以往任何时候都更加需要创新驱动。创新驱动是经济社会发展的核心动力，是转变经济发展方式的最佳路径，是引领浙江继续走在前列的根本保证。这既是对浙江改革开放40年发展基本经验最重要的总结，更是对浙江未来经济社会发展最重要的指引。创新驱动力量巨大，它不仅推动经济量的巨大增长，更带来经济质的根本提升。实施创新驱动发展战略，是建设创新型省份的必然选择；是加快转变经济发展方式、破解经济发展深层次矛盾和问题、打造浙江经济升级版的必由之路。

实施创新驱动发展战略推动科技创新是一项系统工程。一要着力推动科技创新与经济社会发展紧密结合，进一步打通科技和经济社会发展之间的通道，让市场真正成为配置创新资源的力量，让企业真正成为技术创新的主体；二要大幅提高自主创新能力，努力掌握关键核心技术；三要深化国际交流合作，扩大科技开放合作，充分利用全球创新资源，在更高起点上推进自主创新；四要加快科技体制改革步伐，破除一切束缚创新驱动发展的观念和体制机制障碍，营造良好的政策环境。[3]

---

[1] 人民日报评论部：《习近平用典》，人民日报出版社2015年版，第249—280页。
[2] 习近平：《决胜全面建成小康社会　夺取新时代中国特色社会主义伟大胜利——在中国共产党第十九次全国代表大会上的报告》，2017年10月18日。
[3] 根据习近平在中共中央政治局第九次集体学习时的讲话精神整理。

第一节 浙江创新驱动发展的历史进程

1978—2017 年，浙江 GDP 从 123.72 亿元增长到 51768 亿元，按可比价计算，年均增长 12.4%。[①] 在没有工业基础资源优势、没有大量外资可利用、没有强力政策倾斜的情况下，浙江人依靠自己的努力，创造了经济增长的奇迹，演绎了从一个资源匮乏的小省发展成为一个经济发达大省的神话。[②]

纵观改革开放 40 年，浙江所取得的经济发展成就在很大程度上得益于工业化、城市化和市场化的驱动。[③] 浙江经济发展的过程，体现了以人为本、尊重经济发展规律的科学发展过程。

一 改革开放促创新

（一）经济发展情况

1. GDP 和人均 GDP 增长

改革开放 40 年，浙江经济发生了翻天覆地的变化，GDP 总量和人均 GDP 均呈现快速增长态势。浙江 GDP 总量从 1978 年的 123.72 亿元增长到 2017 年的 51768 亿元，年平均增长率达 12.4%（按可比价计算），居全国第四位；人均 GDP 从 1978 年的 331 元增长到 2017 年的 92057 元，增长了 278.5 倍。[④]

从 GDP 增速看，1978—2001 年，浙江经济增长速度明显高于全国平均水平，GDP 年均增长率为 13.09%。但波动较大，最高的年份包括 1993 年的 22.0%、1978 年的 21.9%、1984 年和 1985 年的 21.7%；最低年份为 1989 年的 -0.6%、1990 年的 3.9%。相对其他要素而言，物质资本对经济增长的贡献率最大，[⑤] 达 38.03%。换言

[①] 参见《2017 年浙江统计年鉴》。
[②] 刘迎秋等：《浙江经验与中国发展》，社会科学文献出版社 2007 年版，第 36 页。
[③] 刘亭：《从资源小省到经济大省》，《今日浙江》2007 年第 19 期。
[④] 参见《浙江统计年鉴》《2017 年浙江省国民经济和社会发展统计公报》。
[⑤] 汪群芳、李植斌：《基于人力资本的浙江经济增长实证分析》，《浙江理工大学学报》2006 年第 4 期。

之，浙江经济增长的主要动力来自物质资本的投入，经济增长方式属于投资驱动型。

2002—2007年，GDP增速保持在12.3%—14.7%（按可比价计算）。这表明，浙江经济开始进入稳步发展期，浙江经济开始摆脱投资驱动型的粗放式经济增长，正在寻求结构性增长，在宏观经济背景下稳中求进。

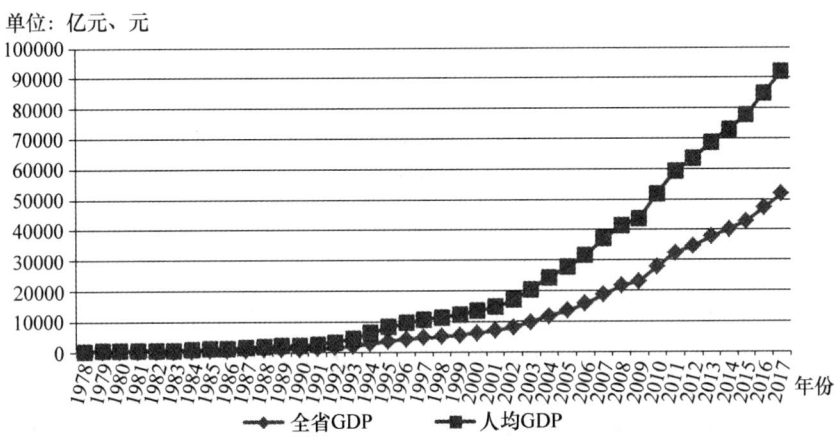

图1-1 1978—2017年浙江GDP和人均GDP增长趋势

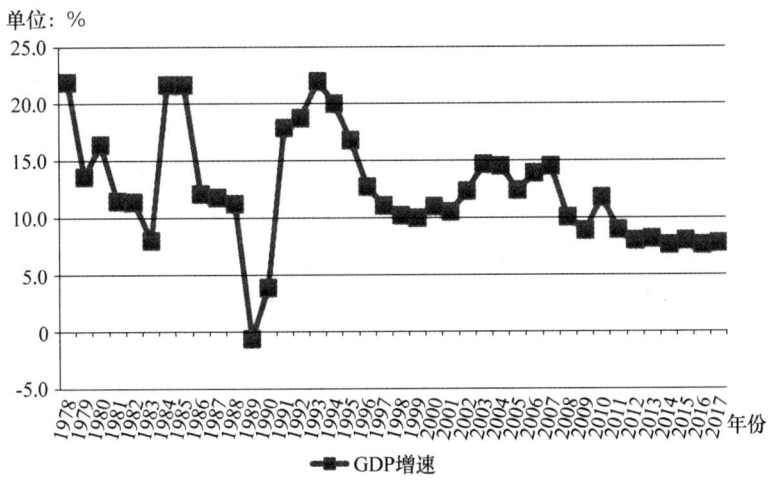

图1-2 1978—2017年浙江GDP增速趋势

2008年至今，浙江经济发展步入新时期，GDP由高速增长转为中高速增长。2008年，浙江GDP总量为21463亿元，到2017年增长到51768亿元。GDP增速由2008年的10.1%降为2017年的7.8%（按可比价计算）。

2. 进出口总值

1986—2016年，浙江进出口规模不断扩大，呈现出口导向型态势，出口规模远大于进口规模。1986年，海关进出口总值为12.93亿美元，其中，出口总值10.91亿美元，占进出口总值的84.38%，进口总值2.02亿美元，占进出口总值的15.62%。2016年，海关进出口总值达3365亿美元，其中，出口总值2678.64亿美元，占进出口总值的79.60%，进口总值686.36亿美元，占进出口总值的20.40%。[1] 1986—2016年，浙江省海关进出口总值年均增幅达20.37%；其中，出口总值年均增幅达20.13%，进口总值年均增幅达21.45%。

2002年开始，在加入WTO的推动下，浙江全球化程度明显提高，进出口稳步增长。2002年，浙江省进出口总值419.57亿美元，其中出口总值294.11亿美元，进口总值125.46亿美元；到2007年，浙江省进出口总值达1768.56亿美元，其中，出口总值1282.73亿美元，进口总值485.83亿美元。对比出口总值和进口总值，可以发现，浙江的出口总值无论在数量和增速上都高于进口总值，反映出浙江在克服国际贸易摩擦、提升出口产品技术含量方面取得了明显进展。

2008年以来，浙江全球化程度进一步提高，进出口总值规模扩大的同时，跨境电商呈现出新亮点。2008年，浙江进出口总值2111.09亿美元，其中出口总值1542.67亿美元，进口总值568.42亿美元。2009年，受国际金融危机影响，浙江的出口受到巨大冲击，出口总值1330亿美元，同比下降13.8%。到2016年，浙江进出口总值达3365亿美元，其中，出口总值2678.64亿美元，进口总值686.36亿美元。2016年，浙江实现网络零售额10306.74亿元，占全国网络零售总额的近20%，居全国第二；全省实现跨境网络零售出口总值319.26亿元，

---

[1] 参见《浙江统计年鉴》。

同比增长41.69%，有6.44万家网店活跃在大型跨境电商平台。①

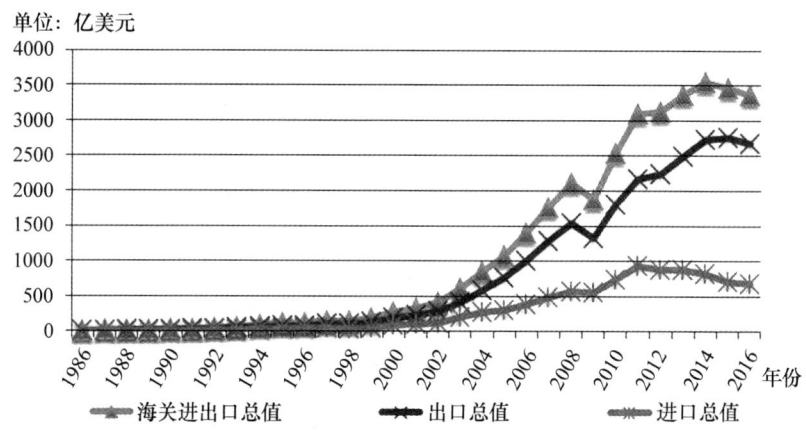

图1-3　1986—2016年浙江进出口增长趋势

3. 利用外资

浙江利用外资规模呈现波动式增长态势。1984年，实际利用外资总额为0.49亿美元，到1997年快速增长至30.66亿美元，之后1998—2000年有所回落，2001年又大幅攀升。其中，1984—1991年，外商直接投资保持稳定增长态势；1992—1993年，受邓小平同志南方谈话影响，外商直接投资有一个明显的大幅攀升，之后又进入平稳增长过程。2002—2007年，浙江利用外资规模稳步提高，作为利用外资的主要手段，外商直接投资比重越来越高。2008—2009年，受国际金融危机影响，利用外资数额有所下降。2009年至今，利用外资继续保持稳定增长态势。

2008年以来，浙江企业"引进来、走出去"，全球化趋势愈发显现。一方面，利用外资规模不断扩大，2008年，全省实际利用外资124.50亿美元；到2016年，全省实际利用外资175.77亿美元。另一方面，浙江企业境外投资数量和规模持续扩大，2009年，新签对外承包工程和劳务合作合同额24.71亿美元；到2016年，增加到

---

① 参见《2016年浙江省电子商务发展指数综合评价报告》。

68.33亿美元。2009年,共有475家浙江企业境外投资,投资额为23.93亿美元;2016年,共有803家浙江企业境外投资,投资额增长至168.94亿美元。

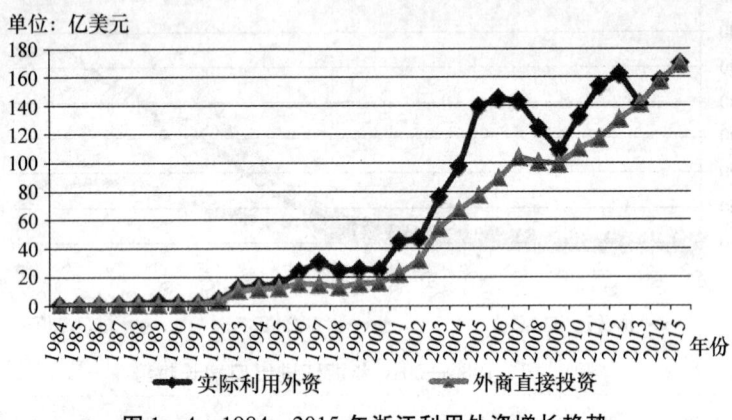

图1-4 1984—2015年浙江利用外资增长趋势

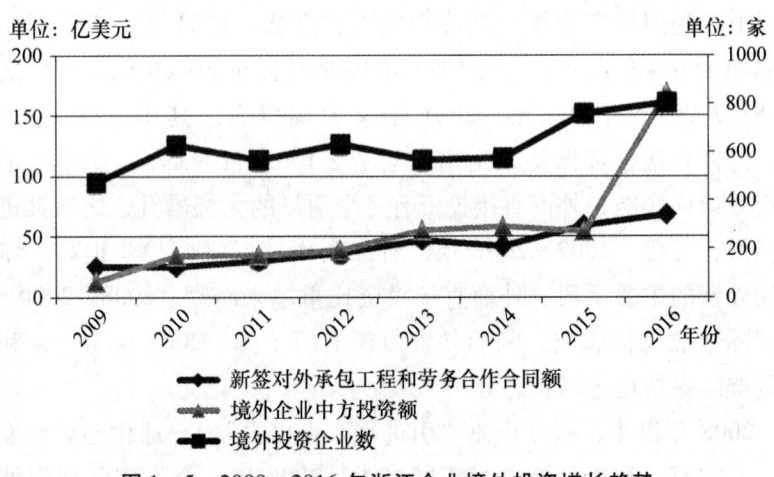

图1-5 2009—2016年浙江企业境外投资增长趋势

4. 交易市场

浙江交易市场数量呈现先快速增长后保持稳定的发展态势,但交易市场数量持续增长。1978—1986年,浙江交易市场数量由1051个快速增长至3653个;1986年以来,浙江交易市场数量保持相对稳定，1998年达到最高点，共有4619个交易市场，之后又小幅下降，至2017年共有3824个交易市场。

1992年以前，交易市场规模相对较小。1978年，1051个交易市场共实现商品市场成交额8.6亿元，单个交易市场平均成交额仅81.83万元；1992年，3865个交易市场共实现商品市场成交额321.3亿元，单个交易市场平均成交额831.31万元。1992年之后，呈现快速增长态势。1993年，单个交易市场平均成交额快速增长至1577.90万元；2017年，单个交易市场平均成交额达到5.62亿元。

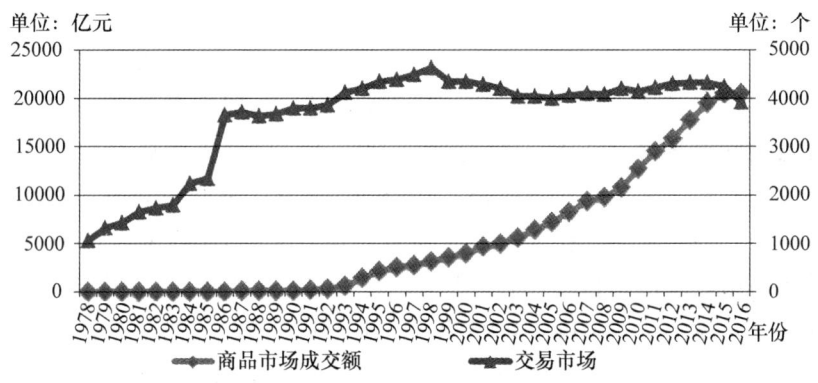

图1-6　1978—2016年浙江交易市场增长趋势

(二) 浙江改革开放的历史脉络

以中共浙江省委换届提出的宏伟蓝图和省委主要领导的重大决策为主线，郭占恒将浙江改革开放的历史脉络分为六个时期。[①] 借鉴郭占恒的思路，本书将浙江改革开放分为四个阶段。

1. 第一阶段 (1978—1991年)：体制转型期

1978年，中共十一届三中全会做出改革开放的重大决策，标志着中国进入改革开放的历史新时期。1978年5月，中共浙江省第六次代表大会提出，在新形势下，整顿好领导班子，高速度发展社会主义经济。1983年11月，中共浙江省第七次代表大会召开，大会提出

---

① 郭占恒：《改革与转型》，红旗出版社2017年版，第49—54页。

必须继续把经济工作摆在首位，全力推进浙江的社会主义现代化经济建设。1984年10月，党的十二届三中全会通过《中共中央关于经济体制改革的决定》，第一次突破了把计划经济与商品经济对立起来的传统观念，正式提出了社会主义经济是公有制基础上有计划的商品经济的思想。1988年12月，中共浙江省第八次代表大会召开，大会总结了党在领导两个文明建设中的经验，提出改革是促进生产力发展的动力，必须坚定改革信心。

2. 第二阶段（1991—2001年）：市场经济期

1992年，邓小平同志南方谈话，明确了"计划经济不等于社会主义，资本主义也有计划；市场经济不等于资本主义，社会主义也有市场。计划和市场都是经济手段，计划多一点还是市场多一点，不是社会主义与资本主义的本质区别"等思想。在理论上确立了"建立社会主义市场经济体制"的说法。1993年，中共十四届三中全会决定建立社会主义市场经济体制。1993年12月，召开中共浙江省第九次代表大会，李泽民代表省委做题为"锐意改革加快发展，为浙江提前实现第二步战略目标而奋斗"的工作报告，大会提出到2000年浙江改革建设的7个目标。1998年12月，中共浙江省第十次代表大会召开，张德江代表省委做题为"高举邓小平理论伟大旗帜，为加快实现现代化而努力奋斗"的工作报告。大会提出，到2005年，争取有近1/3的市县基本实现现代化；到2010年，2/3的市县基本实现现代化；到2020年，全省基本实现现代化。

3. 第三阶段（2002—2007年）：全面布局期

世纪之交，风云激荡，世情、国情、党情发生了深刻变化。经过改革开放20多年的实践，浙江经济社会发展走在了前列，但先发优势不断弱化，矛盾问题也早发多发。发展如何逆水行舟，激流勇进？世界看中国，中国看浙江。面对新阶段新形势，怎样更好地推进中国特色社会主义在浙江的实践？应该从哪里入手推进浙江新发展？如何在新起点上"百尺竿头，更进一步"？

2002年，中共第十六次全国代表大会宣布，我国初步确立社会主义市场经济体制。2003年，党的十六届三中全会通过了《中共中央关于完善社会主义市场经济体制若干问题的决定》，对建立完善的市场经济体制进行了全面部署。2002年11月，习近平同志任浙江省委书记。2003年7月，习近平同志主持召开省委十一届四次全体（扩大）会议，会上明确提出进一步发挥"八个方面的优势"，推进"八个方面的举措"的重大决策和部署。当年12月召开的省委十一届五次全体（扩大）会议上，提出要扎实推进浙江全面、协调、可持续发展，并把贯彻落实"八八战略"作为此后一个时期工作的主线，开启了浙江改革开放的新时期。

在浙江工作期间，在革命红船的起航地和改革开放的先行地，习近平同志以高超的执政智慧，进行了一系列具有前瞻性和开创性的理论创新。"八八战略"，开辟了中国特色社会主义在浙江实践的新境界，为浙江高水平全面建成小康社会、高水平推进社会主义现代化建设提供了根本遵循。"八八战略"从理论和实践上为坚持和发展中国特色社会主义提供了浙江探索和浙江经验，不断彰显真理力量和实践价值。

2003年8月，浙江出台《先进制造业基地建设规划纲要》，提出到2010年，基本建成国内领先、具有较强国际竞争力的先进制造业基地，成为我国走新型工业化道路的先行区。2004年，浙江提出打造"品牌大省"的战略，推动浙江从无牌、贴牌到有牌，再到名牌，最后打造国际著名品牌的战略转变，以引导浙江国际竞争力的不断发展。2006年2月5日，习近平同志在《浙江日报》发表了题为"与时俱进的浙江精神"的文章，强调"我们要坚持和发展'自强不息、坚韧不拔、勇于创新、讲求实效'的浙江精神，以此激励全省人民'干在实处，走在前列'"。这是对浙江精神的高度提炼，更是对今天的鞭策和对明天的引领。

2007年6月，中共浙江省第十二次代表大会召开。大会提出，今后五年要深入实施"八八战略"，加快建设平安浙江、文化大省、法治浙江，坚持以又好又快发展、全面改善民生为主线，以改革开放、自主创新为动力，坚定不移地走创业富民、创新强省之路。

4. 第四阶段（2008年至今）：深入推进期

2012年6月，中共浙江省第十三次代表大会召开。赵洪祝同志做题为"坚持科学发展，深化创业创新，为建设物质富裕精神富有的现代化浙江而奋斗"的报告。报告提出要创业富民、创新强省，物质富裕、精神富有；建设经济强省、文化强省、科教人才强省和法治浙江、平安浙江、生态浙江。2012年12月，夏宝龙任浙江省委书记。2013年，夏宝龙书记在《求是》杂志发表署名文章：《"八八战略"：为浙江现代化建设导航》，积极推进中国特色社会主义"五位一体"总布局在浙江的实践，努力建设物质富裕、精神富有的现代化浙江。在政策举措上，坚持问题导向，解决实际问题，狠抓省委的重大方针和战略部署的落地。

2017年6月，中共浙江省第十四次代表大会召开。车俊做题为"坚定不移沿着'八八战略'指引的路子走下去，高水平谱写实现'两个一百年'奋斗目标的浙江篇章"的报告。报告提出今后五年的奋斗目标是：确保到2020年高水平全面建成小康社会，并在此基础上，高水平推进社会主义现代化建设，以"两个高水平"的优异成绩，谱写实现"两个一百年"奋斗目标在浙江的崭新篇章。

（三）创新发展情况

改革开放初期，浙江科技基础相当薄弱，难以支撑创新，创新集中体现于技术改造以及引进基础上的模仿创新。1992年6月，浙江省科学技术大会提出实施"科教兴省"战略，作为实现经济增长方式转变、促进经济社会协调发展的战略性举措，这标志着浙江正式树立了科技创新意识。此后，全省科技活动经费、R&D活动经费支出占GDP的比重逐年增大。1990年，浙江R&D活动经费支出2.04亿元，占GDP的比重为0.23%；2002年，R&D活动经费支出57.65亿元，占GDP的比重为0.72%；2007年，R&D活动经费支出增长到286.32亿元，占GDP的比重达到1.52%；2016年，R&D活动经费支出1130.63亿元，占GDP的比重为2.39%。

另一方面，浙江的科技产出也逐年递增。以专利为例，2002年，全省专利授权量达10479项，其中发明专利申请量达1843项，发明专利授权量188项，发明专利授权量占专利总授权量的比重为1.79%；2007年，全省专利授权量达42069项，发明专利申请量为9532项，发明专利授权量2213项，发明专利授权量占专利总授权量的比重为2.1%；2016年，全省专利授权量为221456项，发明专利

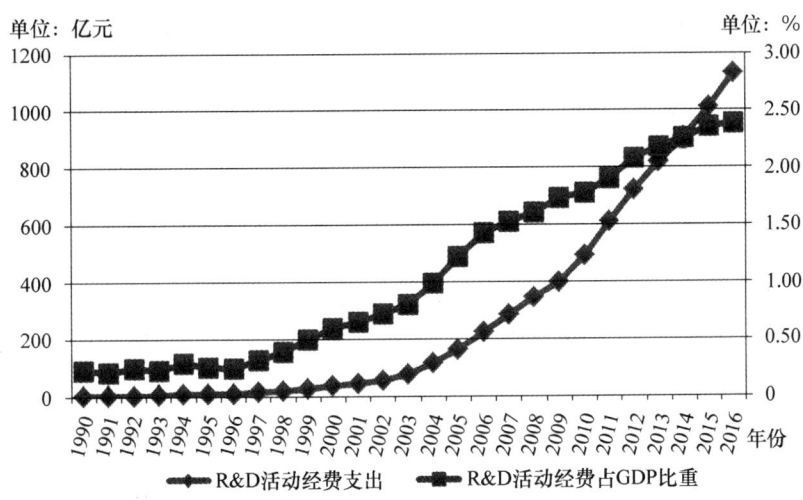

图 1-7 1990—2016 年浙江 R&D 活动经费支出增长趋势

申请量为 93254 项，发明专利授权量达 26576 项，其中发明专利授权量占专利总授权量的比重达 12.0%。上述数据表明浙江的专利结构明显优化，专利质量不断提升。

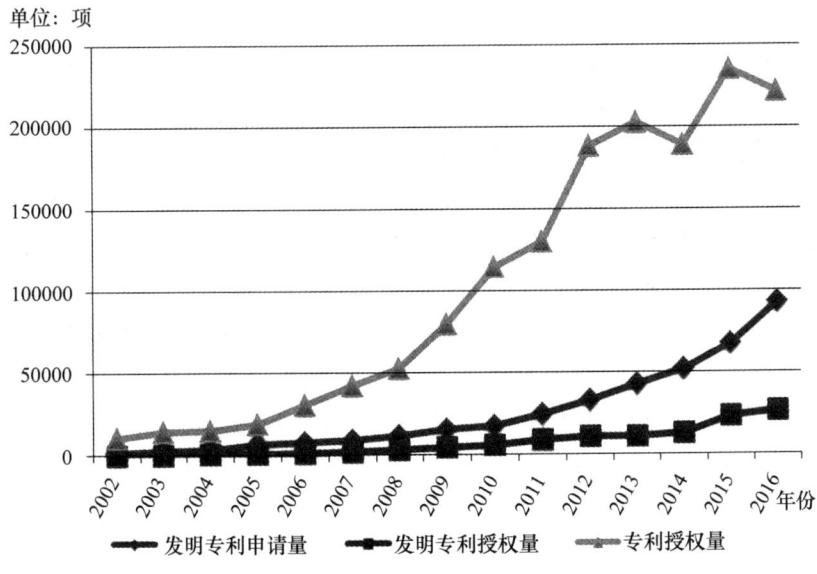

图 1-8 2002—2016 年浙江专利申请、授权情况

从整体看，浙江的综合科技创新水平指数不断提高。2002 年，浙江综合科技创新水平指数为 36.08%；到 2007 年，增长至 52.06%；2016 年，全省综合科技创新水平指数达到 71.38%，居全国第六位。①

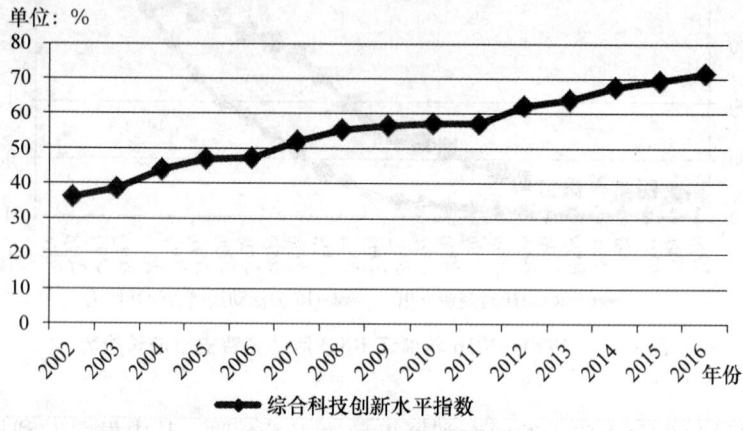

图 1-9　2002—2016 年浙江综合科技创新水平指数

二　创新驱动促发展

从浙江改革开放 40 年的历程看，浙江创新发展和总体经济发展所经历的阶段具有很大程度的吻合性。1978—1991 年，改革开放促进了出口贸易的增加，促使一部分企业获得了自主经营权，少数民营企业开始从外部引进技术和人才，构成了以多元化技术引进和人才引进为特征的外源型创新。1992—2002 年，依靠体制机制的先发优势，浙江的市场化水平显著提升，市场创新是这一时期浙江创新的典型特征。2002—2007 年，随着"八八战略"的提出，浙江进入自觉贯彻落实科学发展观的阶段，在该阶段，浙江经验得到了很好的总结和升华，并成为浙江进一步发展的指导方针，这一阶段的创新是以原始创新为特征的自主创新。2008 年至今，随着经济全球化的纵深发展，浙江企业面临的竞争日益激烈，越来越多的浙江企业"引进来""走出去"，创新进入全球化的新时代。

---

① 参见《中国区域科技创新评价报告》。

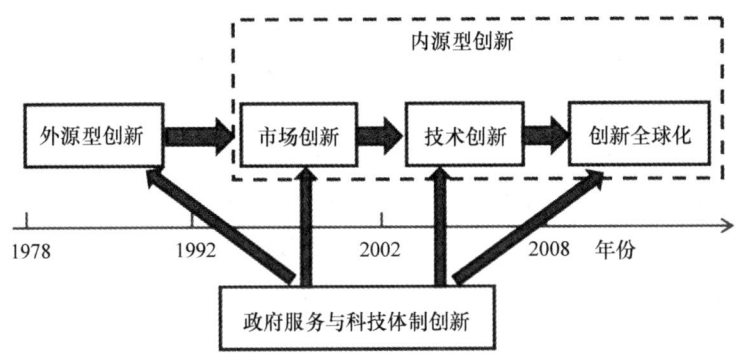

图 1-10 浙江创新发展 40 年阶段划分

(一) 第一阶段 (1978—1991 年): 以引进为特征的外源型创新

1979 年 3 月，浙江科学大会在杭州召开，大会认真贯彻中央的科学技术方针政策，重点讨论了浙江省科学技术发展规划，明确提出科学技术要为经济发展服务，这标志着浙江省科技创新事业步入了新的健康发展轨道。1980 年，浙江省政府出台了《浙江省科学技术进步奖励办法》，专门设立了各种科技奖项，并强调着重开发和培养科技创新型人才，提出构建浙江省科技创新型人才资源高地的任务目标，开创了浙江省科技发展与创新的新局面。1980 年、1981 年和 1984 年，浙江省科技委与省计经委先后三次召开企业科研工作座谈会。1987 年，浙江率先制定和出台了国内第一部科技类地方法规——《浙江省技术市场管理条例》。1989 年，浙江出台了《浙江省有突出贡献的中青年科技人员的选拔管理试行办法》，对培养和开发科技创新型人才提供了相应的指导。

党的十一届三中全会确立了改革开放的基本国策，开启了从计划经济体制向市场经济体制的改革。1979 年，浙江国民经济工作的主要任务是: 按照农、轻、重次序，搞好综合平衡、以长补短、以轻养重，达成了"工业基础是轻型结构"的共识。同时，浙江进一步改善和创造各种条件，使资源基础和资金积累源泉由省内扩大到国内外，提高开放型经济的水平，形成了开放型的加工贸易型发展布局。①总体而言，1978—1991年，浙江产业发展以轻工业为重点、以克服资源约束和扩展市场空间为中心。

在上述背景下，广大民营企业的经济社会地位得到很大的提升，一部分浙江企业获得了自主经营权，从而极大地推动了浙江企业技术改造的程度和速度。这一时期，全国的创新资源大量集中在国有企业、科研院所。在民营经济高度集中的浙江，工业基础薄弱，人才、技术等创新资源匮乏。究竟如何克服科技资源短缺的困境？民营企业在浙江省政府的政策引导下，依靠企业家的创新精神，到各地、各机构（如科研院所）挖人才、挖技术。企业的创新需求从全套设备为主向多元化技术引进、人才引进转移，技术引进的组合特征初步构成浙江创新的制造基础。企业创新以引进为主，技术、人才的引进提高了企业的技术能力，从而推动了产品品种的多样化和产品质量的提升。此时，商品严重短缺，市场为卖方市场，多数企业起步于贴牌生产，在扩大生产、奠定制造能力的过程中，部分企业开始注册品牌，出现了金鱼洗衣机、乘风电风扇、华美冷柜、益友电冰箱、飞跃缝纫机、天堂雨伞等品牌。

（二）第二阶段（1992—2001年）：以释放活力为特征的市场创新

1992年年初，邓小平同志发表视察南方重要谈话，强调发展经济必须依靠科技和教育，科技是第一生产力。这一重要思想对我国20世纪90年代的科技进步、经济改革与社会进步起到了关键的推动作用。在这种战略大背景下，为了促进科学技术发展与创新，发挥科学技术第一生产力的作用，1992年6月浙江召开全省科技大会，做出《关于大力推进科技进步、加速经济发展的决定》，首次提出了"科教兴省"战略，作为实现经济增长方式转变、促进经济社会协调发展的战略性举措。积极参与国际经济合作和竞争，充分利用国际国内两个市场、两种资源，实现生产要素和资源的合理配置与充分利用，推动对外开放向高层次、宽领域、纵深化方向发展。

---

① 陈劲：《走向自主：浙江产业与科技创新》，浙江大学出版社2008年版，第60页。

1996年5月,浙江省委、省政府出台了《关于深入实施科教兴省战略,加速科技进步的若干意见》,在全国率先发布了《关于实行市、县党政领导科技进步目标责任制的通知》。同时,浙江在全国较早地提出了建立以企业为主体的科技进步体制,使全省的产学研结合、委托开发、成果转化及产业化得到了进一步发展。同年,为大力培养和造就一大批科技创新人才,浙江组织实施了"151人才工程"。1997年,浙江颁布了《浙江省科学技术进步条例》,以地方性法规的形式保障科技发展与创新。2000年6月,浙江省委、省政府发布了《关于加快技术创新发展高科技实现产业化的若干意见》,提出建立健全以企业为主体的技术创新体系。同年,浙江省进一步出台了《浙江省全面推进科研院所体制改革实施意见》,加快科研院所改革的进程。

1992—2001年,浙江科技基础仍然薄弱,但初步树立了科技创新意识,科技活动经费、R&D活动经费支出占GDP的比重逐年增大。经过前一阶段的改革开放,浙江工业经济管理体制逐步摆脱指令性计划,行政性管理逐渐减少并消除。随着地方自主性、企业自主性的提高,浙江工业经济的所有制结构发生了重大变革。通过深化企业改革,全省国有企业单位数从1995年的4600多家减少到2000年的1600家左右,全省乡镇集体企业改制面超过90%。1998年1月,浙江省委、省政府出台《关于大力发展个体私营等非公有制经济的通知》,有力地促进了浙江个体、私营经济的发展,非公有制经济在GDP中所占比重由1990年的18.5%壮大到2000年的47%。

(三) 第三阶段（2002—2007年）：以企业为主体的技术创新

改革开放以来的前两个阶段,浙江在经济快速发展的同时,也带来了许多问题。从资源禀赋看,浙江面临能源、土地等资源供给、环境容量以及要素成本上升的约束,粗放型的发展方式难以为继;从国际经济环境看,浙江经济对外依存度大,出口型、加工型、劳动密集型的经济模式面临严峻挑战;从经济结构看,浙江产业低、小、散的格局没有根本改变,经济增长主要依靠物质资源消耗支撑的格局没有根本改变,企业主要依靠低成本、低价格竞争的格局没有根本改变。随着劳动力日趋紧张,加上多数生产要素成本上升,多数企业既有的比较优势正逐步弱化。尽管浙江经济保持着较高的增长速度，但这种增长还是粗放型的，还是靠高投入、拼资金、拼资源撑起来的。加上浙江的要素资源相对匮乏，特别是土地资源十分紧缺，因此浙江要实现经济的可持续发展，就必须创新发展模式，调整产业结构，加快转变经济发展方式。

2002年6月，中共浙江省第十一次代表大会提出进一步深化"科教兴省"战略、建设科技强省的战略目标。2002年8月，浙江出台了《进一步加快民营科技企业发展的若干意见》；9月，发布《关于浙江省科技型中小企业认定工作实施意见》等政策意见；10月，为推进市场化配置科技资源，浙江在全国率先创办了网上技术市场，利用互联网促进全国科技资源与浙江科技需求的结合，有力地推动了浙江企业与全国高校、科研院所的合作。2003年7月，习近平同志主持召开省委十一届四次全体（扩大）会议，会上明确提出进一步发挥"八个方面的优势"，推进"八个方面的举措"的重大决策和部署。2003年8月，浙江出台《先进制造业基地建设规划纲要》，提出到2010年基本建成国内领先、具有较强国际竞争力的先进制造业基地，成为我国走新型工业化道路的先行区。2003年12月，浙江省委、省政府召开中华人民共和国成立后的首次全省人才工作会议，贯彻落实全国首次人才工作会议精神，研究部署实施人才强省战略，强调大力实施人才强省战略，开创浙江现代化建设新局面。会后，印发了《中共浙江省委、浙江省人民政府关于大力实施人才强省战略的决定》。2004年2月，浙江省委、省政府召开全省民营经济大会，率先使用了民营经济的概念，第一次提出了"推动民营经济新飞跃"的要求，第一次提出浙江民营经济必须着力推进"五个转变"，实现"五个提高"。2005年，浙江修订和出台了《浙江省专利保护条例》，发布了《浙江省技术秘密保护办法》和《浙江省星火富民科技工程实施方案》等政策规定。

2006年，时任浙江省委书记的习近平同志主持召开了浙江省自主创新大会，做出了到2020年建成创新型省份的战略部署。习近平同志强调要全面贯彻中央提出的"自主创新、重点跨越、支撑发展、引领未来"的方针，按照深入实施"八八战略"，全面建设平安浙江，加快建设文化大省，努力建设法治浙江的要求，坚持科技与经济社会发展紧密结合，市场导向与政府扶持紧密结合，原始创新、集成创新与引进消化吸收再创新紧密结合，发展高新技术产业与改造提升传统产业紧密结合，科技创新与体制创新紧密结合，充分发挥企业的自主创新主体作用，集聚创新要素，激活创新资源，转化创新成果，加快建设创新型省份和科技强省，为浙江省全面建设小康社会、提前基本实现现代化提供强大的科技支持。会后，出台了《加快提高自主创新能力，建设创新型省份和科技强省的若干意见》和《浙江省科技强省建设与"十一五"科学技术发展规划纲要》，提出了建设创新型省份和科技强省的发展目标。2007年6月，中共浙江省第十二次代表大会提出"创业富民、创新强省"总战略。"两创"总战略体现了"八八战略"的内核精华，并将自主创新作为全省经济社会又好又快发展的核心战略。

（四）第四阶段（2008年至今）：以"走出去、引进来"为特征的创新全球化

2008年7月，浙江省政府发布了《自主创新能力提升行动计划》，该计划对于深入实施"两创"总战略、全面建设惠及全省人民的小康社会具有重要意义。同年，发布了《高新技术企业认定管理办法》等政策办法。2009年，浙江被科技部等六部委确定为首个"国家技术创新工程试点省"。同年，浙江发布了《浙江省省级科技企业孵化器认定和管理办法（试行）》和《浙江省省级重点实验室、试验基地建设与管理办法》等政策文件。2010年，浙江省政府先后制定出台了《关于促进中小企业加快创业创新发展的若干意见》《浙江省创新型企业建设与管理办法》和《浙江省创新型企业评价制度》等一系列政策。2013年5月，浙江省委召开十三届三次全会，专题研究创新问题。此次会议在浙江建设创新型省份的进程中具有里程碑式的意义，会议审议通过了《中共浙江省委关于全面实施创新驱动发展战略加快建设创新型省份的决定》。2015年8月，国务院批复同意杭州和萧山临江两个国家级高新技术产业开发区（统称杭州国家级高新区）建设国家自主创新示范区。2016年4月，浙江省委十三届九次全会把"补齐科技创新短板"作为补短板的首要任务，提出"把抓

科技创新作为必须补齐的第一短板"，会后出台了《关于补齐科技创新短板的若干意见》。2016年8月，浙江省委召开全省科技创新大会，会议贯彻落实中央决策部署特别是习近平总书记系列重要讲话精神，遵循创新规律，加快建设创新型省份和科技强省，为高水平全面建成小康社会提供强大动力。要坚持以"八八战略"为总纲，按照高水平全面建成小康社会要求，对照建成创新型省份"八倍增、两提高"目标，进一步查补短板，汇聚社会各界力量推动创新发展。

2008年金融危机之后，全球经济一度深陷泥潭，大量手握高端技术、知名品牌的优质欧美资产价格处于合理甚至低估区间。而对于正在转型升级关口的浙江企业而言，借助海外并购获得急需的技术、品牌等要素，可以说是花钱买到了发展时间。从2008年开始，浙江企业开始加速在全球范围内配置资源、开拓市场，吸纳先进生产要素。比如，2010年，吉利收购沃尔沃后，沃尔沃得以东山再起，吉利则在沃尔沃身上汲取理念、技术后迅猛发展；2011年，卧龙控股集团成功并购奥地利ATB电机集团后，整体制造水平提高至少10年以上，站上了与欧洲制造业同步发展的产业平台。

过去的浙江吸引外资企业主要依靠廉价的劳动力和优惠政策，许多外企往往只将制造工厂安家于此。如今，越来越多的国外知名外企，选择将技术研发中心、区域总部甚至公司总部落户浙江。据浙江省商务厅数据显示，截至2016年7月底，浙江累计批准外商投资企业57026家，投资总额达5367.8亿美元。2014年起，针对每个国家、经济体的不同特点和发展诉求，浙江通过国际产业合作园建设，落地经贸协议，精准把握双方需求，有针对性地解决存在的问题，达到合作共赢的目的。当前，已初步形成了以国家级的中意生态园（宁波）和中澳现代产业园（舟山）为引领、10家省级国际产业合作园为支撑、若干家在建园区为补充的"2+10+N"发展格局。在源源不断"引进来"的过程中，浙江企业得以与世界级企业同台竞争合作，汲取先进科学技术成果和管理经验，进行一次又一次自我革命。"小河有水大河满"，浙江经济的开放能级和国际化程度，也在一家家企业的自觉升级中不断提升。

第二节　浙江创新驱动发展的举措

一　做好战略谋划，引领全面创新

理论创新的智慧力量，总能穿越重重迷雾，指引前路。一个地区要发展，就需要有一脉相承的战略构想和一以贯之的实干举措，否则就会失去方向，走很多的弯路。习近平同志到浙江后，展开了大量的调研与思考，将问题聚焦到如何发挥浙江优势和补齐浙江短板两个关键方面，提出了浙江走什么路、怎么样率先实现现代化的问题，以高超的执政智慧，进行了一系列具有前瞻性和开创性的理论创新，提出了"八八战略"，即进一步发挥浙江八个方面的优势、推进八个方面的举措。"八八战略"是习近平总书记2003年在浙江工作期间提出的重大决策和系统部署，开辟了中国特色社会主义在浙江实践的新境界，为浙江高水平全面建成小康社会、高水平推进社会主义现代化建设提供了根本遵循。"八八战略"从理论和实践上为坚持和发展中国特色社会主义提供了浙江探索和浙江经验，不断彰显真理力量和实践价值。习近平同志主政浙江期间，围绕着"八八战略"，全面布局浙江的发展，围绕科技强省、人才强省、文化大省、教育强省，通过体制机制创新，推动了国企改革和民营经济的飞跃发展，激活了企业的创新活力；通过加强以长三角地区为重点的合作交流，使浙江在科研院所建设、技术交流等方面得到重大突破；通过加快先进制造业基地建设，为产业升级构筑了新平台；通过全面规划和启动生态省建设，形成了"绿色浙江"的新氛围；通过山海协作，培育了欠发达地区的经济新增长点；通过"信用浙江""法治浙江"的建设，使得浙江的知识产权建设上了一个新台阶；为浙江打造创新型科技强省做出了全面的布局。

"八八战略"实施后，浙江省委坚持一张蓝图绘到底，一任接着一任干，不动摇、不停步、不懈怠、不折腾，把"干在实处、走在前列"的要求一贯到底，推动浙江各项事业发展不断跃上新台阶。从"两创""两富"到"两美"的生动实践，演绎着实现中国梦的浙江特色，体现着新世纪浙江省委深化对共产党执政规律、社会主义建设规律和人类社会发展规律的认识过程。①

赵洪祝同志在浙江主政期间,对"八八战略"进行了进一步的细化,提出了"创业富民、创新强省"的发展目标,并对改革进行全面深入的推进,以全面改善民生为主线,加快推进了"平安浙江""法治浙江""文化大省"的建设。夏宝龙同志在浙江主政期间,一再强调以"八八战略"为总纲和总方略,②全面推动"四个全面"和"五大发展理念"布局在浙江落地,针对转型升级的问题,省委提出要以"五水共治"为突破口,打好转型升级"组合拳",通过"浙商回归"、市场主体升级、小微企业三年成长计划、七大产业培育、特色小镇等,为浙江建设创新型省份和科技强省打开空间。2017年,车俊同志在接任浙江省委书记的第一时间就强调"八八战略"是引领浙江发展的总纲领,是推进浙江各项工作的总方略;"八八战略"不是管一地一域的,不是管五年十年的,而是管全局、管长远的,是必须长期坚持的指导思想和总纲。③

二 发挥市场作用,有效配置资源

浙江改革开放40年的发展史,就是一部市场体制建构史、市场主体成长史、市场空间开拓史、市场活力激发史。浙江的发展秘诀在市场,法宝是市场,市场是浙江经济的灵魂。④

改革开放初期,浙江市场化改革的经验主要依靠"先发优势"和"工贸联动"。浙江率先启动市场化改革,大力发展非公有制经济,诞生了中国第一家私营企业、第一个专业市场、第一个股份合作社,成为改革开放后经济增长最为迅速和区域经济相对地位上升最快的地区。到20世纪90年代末期,以中小企业为主的民营经济占全省经济总量的70%以上,这使得浙江经济充满活力,形成了产业发展、市

---

① 沈吟:《14年前的今天〈浙江日报〉首次报道"八八战略"》,《浙江日报》2017年7月12日。
② 夏宝龙:《"八八战略":为浙江现代化建设导航》,《求是》2013年第5期。
③ 车俊:《坚定不移沿着"八八战略"指引的路子走下去》,《浙江日报》2017年5月10日。
④ 本报特约评论员:《遵循市场规律是浙江发展的制胜法宝》,《浙江日报》2015年10月21日。

场繁荣的景象。可以认为，体制机制的市场化改革先人一拍、快人一步，使浙江赢得了发展先机、充满了发展活力。

进入21世纪，浙江市场化改革的主要经验是抓住了新技术革命的机遇，率先构建起相对完善的区域市场经济体制，在全国较早形成了多种所有制经济共同发展、相得益彰的良好局面，形成了支持创新创业的良好环境和风气。2002年10月，浙江在全国率先建立了中国浙江网上技术市场，推动互联网与技术市场的融合发展，开创了国内技术市场网上交易先河。截至2017年，浙江网上技术市场已经形成了由1个省级中心、11个市级市场、94个县（市、区）分市场和29个专业市场组成的体系架构，拥有省内企业网上会员近17万家。2014年，以浙江省科技信息研究院、浙江省科技开发中心两家厅属单位出资控股，吸收阿里巴巴、华数、浙大网新、杭州科畅、杭州中新力合5家企业，共同组建了浙江伍一技术股份有限公司，由其作为市场主体，运营浙江科技大市场。组建伍一公司对于发挥市场在科技资源配置中的决定性作用，转变政府服务职能，确定企业技术创新主体地位都具有重要意义。截至2017年，全省已建成50余家地方科技大市场，覆盖了11个设区市和40个县（区）。各地科技大市场探索了市场化运作机制、构建了创新服务链、形成了合理商业模式、实现了常态化运行，取得了明显成效。

人才是最活跃的先进生产力，资本是生产不可或缺的基本要素。浙江发挥市场配置资源的基础性作用，坚持做大"人才库"和"资本库"，突出企业主体作用，畅通人才、资本、民企对接渠道，积极推动财政资金、金融资本、风投资本、民间资本等各类要素向人才集聚，促进人才创造价值、资本实现增值、民企转型发展。按照"政府引导、市场运作"的要求，浙江充分发挥市场的基础性配置作用，不断改进政府的引导方式，统筹政府资金并引导社会资金投向，逐步形成了投资主体多元化、资金渠道多元化、建设实施市场化的新格局。注重金融资源的配置效率问题，浙江不断探索如何使更多的投资领域向民间资本开放。如明确市场化改革方向，充分调动民间投资的积极性，扩大民间投资的规模，使民间投资成为主体，形成经济增长的内生机制。如不断放宽民间投资领域，鼓励和支持民营企业进入高新技术产业，进入一些关系国计民生的特殊制造业领域，积极参与重化工业和装备制造业大型项目的投资、建设和经营。

三 企业成为主体，提升创新能力

企业是经济与科技的关键结合点，是最活跃的创新主体。如何让企业真正成为技术创新决策、研发投入、科研组织和成果转化以及引才聚才的主体？浙江进行了一系列探索。

一是通过建立高层次、常态化的技术创新对话、咨询制度，浙江让企业成为技术创新决策的主体。鼓励和吸收更多企业参与研究制定国家技术标准，在专家咨询组中增加产业专家和企业家比例，促进企业成为技术创新决策主体，提高企业在技术创新决策中的话语权。二是通过建立以落实普惠性政策为主的创新扶持机制，支持企业成为研发投入主体。运用财政后补助、间接投入等方式，支持企业自主决策、先行投入，开展重大产业关键共性技术、装备和标准的研发攻关。针对政府性科研经费"扶强不扶弱"、中小微企业立项难等问题，坚持结构性减税方向，逐步将国家对企业技术创新的投入方式转变为以普惠性财税政策为主。落实高新技术企业所得税优惠、企业所得税加计扣除等普惠性政策，鼓励企业加大研发投入。2016年，全省R&D经费支出1130.63亿元，其中企业资金达1033.25亿元，企业资金占总R&D经费支出的比重超过90%。三是通过建立以企业为主体的产业技术创新机制，促进企业成为科研组织主体。竞争类产业技术创新的研发方向、技术路线和要素配置模式由企业依据市场需求自主决策。同时，修订出台《浙江省科学技术奖励办法》，规定企业为主完成的获奖项目应不少于奖励总数的1/3，并在一等奖中占一定比例。四是通过平台载体建设让企业成为引才聚才用才的主体。浙江重点加强企业院士专家工作站、博士后工作站、技术研发中心、省级重点企业研究院等平台建设，提升企业集聚人才吸引力。同时，大力鼓励支持民营企业以股权、债权、场地等多种方式与高层次人才进行对接合作，对符合政策规定的项目，在税收、用水、用电等方面予以优惠。民企通过投资海外人才项目，促进人才发展融入"本土化"，促进企业转型升级。

四 构建全球平台，开放推进创新

从深层次经济结构上来讲，浙江经济仍然属于外向型经济，作为制造业大省，浙江没有得天独厚的能源优势，也没有天然广袤的市场资源，这决定了浙江发展模式不能仅局限于内生增长动力的发掘，需要同时开阔视野，积极寻找外部优势资源，实现浙江经济的内外兼修，方能保障浙江经济的可持续发展。

改革开放特别是进入21世纪以来，面对全球化、信息化、网络化深入发展，浙江充分利用创新要素更具开放性、流动性的特点，在对外开放战略上坚持自主创新和开放创新的辩证统一，坚持"引进来"和"走出去"相结合，积极融入全球创新网络，走出一条创新发展之路，在自主创新过程中进一步开放，在开放创新中实现更高层次的自主创新。

近年来，浙江积极探索开放发展的措施和路径。一是建立健全国际合作渠道。结合对方优势以及浙江产业特色，浙江确定以色列、芬兰、加拿大、白俄罗斯和俄罗斯等国家为重点合作国家，在信息通信、海洋造船、环境保护、生物医药、节能环保、清洁能源和食品安全等领域开展重点合作。签订合作协议或备忘录，支持联合产业研发计划，共建科技合作中心，支持共建以企业、院所和大学为主体的创新平台。二是重点建设国际合作载体。国际科技合作基地是浙江利用全球科技资源、参与国际科技竞争与合作的骨干和中坚力量。浙江现有16个国家级国际科技合作基地和20个省级国际科技合作基地（不含宁波地区）。香港大学浙江科学技术研究院、中葡先进材料联合创新中心、中意纺织及新材料研发中心等引进海外创新资源共建的创新载体，在科技创新中发挥了重要作用。三是深入推进企业研发国际化。鼓励企业"引进来、走出去"，成为科技合作与交流的主力军。鼓励企业与国内外科技创新大院名校开展产学研合作，引进或共建创新载体，促进科技成果产业化。鼓励企业通过各种方式到海外设立、兼并和收购研发机构，加强技术引进、消化、吸收再创新。鼓励民营企业、科研机构走出去，到海外设立、并购研发机构，就地利用高科技人才，"带土移植"引进技术与产业化项目。四是引进和培养一支国际化的科技人才队伍。浙江提出实施领军型创新创业团队引进培育计划。对由国际一流专家领衔，标志性成果属世界首创并达到国际顶尖水平，能直接驱动产业发展的顶尖团队，在支持措施上实行"一事一议"。创新团队建设管理的体制机制，支持团队在经费使用、资源投向、要素分配等方面先行先试。

五 改革体制机制，优化政府服务

实施创新驱动发展战略是一项系统工程，涉及方方面面的工作，需要做的事情很多，最为紧迫的是要进一步解放思想，加快科技体制改革步伐，破除一切束缚创新驱动发展的观念和体制机制障碍。[①] 浙江以习近平同志的科技创新思想为指引，以优化科技资源配置，增强区域创新能力为核心，全面深化科技体制改革，着力建立较为完善的符合市场经济体制和科技自身发展规律的现代科技体制。

一是在全国率先推进改制和转制相结合的科研院所体制改革。1997年，浙江省人民政府发布《关于"九五"期间深化科研院所体制改革的决定》，以科研院所体制改革为起点，全面推进浙江体制机制创新。1998年，浙江在全国率先将16家开发类、3家公益类院所转制为科技型企业，21家社会公益类院所实行"一院（所）两制"，逐步从科研事业型单位向公益事业与科技经营共同发展的转变。2010年，浙江省政府下发了《关于加快提升省属科研院所自主创新能力若干意见》，要求加快建立现代科研院所制度，鼓励省属改制科研院所深化产权制度改革和参与重大科技创新平台建设等。2017年，省委组织部、省人力社保厅联合出台《浙江省鼓励支持事业单位科研人员离岗创业创新实施办法（试行）》，对事业单位科研人员离岗创业创新的适用范围对象、离岗手续办理、人事和工资关系处理、社会保险关系处理、返岗安排、解聘辞聘、监督指导等方面进行了规范。

二是在全国较早推行技术要素与股权和收益分配，创办网上技术市场。2002年，在民营科技企业大会上，浙江出台了《关于进一步

---

① 《习近平在十八届中央政治局第九次集体学习时的讲话》，《人民日报》2013年10月2日。

加快民营科技企业发展的若干意见》，强调通过采取一系列政策措施，充分发挥民营企业产权清晰、机制灵活的优势，鼓励和引导企业加大科技投入，加强自主创新。推行技术要素与股权和收益分配，创办网上技术市场，有力地推动了企业与高校、科研院所的合作，极大地调动了科技人员的积极性、创造性，加速了科技成果转化和产业化进程。2002年，在习近平同志的重视和推动下，浙江在全国率先建成了浙江网上技术市场。经过十几年发展，该市场已经成为具有全国影响力的"技术淘宝网"。2003年5月，全省经济体制改革工作汇报会上，习近平同志强调，浙江的改革要从微观层面向政府管理体制等宏观层面推进，从经济领域向科教文卫等社会领域和政治领域推进。深化科技体制改革、完善科技创新机制、优化科技资源配置、增强科技创新能力，仍是浙江科技强省和创新型省份建设的主要任务。

三是在全国较早推进"互联网+政务服务"改革。2014年，通过制定实施省、市、县政府"权力清单"，省级部门行政权力从1.23万项精减到4236项；在"权力清单"的基础上，在全国率先部署"责任清单"工作，形成了政府权力清单、企业投资项目负面清单、财政专项资金管理清单、责任清单、浙江政务服务网"四张清单一张网"。自2014年以来，浙江以"四张清单一张网"改革为引领，不断深化全省统一架构、五级联动的全省政务服务网建设，形成了全省事项清单统一发布、网上服务一站汇聚、数据资源集中共享的"互联网+政务服务"体系。2017年以来，浙江以群众和企业到政府办事"最多跑一次"为目标，持续拓展政府网站功能、优化服务体验、推进模式创新，力求形成用数据代替人跑路，线上线下良性互动的局面。

第三节 浙江创新驱动发展的启示

一 尊重市场规律，政府有大所为亦有所不为

改革开放以来的浙江经验证明，尊重市场规律和发挥政府作用的有效结合，是浙江经济市场化改革率先推进和经济持续快速发展的保证。习近平同志指出，更好发挥政府作用，不是要更多发挥政府作

用，而是要在保证市场发挥决定性作用的前提下，管好那些市场管不了或管不好的事情。更好发挥政府作用，关键在明确政府作用的边界，明确政府"应该做什么"和"不应该做什么"。凡是市场能做的事情，就尽量让市场去做。要坚决简政放权，大幅度减少政府对资源的直接配置，切实解决政府职能越位、缺位、错位问题，用政府权力的减法换取市场活力的加法。处理好政府和市场的关系，必须更好发挥政府作用。要在尊重市场规律的基础上，管好那些市场管不了或管不好的事情。建设统一开放、竞争有序、诚信守法、监管有力的现代市场体系，进行权责明确、公平公正、透明高效、法治保障的市场监管，维护好市场秩序。

在改革开放初期，浙江的科技创新更多地表现为技术引进、消化、吸收和模仿，以及通过"干中学"获得技术经验。正是这些与商业应用密不可分的产品生产中的大量技术推广和小的改进，形成了浙江技术进步的主流。随着市场竞争的日益加剧和企业规模的不断扩大，越来越多的企业加大了对技术创新的投入，自主创新能力逐步增强。在创业创新的过程中，浙江各级党委和政府尊重广大群众的意愿和首创精神。总的来说，与许多省份相比，浙江的行政干预不仅较为克制，而且更有选择性，更注重发挥民间的积极性、主动性和创造性，更注重发挥市场对资源配置的基础性作用。凡是民间力量能做的事，政府放手和发动老百姓去做；凡是依靠市场机制能解决的事，政府尽可能做到不越俎代庖。在许多场合，当先行改革的具体做法与原有体制发生冲突的时候，浙江各级党委和政府表现出允许试验探索和灵活变通的精神。对于改革中出现的新事物，暂时看不准或有争议的，不急于下结论；看准了的，则积极加以肯定，予以大胆推广。

改革开放后，在国内国际新经济的推动和影响下，浙江地方政府与市场的角色定位发生了深刻的变化。政府慢慢从全能政府中淡化，市场机制逐渐在经济生活中发挥重要作用。作为中国最为市场化的省份，浙江在创新方面始终坚持市场化机制，充分发挥市场对配置科技创新资源的决定性作用，用市场机制将人才、企业、资本、科研院所等创新资源连接起来、协同创新，形成创新源泉充分涌流、创新活力竞相迸发的良好局面。新常态下处理好政府与市场的关系，要发挥各自优势，相互配合，协同发力，真正实现有效市场与有为政府的有机结合和协调统一。攻克体制改革纵深推进中的难题，实现2020年建设创新型省份的战略目标，更需要努力处理好政府和市场的关系。

在40年的改革开放中，浙江政府和市场关系的演变体现了以下特点：第一，政府的创新意志通过市场配置来实现；第二，突出技术市场发展，完善创新创业的市场机制；第三，政府和市场关系调整的重点是减少政府干预；第四，政府和市场的关系是动态演进的，需要逐步完善和深化，这种演进体现了市场化改革的效率。

二 尊重首创精神，激发大众创业创新潜能

以市场为主导的首创精神，顺应和引领时代新潮流，是浙江经济增长和企业创业创新的根本动力。尊重首创精神可以概括为：充分尊重和发挥民众敢为天下先的创新精神与坚韧不拔的创业精神，将体制改革和区域经济发展有机地融为一体，利用制度创新所形成的改革先发优势，推动区域经济发展和社会进步。尊重基层和群众的首创精神，是浙江改革开放取得巨大成就的重要经验，也是推进改革的重要方法。

改革开放以来，浙江尊重群众的首创精神，放手鼓励人们大胆试、大胆闯、大胆干，不争论、不张扬、不动摇，形成充分发挥人民群众积极性和创造性的良好氛围；浙江尊重群众的首创精神，做到了实事求是，从而把党的方针政策和中央的重大部署转变为浙江人民的自觉实践，充分调动全省人民的积极性、创造性；浙江尊重群众的首创精神，用身边活生生的事例教育干部、教育群众，以先富带后富，形成了促进共同富裕的体制机制，使得浙江这趟经济列车能够沿着正确的轨道高速行驶，在这块富有理想和激情的热土上，多种经济所有制水乳交融，各类主体市场相得益彰，各种微观模式共生共荣，经济社会的发展始终保持着良好态势，走出了一条具有时代特征、中国特色、浙江特点的区域发展之路。[①]

人是生产力中最活跃、最具能动性的因素。浙江在自然资源匮乏

---

① 黄宇：《改革开放30年体制机制创新的浙江经验》，《今日浙江》2008年第12期。

的条件下成长为经济大省，主要靠充分发挥人力资源优势，靠改革开放政策激发人民群众的积极性、主动性、创造性。浙江在全国率先推出颇具前沿创新意识的乡镇集体企业量化产权改革，推动一大批具有强烈"闯天下"意识与开拓能力的浙江企业家群体脱颖而出，民营经济开始一枝独秀快速发展。从国有经济中的滕增寿、傅国通、冯根生，到集体经济的鲁冠球、宗庆后，再到私有经济的南存辉、陈金义等，多年来为世人所瞩目。事实证明，企业家群体是推动浙江经济发展的最大内生动力，而体制创新则与企业家精神、经济内生动力息息相关、互为支撑。企业家在浙江的经济增长中的重要作用体现在两个方面：一是制度创新，二是技术创新。浙江的企业家在实施创新时主要不是原创性地发明了什么制度或技术，而是大胆地借用了他人的发明或者把一些发明组合到一起形成了新的经济组合，并通过一系列的创新行为实现了其经济价值。

进入新时代，浙江新一代创业者同样具备"草根精神"和创新精神，但更具有全球视野、首创精神、知识密集型和环境友好型等特征。当前逐渐形成了从"富二代"向"创二代"转型和以新生代为代表的浙商系、阿里系，以"千人计划"为代表的海归系，以浙江大学等高校师生创业者为代表的高校系。这一批"机会型"创业者传承上一代浙江"草根精神"，同时更具有"新四千精神"，即千方百计提升全球价值链位置、千方百计扩大全球市场、千方百计首创和自主创新、千方百计提升质量和改善管理。这为浙江经济可持续发展和企业基业长青奠定了良好的草根基础。面对经济新常态与信息经济、互联网蓬勃发展的机遇，在浙商系、阿里系、海归系、浙大系组成的创业创新"新四军"全面崛起的同时，包括学生、普通市民、外来工作者在内，一场更大规模的"双创"深耕正在浙江出现。在推动"大众创业、万众创新"方面，浙江已经走在了全国的前列。浙江的创业创新已从草根创业创新登上新的台阶，发展为全民创业创新。创业创新不只是一种形式，更成为浙江人的生活态度。

三　转换发展动能，浙商创新全球化独具特色

长期以来，浙江企业主要依靠资源、资本、劳动力等要素投入支

撑经济增长和规模扩张的方式已不可持续。进入 21 世纪，浙江发展面临着动力转换、方式转变、结构调整的繁重任务，需要依靠科技创新为经济发展注入新动力。近 20 年来，浙江积极实施创新驱动发展战略，发展壮大经济新动能，信息经济一马当先，"互联网＋"生产性服务业高水平发展，传统产业向中高端升级，高新区、科技城、特色小镇成为经济发展新增长极，新经济、新业态、新要素、新商业模式不断涌现，高端创业创新要素加速集聚，发展动能实现了从要素驱动、投资驱动向创新驱动转变，把传统资源和成本优势转为技术创新优势，以新动力快速增长来抵消旧动力衰减，以质量提升来对冲速度放缓，使得科技创新逐渐成为经济增长的主要动力。

新一轮经济全球化是一个创新、联动、包容和可持续发展的全球化，中国正在成长为新型经济全球化的塑造者。浙江的全球化是中国的一个缩影，以 G20 杭州峰会举办为契机，浙江的国际化水平日益提高。[①] 浙商全球化形成了一个独具特色的"浙江实践"：浙商网络全球覆盖、民营资本高度参与、隐形冠军成功领军、跨境电商迅猛崛起、海外并购遍地开花。由浙江企业、省外浙商、海外浙商共同形成的全球浙商网络是信息传递、信誉背书、创新资源获取、产业链整合的重要载体，更是浙江经济发展的持续动力源。全球浙商人数超过 800 万，成为中国现代商帮名副其实的领军者。全球浙商网络通过传递及时有效的信息帮助浙江企业抢占商机规避风险；通过在外传播良好的信誉和建立的新形象使浙江企业成为最受跨国公司青睐的理想合作伙伴；通过积累关联丰富的人才、技术和项目为浙江企业筛选优质海外创新资源；凭借多年的海外运营经验和实力助推浙江企业在全球范围内整合产业链。全球浙商的发展与浙江经济社会日益紧密地联系在一起，在促进浙江经济转型升级、创新发展中发挥了不可替代的作用。

---

① 浙江大学全球浙商研究院：《2016 浙江全球化发展报告》，2017 年。

第二章　让科技成为经济社会
　　　　　发展的主引擎

习近平同志指出："着力推动科技创新与经济社会发展紧密结合，关键是要处理好政府和市场的关系，通过深化改革，进一步打通科技和经济社会发展之间的通道，让市场真正成为配置创新资源的力量，让企业真正成为技术创新的主体。政府在关系国计民生和产业命脉的领域要积极作为，加强支持和协调，总体确定技术方向和路线，用好国家科技重大专项和重大工程等抓手，集中力量抢占制高点。"[1]

第一节　科技创新融入经济社会发展的历程

改革开放以来，在党中央及浙江省委、省政府的正确领导和指引下，浙江大胆改革、敢为人先、勇于创新、开拓进取，促进了浙江经济的快速发展和全省科学技术事业的突飞猛进，科技创新和经济社会融合发展特征明显。浙江省委、省政府坚持市场改革取向，凭借体制机制创新，从一个资源小省、科技弱省发展成为国内经济科技的大省。浙江经济总量由1978年的全国第12位上升到2016年的第4位，科技综合实力由1990年的第16位跃升到2016年的第6位，区域创新能力排全国第5位。2016年全省高新技术产业增加值从2010年的2396亿元增加到2016年的5624亿元，年均增幅为22.45%，高新技

---

[1]《习近平在十八届中央政治局第九次集体学习时的讲话》，《人民日报》2013年10月2日。

术产业增加值占规模以上工业的40.1%，对规模以上工业增长贡献率达68.5%。2017年浙江科技进步贡献率为60.1%，较2010年的50.6%增长了9.5个百分点，新增"浙江制造"标准129个，科技进步对经济增长的贡献进一步显现。

从浙江经济改革开放40年的历程可见，正确处理政府和市场的关系贯穿并支撑了浙江创新发展的整个过程，进一步促进了浙江经济的持续、健康发展。在这个过程中，科技创新与产业发展、经济社会发展不断相互促进、深度融合，浙江经历了从依靠民众敢为民先的首创精神到政府规划引导的转移，经历了从政府引导到政府营造有利于创新的政策环境的转移。通过技术、人才和资源等要素制度的配置方式的改革形成了浙江创新的内在动力，而政府的规划引导、政策供给有效弥补了市场之手的不足。

一 以引进为特征的外源型创新（1978—1991年）

改革开放40年来，我们党在推进社会主义改革开放的伟大事业中，不断加深对政府和市场关系的认识，相应做出了一系列历史性的重大决策。1978年，中共十一届三中全会做出改革开放的重大决策，标志着中国进入改革开放的历史新时期。1982年9月，党的十二大明确提出了有系统地进行经济体制改革的任务，指出："正确贯彻计划经济为主、市场调节为辅的原则，是经济体制改革中的一个根本性问题。"1987年9月，党的十三大进一步提出："社会主义有计划商品经济的体制，应该是计划与市场内在统一的体制。"并指出，"新的经济运行机制，总体上来说应当是'国家调节市场，市场引导企业'的机制"。为此，党的十三大报告还提出必须把计划工作建立在商品交换和价值规律基础上，逐步缩小指令性计划范围，扩大指导性计划范围，最终实现以间接控制为主、计划与市场内在统一的模式。这里，强调计划和市场的作用都是覆盖全社会的，不再提计划经济为主。

浙江是我国率先实行市场化取向改革的重要发源地。1978年以前，浙江经济发展水平长期处于国内的中游，在经济发展的自然资源等条件方面并无特别明显的优势。改革开放以来，浙江率先启动市场化改革，大力发展非公有制经济，诞生了中国第一家私营企业、第一个专业市场、第一个股份合作社，成为改革开放后经济增长最为迅速和区域经济相对地位上升最快的地区。在这样一个计划经济向市场经济过渡的特殊时期，浙江积极运用外源性技术和创新在经济与科技间找寻交集，这种结合主要是通过民营企业和乡镇企业实现的。

在20世纪80年代中期，温州、宁波、台州、杭州、金华等地个体私营企业不断涌现，由于早期的民营企业家80%以上是农民出身，文化素质低、专业底子薄，是典型的"草根浙商"。在这些规模不大的民营企业中，有相当一部分是只有一间房、一台旧车床、一个车工的"三个一"企业，只能生产一些技术含量非常低的产品，企业的进一步发展迫切需要科技力量的有力支撑。为了解决企业技术力量不足的问题，他们在当时工程技术人员和大学毕业生一般还不愿意到民营企业工作的情况下，纷纷向一些国有企业、大专院校和院所的工程技术人员招手，聘请了一些"星期天工程师"到自家的企业当技术顾问，提供技术上的帮助。这些"星期天工程师"便将自己脑子里的技术"吐"出来一点给应聘的民营企业。就是通过这种引进外脑的方式，浙江民营企业积累了最初的技术能力，并且在市场上站稳了脚跟。

二 以释放活力为特征的市场创新（1992—2001年）

1992年，邓小平同志南方谈话，明确了"计划经济不等于社会主义，资本主义也有计划；市场经济不等于资本主义，社会主义也有市场。计划和市场都是经济手段，计划多一点还是市场多一点，不是社会主义与资本主义的本质区别"等思想。在理论上确立了"建立社会主义市场经济体制"的说法。1993年，中共十四届三中全会决定建立社会主义市场经济体制。1997年9月，党的十五大明确提出了形成比较完善的社会主义市场经济体制的目标，提出"坚持和完善社会主义市场经济体制，使市场在国家宏观调控下对资源配置起基础性作用"，并要求"充分发挥市场机制作用，健全宏观调控体系"。这里，要求"充分发挥"市场作用、"健全"政府宏观调控体系，深化了对政府与市场关系的认识。

多年以来，浙江坚持市场化取向改革，率先构建起相对完善的区域市场经济体制。对于民间的经济创新活动，浙江各级党委、政府在特定历史条件下通过"先放开后引导、先搞活后规范、先发展后提高"的方式，有效促进了市场主体的成长和市场机制的发育。放手发动、放胆发展、放水养鱼、放宽政策，"不论成分重发展，不限比例看效益"，"国家、集体、个人一起上，乡办、村办、联办、户办四个轮子一起转"，大胆发展个体私营经济，积极进行股份合作制改造，大力推进国有集体企业改革，在全国较早形成了多种所有制经济共同发展、相得益彰的良好局面。

到20世纪90年代末期，以中小企业为主的民营经济占全省经济总量的70%以上，这使得浙江经济充满活力，形成了产业发展、市场繁荣的景象。就浙江全省来看，在这一阶段区域经济民营化经历了两个大的演进阶段：第一个阶段从改革开放起步到90年代初期告一段落，制度转型的主基调是体制外创新，由此创造了一个庞大的非国有经济体系。但这个体系的主体组织，主要为"集体经济"。统计数据显示，1978年浙江全省按经济类型划分的工业产值结构为：国有占63.89%，集体占36.2%，私营不到1%。到了改革开放12年之后的1990年，集体工业远远超过国有。当年全省工业增加值所有制结构为：国有占23%，集体占61.3%，私营占15.7%。就是说，集体与私营加总的非国有工业比重占到77%。第二个阶段以1992年邓小平南方谈话为契机掀起，到20世纪90年代中期获巨大突破。这个阶段制度转型的重心在于体制内"突围"，即将部分企业由体制内改为体制外，由此实现体制"突围"。"突围企业"主要包括三种类型：(1) 产权模糊的集体企业；(2) "戴红帽子"的私营企业；(3) 地方国有中小企业。"突围"历时不到五年，其间绝大部分集体企业被转成了私有企业，几乎所有的"戴红帽子"企业被摘帽。到1997年，全省工业增加值中，纯私有的工业企业增加值已占到40.6%，集体企业则下降到36.7%，民营化或非公有化趋向非常明显。

三 企业成为科技创新内生主体（2002—2007年）

2003年10月，党的十六届三中全会通过了《中共中央关于完善社会主义市场经济体制若干问题的决定》，对建立完善的市场经济体制进行了全面部署。决定提出：要按照五个统筹的要求，更大程度地发挥市场在资源配置中的基础性作用，并提出要转变政府经济管理职能，"切实把政府经济管理职能转到为市场主体服务和创造良好发展环境上来"。这里，强化了市场功能的作用，同时明确了政府的功能作用。2007年10月，在党的十七大上，胡锦涛同志在《高举中国特色社会主义伟大旗帜　为夺取全面建设小康社会新胜利而奋斗》的报告中明确提出科学发展观。同时强调"要深化对社会主义市场经济规律的认识，从制度上更好发挥市场在资源配置中的基础性作用，形成有利于科学发展的宏观调控体系"。并要求："加快推进政企分开、政资分开、政事分开、政府与市场中介组织分开，规范行政行为，加强行政执法部门建设，减少和规范行政审批，减少政府对微观经济运行的干预。"这里，强调从制度上更好地发挥市场的基础性作用，也是对市场作用的重视和强化。

2002年10月，党的十六大报告指出，"走新型工业化道路，必须发挥科学技术作为第一生产力的重要作用，注重依靠科技进步和提高劳动者素质，改善经济增长质量和效益。加强基础研究和高技术研究，推进关键技术创新和系统集成，实现技术跨越式发展"。2005年12月发布《国家中长期科学和技术发展规划纲要（2006—2020年）》，提出2006年至2020年的科技工作指导方针为"自主创新，重点跨越，支撑发展，引领未来"。2006年1月，中共中央、国务院发布《关于实施科技规划纲要　增强自主创新能力的决定》，明确指出我国已进入必须更多依靠科技进步和创新推动经济社会发展的历史阶段，要以增强自主创新能力为主线，以建设创新型国家为奋斗目标，对我国未来科学和技术做出全面规划与部署。为促进科学技术成果向现实生产力转化，推动科学技术为经济建设和社会发展服务，并从制度上解决科技进步中存在的问题，从法律上进一步明确我国科技发展的战略和政策，2007年12月，我国对《中华人民共和国科技进步法》进行了修订。

从浙江省内来看，2002年6月，中共浙江省第十一次代表大会提出进一步深化科教兴省战略，建设科技强省的战略目标。2002年10月，为推进市场化配置科技资源，浙江在全国率先创办了网上技术市场，同年修订了《浙江省科学技术奖励办法》。2003年7月，习近平同志主持召开省委十一届四次全体（扩大）会议，会上明确提出进一步发挥"八个方面的优势"，推进"八个方面的举措"的重大决策和部署。其中第一条就是进一步发挥浙江的体制机制优势，大力推动以公有制为主体的多种所有制经济共同发展，不断完善社会主义市场经济体制。2003年12月召开的省委十一届五次全体（扩大）会议上，提出要扎实推进浙江全面、协调、可持续发展，并把贯彻落实"八八战略"作为此后一个时期工作的主线，开启了浙江改革开放的新时期。2004年，省委、省政府下发《关于推动民营经济新飞跃的若干意见》，开宗明义地提出，民营经济是浙江的优势和活力所在，并要求积极推动民营经济从主要集中在传统制造业和商贸业，向全面进入高技术高附加值先进制造业、基础产业和新兴服务业转变，提高民营经济产业层次和发展水平。在总结浙江经济实际的基础上，习近平同志提出了"腾笼换鸟"。他多次表示，浙江要在社会经济方面保持优势，重点是要实现"凤凰涅槃"和"腾笼换鸟"。前者是指要摆脱对粗放型增长的依赖，后者指主动推进产业结构的优化升级。习近平同志指出，要"培育吃得少、产蛋高、长得好的俊鸟"，实施"走出去"与"引进来"相结合的道路，以"腾笼换鸟"方式为浙江产业高度化腾出一个空间。

2006年，时任浙江省委书记的习近平同志主持召开浙江省自主创新大会，做出了到2020年建成创新型省份的战略部署，习近平同志强调要全面贯彻中央提出的"自主创新、重点跨越、支撑发展、引领未来"的方针，按照深入实施"八八战略"，全面建设"平安浙江"，加快建设文化大省，努力建设法治浙江的要求，坚持科技与经济社会发展紧密结合，市场导向与政府扶持紧密结合，原始创新、集成创新与引进消化吸收再创新紧密结合，发展高新技术产业与改造提升传统产业紧密结合，科技创新与体制创新紧密结合，充分发挥企业的自主创新主体作用，集聚创新要素，激活创新资源，转化创新成果，加快建设创新型省份和科技强省，为浙江省全面建设小康社会、提前基本实现现代化提供强大的科技支持。

2007年11月，浙江省委十二届二次全体（扩大）会议审议通过《中共浙江省委关于认真贯彻党的十七大精神，扎实推进创业富民创新强省的决定》。这是对改革开放以来浙江发展经验的深刻总结，是浙江人民在创业创新伟大实践中锻造形成的浙江精神的集中体现，也是浙江继续走在前列、再创发展辉煌的必然选择。"两创"总战略的基本内涵是：按照科学发展观的要求，在新时期新阶段，全面推进个人、企业和其他各类组织的创业再创业，全面推进理论创新、制度创新、科技创新、文化创新、社会治理创新、党建工作创新和其他各方面的创新，形成全民创业和全面创新的生动局面，使全省人民收入水平持续提高，家庭财产普遍增加，生活品质明显改善，走共同富裕道路；使全省综合实力、国际竞争力、可持续发展能力不断增强，加快建设富强、民主、文明、和谐的新浙江。

在此期间，习近平同志还推动建成浙江网上技术市场，建立科技特派员制度，亲自谋划清华长三角研究院等大院名校引进工作，对浙江创新发展产生了重要而深远的影响。2002年，习近平同志到任浙江不久就参加了浙江网上技术市场开启活动，表现出对这一在全国开先河的用网络促进经济与科技结合的新生事物的鼎力支持。正是在他的重视和推动下，在全国率先建成了浙江网上技术市场。浙江网上技术市场经过十几年发展，已经成为具有全国影响力的"技术淘宝网"。形成由1个省级中心、11个市级市场、94个县级分市场和高新园区分市场、29个专业市场组成的省、市、县一体化信息发布平台。2003年，时任浙江省委书记的习近平同志推进了与清华大学共建浙江清华长三角研究院事宜。2005年4月10日，研究院正式落地浙江嘉兴。之所以引进清华大学共建研究院，是基于浙江缺少大院名校而企业又对大院名校科研成果有迫切需求，这是长期制约浙江科技创新发展的重要短板。2003年3月，根据习近平同志的倡导和省委、省政府的决定，浙江开展科技特派员制度试点工作，继而在2005年全面推开并不断深化完善。

四 "走出去、引进来"的全球化创新（2008年至今）

2012年11月，党的十八大指出："经济体制改革的核心问题是处理好政府和市场的关系，必须更加尊重市场规律，更好发挥政府作用。"并明确要求："完善宏观调控体系，更大程度更广范围发挥市场在资源配置中的基础性作用，完善开放型经济体系，推动经济更有效率、更加公平、更可持续发展。"这里，更加突出了市场作用，也强调了更好发挥政府作用。2013年11月,在改革面临攻坚期和深水区的关键时刻,党的十八届三中全会通过的《中共中央关于全面深化改革若干重大问题的决定》明确指出,经济体制改革是全面深化改革的重点,核心问题是处理好政府和市场的关系,使市场在资源配置中起决定性作用和更好发挥政府作用。

2012年11月,党的十八大明确提出:"科技创新是提高社会生产力和综合国力的战略支撑,必须摆在国家发展全局的核心位置。"强调要坚持走中国特色自主创新道路、实施创新驱动发展战略。这是我们党放眼世界、立足全局、面向未来做出的重大决策。2015年3月23日,《中共中央、国务院关于深化体制机制改革加快实施创新驱动发展战略的若干意见》发布,意见指出要营造激励创新的公平竞争环境,建立技术创新市场导向机制,强化金融创新的功能,完善成果转化激励政策,构建更加高效的科研体系,创新培养、用好和吸引人才机制,推动形成深度融合的开放创新局面;加强创新政策统筹协调。"我们实施创新驱动发展战略面临双重任务:一方面,我们要跟踪全球科技发展方向,努力赶超,力争缩小关键领域差距,形成比较优势;另一方面,我们要坚持问题导向,通过创新突破我国发展的瓶颈制约。"[1] 要深入实施创新驱动发展战略,推动科技创新、产业创新、企业创新、市场创新、产品创新、业态创新、管理创新等,加快形成以创新为主要引领和支撑的经济体系和发展模式。[2]

从浙江省内情况看,浙江省委、省政府坚持以"八八战略"为总纲,坚持一张蓝图绘到底,一任接着一任干,不动摇、不停步、不懈怠、不折腾,把"干在实处、走在前列"的要求一贯到底。相继做出干好"一三五"实现"四翻番"、全面实施创新驱动发展战略、全面深化改革、建设美丽浙江创造美好生活、全面深化法治浙江建设、加强基层党组织和基层政权建设、高水平全面建成小康社会、补齐"六大短板"、从严加强干部队伍建设等决定和部署,扎实推进"两

---

[1] 习近平:《在中央财经领导小组第七次会议上的讲话》,2014年8月18日。
[2] 习近平:《在华东七省市党委主要负责同志座谈会上的讲话》(2015年5月27日),《人民日报》2015年5月29日。

富""两美"浙江建设，各方面工作取得重大成就，浙江各项事业发展不断跃上新台阶。

2013年5月31日，中共浙江省委十三届三次全会通过《中共浙江省委关于全面实施创新驱动发展战略 加快建设创新型省份的决定》，将全面实施创新驱动发展战略作为浙江发展的核心战略，有力推动了经济增长动力的根本性转换。

五 科技创新成为经济发展的主引擎

（一）从经济发展的市场化进程看科技与经济融合

改革开放以来，浙江坚持走中国特色社会主义的道路，率先进行市场取向改革，依靠内源式发展，激发了广大人民群众的创业活力，培育了一大批市场主体，初步建立了社会主义市场经济体制，形成了区域经济内生增长机制，从一个相对封闭的、以传统农业为主体的经济体发展成为一个比较开放的、以现代工业为主体的经济体。理论界认为，浙江的创新实践本质上是一种市场经济模式，是市场、市场体系、市场机制和市场体制形成过程中所具有的浙江地方性特征。个人的首创精神、自主竞争和自由交易的充分发展，是改革开放以来浙江经济能够健康、持续、快速发展的动力源泉。

浙江形成了较强的体制机制先发优势，市场化水平全国领先。浙江市场化指数持续领先，主要源于改革的率先推进。依托民营经济和专业市场等先发优势，浙江体制活力较强，每万人中规模以上非国有企业数指标持续位居全国第一，非国有工业销售收入比重、非国有单位就业比重以及财政支出结构、每千人专利数等指标排位也相对靠前。

在市场化进程中，浙江各级政府注重转变观念，改进工作方法，规范自身行为，尊重人民群众的创造精神，少干预多引导，少限制多服务，少宣传多实干，着力转变企业的经营体制，完善民营企业的经营环境，营造公正、透明和法制化的区域发展环境，为经济增长提供更加充分的社会公共产品和更高效率的政府服务，将很多管理职能下放给行业协会、同业商会等民间组织，通过建立民间行业性自律组织来弥补"市场缺陷"。这可以从政府与市场关系，市场中介组织和法律环境的评分体现。

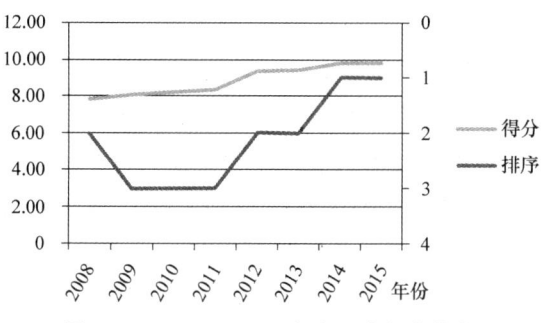

图 2-1　2008—2015 年浙江市场化指数

资料来源：参见王小鲁、樊纲、余静文《中国分省份市场化指数报告（2016）》，社会科学文献出版社 2017 年版。

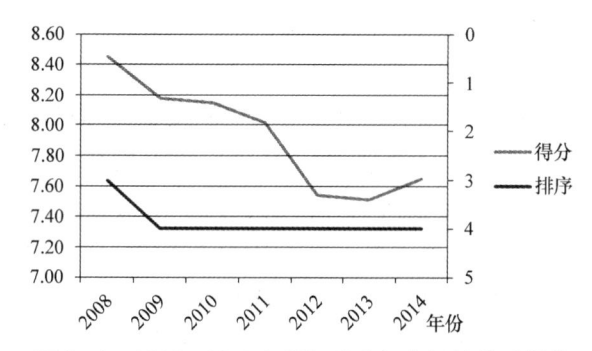

图 2-2　2008—2014 年浙江政府与市场的关系得分

资料来源：参见王小鲁、樊纲、余静文《中国分省份市场化指数报告（2016）》，社会科学文献出版社 2017 年版。

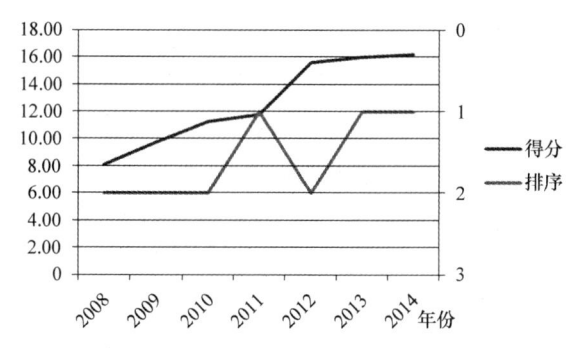

图 2-3　2008—2014 年浙江科技中介与政策法律环境得分

资料来源：参见王小鲁、樊纲、余静文《中国分省份市场化指数报告（2016）》，社会科学文献出版社 2017 年版。

（二）从科技进步贡献率看科技与经济融合

技术进步通常有两种解释：一种是广义技术进步，一种是狭义技术进步。从广义上讲，技术进步是除要素投入数量增加之外的对经济增长有贡献的所有因素。2008年"科技进步对浙江经济增长的贡献研究"课题组对浙江经济增长中科技进步的贡献进行了测算。[①] 研究发现浙江技术进步在20世纪90年代呈现剧烈的波动，2000—2003年，技术进步率趋于稳定，2004—2008年又开始出现波动并趋于下降态势。尽管20世纪90年代中后期，技术进步剧烈波动，但是这一时期技术进步对经济增长贡献程度最高（62.74%），超过了资本和劳动投入贡献的总和，包括制度变革在内的广义技术进步成为这一时期推动经济增长的主导力量。2000—2004年技术进步对经济增长的贡献开始下降，而资本和劳动对经济增长的拉动作用迅速提高，这段时期技术进步与要素投入对浙江经济增长的贡献基本相当。2005—2008年劳动投入与资本投入对经济增长的贡献份额大致相等，且劳动对经济增长的贡献显著增加，资本对经济增长的贡献出现下降，技术进步对经济增长的贡献有所提高，技术进步对浙江经济增长发挥了主导作用，其贡献了近56%的份额，可以认为技术进步已经成为驱动浙江经济增长的主因。

尽管广义技术进步成为推动浙江经济增长的主要动力，但是具有丰富内涵的广义技术进步所包含的因素复杂，各种制度、管理等经济因素以及非经济因素也会影响技术进步。为了进一步挖掘科技进步（狭义技术进步）对浙江经济增长的影响，就必须从广义技术进步中突出以自然科学和工程技术等物化性技术为主要特征的技术进步，这些特征体现了科技进步的特点和内容。狭义技术进步主要包括以下几个方面的内容：（1）采用新设备对旧设备进行改造；（2）采用新工艺或改造旧工艺；（3）采用新材料；（4）采用新能源；（5）对原产品进行改造，使其性能和质量提高等。

[①] 《科技进步对浙江经济增长的贡献研究》，http://tjj.zj.gov.cn/ztzl/lcpc/jjpc/dec_1980/ktxb_1982/201408/t20140826_143727.html。

从表2-1可以看出，2005—2008年科技进步对浙江技术进步的支撑作用明显增强，其贡献了整个技术进步的63.99%，科技进步愈来愈占据技术进步的主体地位。与此同时，科技进步对浙江经济增长的拉动作用也明显提高，2005—2008年科技进步对经济增长贡献份额达到35.92%，比2000—2004年提高了13.75个百分点。由此，科技进步无疑是支撑和加速未来浙江经济增长的动力。

表2-1　　1994—2008年浙江科技进步年均增速及其贡献份额　　　单位：%

时期	科技进步年均增长率	科技进步对技术进步贡献份额	科技进步对经济增长贡献份额
1994—1999年	20.35	51.25	34.99
2000—2004年	23.79	42.43	22.17
2005—2008年	20.11	63.99	35.92

2012年以来，全省科技进步贡献率呈逐年提高态势。2017年，浙江科技进步贡献率达60.1%，浙江区域创新能力居全国第5位，被列为全国首批技术创新工程建设试点省、全国首批创新型省份试点。2016年，以新产业、新业态、新模式为特征的"三新"经济增加值占GDP的22.9%，对GDP增长的贡献率为38.6%。规模以上工业新产品产值达23861亿元，新产品产值率为34.3%。新业态、新模式迅猛发展。电子商务交易额突破3万亿元，网络零售额（含服务）突破万亿元，达10307亿元，均稳居全国第2位；网络零售额比2012年增长4.1倍，年均增长50.2%。列入全国电子商务百强县和淘宝村的数量分别为41个和506个，均居全国第一。拥有全球最大的中小企业电子商务平台、网络零售平台，建有电商产业基地301个。新服务、新模式不断涌现。创新设计、共享经济、网络约车、在线医疗、远程教育、网上银证保等新型服务模式给居民生活带来便利，进一步拓展了消费领域。

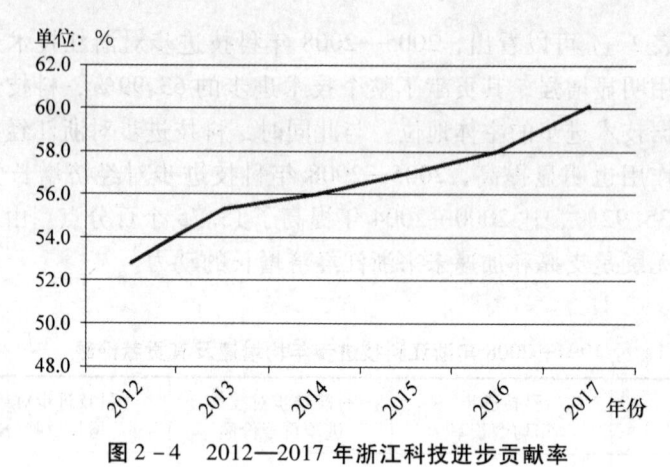

图 2-4 2012—2017 年浙江科技进步贡献率

资料来源：根据浙江统计信息网历年数据整理。

（三）从企业科技活动特征分析科技与经济融合

企业是自主创新的主体，是区域创新体系最为重要的组成部分，企业自主创新能力的提高，对区域创新能力的提升具有决定性意义。因而，本节将从企业创新活动的特点来分析科技与经济融合发展的特征。如表 2-2 所示，2016 年全省有科技活动企业 14493 家，比 2008 年提高 12.4%；研究与试验发展人员 41.47 万人，比 2008 年提高 159%；研究与试验发展经费支出 935.79 亿元，比 2008 年提高 241%。新产品产值 23445 亿元，比 2008 年提高 247%。随着企业科技投入力度的加大，科技产出成效显著。2016 年全省规模以上工业企业共申请专利 78729 项，拥有发明专利 38661 项，分别为 2008 年的 2.34 倍和 3.48 倍。实现新产品产值 23445 亿元，新产品销售收入 21396 亿元，其中出口新产品销售收入 4210 亿元，分别为 2008 年的 3.47 倍、3.33 倍和 2.13 倍。

表 2-2   2008—2016 年规模以上工业企业创新活动特征

年份 项目	2008	2009	2010	2011	2012	2014	2015	2016
有科技活动企业数（个）	12897	13883	14537	11791	13830	12113	13634	14493
企业有科技机构（个）	5748	5694	6745	6781	7498	9049	9737	10137

续表

年份 项目	2008	2009	2010	2011	2012	2014	2015	2016
研究与试验发展人员（万人）	16.03	18.49	22.39	24.82	29.75	36.23	40.26	41.47
研究与试验发展经费支出（亿元）	274.13	330.10	407.43	479.91	588.61	768.15	853.57	935.79
新产品产值（亿元）	6753	6802	8789	10750	11779	18770	21284	23445
新产品销售收入（亿元）	6408.2	6348.6	8352.5	10049	11284	16507	18839	21396
出口（亿元）	1970	1612	2232	2535	2674	3493	3728	4210
专利申请数（项）	33652	46420	48334	52207	68003	77135	72730	78729
发明专利（项）	6107	8698	8879	9335	12844	16824	16819	19280
拥有发明专利数（项）	11098	11789	14178	18091	20553	28235	31642	38661
技术改造经费支出（亿元）	389.16	329.36	285.37	257.27	246.09	278.09	233.72	191.90
技术引进经费支出（亿元）	22.67	21.37	24.89	16.94	14.61	12.47	12.16	9.33
消化吸收经费支出（亿元）	10.96	9.91	12.73	8.55	7.97	4.87	3.57	3.53
购买国内技术经费支出（亿元）	16.67	16.08	14.84	13.33	12.16	14.43	20.63	14.41

第二节　科技创新成为经济社会发展新动能

迄今为止，经济学家对于经济发展过程中是选择市场主导的"无形之手"或是政府干预经济发展的"有形之手"之争辩从未休止，但新时期浙江经济增长和企业创业创新活力的实践表明：只有市场主导和政府干预这"两只手"同时抓，才能推动经济增长和激发企业迸发持续的活力。以市场为主导的"草根精神"，顺应和引领时代新潮流，是浙江经济增长和中小微企业创业创新的根本动力。顶层设计、提前布局，发挥"有所为"政府干预市场的积极作用，有效弥补完全由市场主导带来的负外部性、系统失灵问题，是浙江经济增长和创业创新活力迸发的根本保障。近年来，浙江省委、省政府继续积极落实国家战略，顺应经济发展新常态，对接国家"大众创业、万众创新""中国制造2025""一带一路"和长江经济带建设等战略，政府部门不断加快打造创业创新生态系统，以制度供给之"鞋"对接新型草根创业创新之"脚"。浙江省委、省政府通过深化体制机制创新，营造良好创新环境，使创业成本降得更低、创业氛围更浓、创业资金对接更充分、全球高端要素更加聚集于浙江，从深层次保障了创业创新的可持续发展。

一 坚持推进市场化改革

（一）市场化体制改革占先机

浙江是我国率先实行市场化取向改革的重要发源地。1978年以前，浙江经济发展水平长期处于国内的中游，在经济发展的自然资源等条件方面并无特别明显的优势。改革开放以来，浙江率先启动市场化改革，大力发展非公有制经济，诞生了中国第一家私营企业、第一个专业市场、第一个股份合作社，成为改革开放后经济增长最为迅速和区域经济相对地位上升最快的地区。到20世纪90年代末期，以中小企业为主的民营经济占全省经济总量的70%以上，这使得浙江经济充满活力，形成了产业发展、市场繁荣的景象。可以认为，体制机制的市场化取向改革先人一拍、快人一步，使浙江赢得了发展先机、充满了发展活力。

浙江的改革与发展的特点是，市场的发育比较早，非国有经济（含非公有经济）发展比较快，原有传统计划体制外新体制因素成长比较迅速。体制外市场因素的生成和发展，包括经济体制的所有制基础和经济运行机制两个方面。新的所有制经济成分和新的经济运行机制相辅相成，使得市场对资源配置的作用不断增强，并且随着改革目标模式的确定和经济体制转轨进程的加速，原先在体制外生成的经济成分"反客为主"，成为区域经济中市场经济及其运行机制的内在因素和重要组成部分。改革的先发优势造成了经济体制与经济运行机制方面的"落差"，这种"落差"极大地推动了经济发展，这是浙江现代化进程及经济发展最重要的特征。因此，可以认为，浙江改革与发展过程中所形成的一些特点，在许多方面丰富了中国渐进式改革的实践，也为转型经济理论提供了新的内容。

客观地看，在早期浙江经济内部的制度转型探索与实践中，四个小区域的探索具有开拓意义，并发挥了较大的区域示范效应与区域扩散效应。第一种是"温州模式"，可称为"体制外创新"模式。这种模式留着计划经济严格监管下的国有、集体等"公有"经济不去动它，在这个体制之外再造一个系统，这便是非公有制经济系统，待到这个系统发展到足够大的时候，再回头考虑体制内的公有经济。第二种是"萧山模式"，即由前萧山市（现杭州市萧山区）开辟的路径模式，可称为"体制内突围模式"。所谓"突围"，就是从低效率的传统企业制度中"突围"，变"小公有经济"为民营经济。上述两个背景促成了一种改革新思路，地方政府关于这个新思路的表述是：按照建立社会主义市场经济的目标，以转换企业产权制度为核心，以股份合作制和股份制为突破口改革公有企业。具体实施办法是，将大批濒临破产的公有企业转成产权明晰的民营股份制企业或私营企业。第三种是"宁波模式"，可称为"内外夹击生变模式"。就是在海外与省内两股力量的夹击下，促成了体制内公有制企业的改革。外力方面，以包玉刚为代表的海外"宁波帮"，对宁波地方政府改革思路施加了较大影响，而主要以合资（合作）形式介入的外商直接投资，则对宁波国有企业的转制，发挥了较大作用。内力方面是萧—绍与温—台等邻近地区的民营经济，正是此种"内外夹击"，促成了宁波民营经济的后来居上。第四种是"义乌模式"，可称为"体制外市场再造模式"。义乌的制度创新发端于第三产业中的商品销售行业，义乌在计划经济主宰的商品分销系统之外，新造了一个民有民营的市场销售系统。但这个系统的发展过程，造成了对体制内计划经济监管的商品分销系统的蚕食，形成了"民进公退"与"民进国退"的机制，由此不断扩大着民营系统的发展空间。

这里值得特别一提的是制度转型中地方政府的行为。有一种观点认为，浙江制度转型中地方政府大多取"无为而治"的态度，这一说法失之偏颇。对于民间的经济创新活动，浙江各级党委、政府在特定历史条件下通过"先放开后引导、先搞活后规范、先发展后提高",有效促进了市场主体成长和市场机制发育。就上述四个小区域制度转型实践模式的形成过程来考察,可以认为,民营化制度转型中浙江地方政府的行为,大体上有三种:第一种是"无为而治"式的,以温州模式的形成与发展期间的地方政府行为最为典型,义乌模式其次。第二种是主动出击式的,以萧山政府最突出,绍兴其次;第三种是顺应潮流式的,以宁波为典型。客观地说,如若没有地方政府的有意推动,不仅萧山模式无从谈起,即便宁波模式的形成,也可能要大大推迟。因而,正确处理好市场与政府的关系是浙江经济发展的关键。

进入 21 世纪,浙江市场化改革升级为 2.0 版本。如果说 1.0 版本的浙江市场化改革,主要得益于"先发优势"和"工贸联动"的话,那么 2.0 版本的浙江市场化改革,以网络经济为特色,抓住了新技术革命的契机。多年以来,浙江坚持市场化取向改革,率先构建起相对完善的区域市场经济体制,在全国较早形成了多种所有制经济共同发展、相得益彰的良好局面,形成了支持创业创新的良好环境和风气。2013 年,经国务院批准,浙江成为中国唯一的"两化融合"试点示范省。以阿里巴巴为代表的 B2C、O2O 等模式,成为全国乃至全球电子商务发展的风向标。今天的浙江,已经在电子商务、安防产业、物联网、云计算、大数据、联网金融、智能物流、数字内容产业等领域成为全国的领军者。统计数据显示,全国十大网商,浙江占了 6 个。面对以"计算机 + 信息化"为主要标志的第三次工业革命,以市场化为重要的推动力量,浙江再一次站在时代的前列,引领了时代的发展。

(二)资源要素市场化配置改革

区域的经济制度创新本质上是社会经济活动中资源配置主体和资源配置方式的变迁过程,一方面它表现为资源配置的微观经济主体的变化——民营经济部门的企业取代国有经济部门的企业成为资源配置的主体,即民营化过程;另一方面它表现为社会经济活动中资源配置方式的变化——市场取代了计划成为资源配置的主要方式,即市场化过程。从民营化、市场化、工业化和城市化这四个方面的互动关系来看,浙江的发展模式也可以概括为是一种内生的由民营化和市场化推动工业化和城市化的区域经济制度变迁和区域经济发展的模式。

现代市场体系是指各类市场在相互联系、相互作用过程中形成的市场有机整体，它既包括商品市场，也包括劳动力市场、信息市场、土地市场等生产要素市场。各类市场有其特定的功能和定位，都是现代市场体系不可或缺的部分。过去40年中国经济之所以取得巨大成功，最重要的原因是推进了市场化改革。改革开放以来，我国在产品市场化改革上取得了显著成就，绝大多数的商品价格以市场方式来定价，因此产品的成本与收益就能够归结到产品的价格上去。商品价格能够经常地、动态地反映供求关系，从而充分发挥价格杠杆对资源配置的调节作用，但要素市场化改革却明显滞后了。当前，我国生产要素的非市场化主要表现在三个方面：一是缺乏不同要素所有者的市场交易主体，二是缺乏反映需求变化的市场交易价格，三是缺乏市场竞争秩序所必需的规则与监管。由于生产要素的非市场化，导致要素价格存在不同程度的制度性和政策性扭曲，往往与市场均衡价格相去甚远。在这种情况下，要素价格不但不能灵活反映要素市场供求关系的变化和资源稀缺程度，造成资源配置效率下降，而且导致寻租活动猖獗。也就是说，这样的制度安排不是让企业在市场竞争中发展壮大自己，而是引导企业千方百计通过非市场化的方式从政府那里获得各类要素。可见，只有完善的生产要素市场，市场机制对企业的优胜劣汰功能才能充分发挥出来，国家也才能对市场运行过程进行有效的调控、监督和引导。

2013年9月，浙江省政府批复在海宁市实施要素配置市场化综合改革试点。历时8个月的改革实践，这个以钱江大潮著称的县域城市，在生产要素的市场化配置中大胆冲破传统的体制机制障碍，通过建立亩产效益评价和差别化配置机制，让各种要素快捷、高效、顺畅地流向优质企业和市场主体，为全域的经济结构调整和产业升级提供源源不断的动力源，为全省提供了一个新鲜、管用的改革样本。为全面贯彻落实党的十八届三中全会和中共浙江省委十三届四次全会精神，浙江省在总结海宁试点经验的基础上，加快推进资源要素市场化配置改革，确定在杭州市萧山区等24个县（市、区）开展此项改革。从各地改革总体方案看，对象不尽相同，有的选择部分行业工业企业先行试点，也有的将服务业企业纳入改革范围。但总体而言，这次改革要以亩产效益为核心，以精准化配置为导向，以差别化措施为手段。根据部署，这些地方要因地制宜打造要素改革升级版，把依亩产效益排序竞争性获取资源作为市场调节的"无形之手"，把制定和执行好制度规则、保障公平竞争市场环境作为政府调控的"有形之手"，引导资源要素向配置效率高的领域和环节有序流动。逐步建立公开公正的亩产效益综合评价排序机制、差别化的资源要素价格机制、"腾笼换鸟"激励倒逼机制，并建立健全金融、人才要素支撑保障机制和便捷高效的要素交易机制。整合提升要素交易平台功能，完善运行规则和交易流程，推动土地、排污权、用能等资源要素自由交易、市场化配置。鼓励社会资本参与要素交易平台建设。通过充分发挥市场和政府"两个作用"，合力形成要素配置与企业质量和效益相挂钩的机制，切实推动资源配置向发挥市场决定性作用转变，推动企业由要素驱动向创新驱动转变，推动政府管理向积极有为、强化服务转变。

二 充分尊重大众的首创精神

（一）敢为人先的创新精神

从浙江经验看，以市场为主导的首创精神，顺应和引领时代新潮流，是浙江经济增长和企业创业创新的根本动力。浙江创新实践的基本特征可以概括为：充分尊重和发挥民众敢为天下先的创新精神和坚韧不拔的创业精神，将经济体制改革和区域经济发展有机地融为一体，利用制度创新所形成的改革先发优势，推动区域经济发展和社会进步。改革开放40年以来，以传统"四千精神"为代表的浙江人创造了一个又一个新奇迹，这是典型的"草根精神"，具备启动快、门槛低、成本低等特征。经过40年的开放、全球学习和内部积累，浙江新一代创业者同样具备"草根精神"和创新精神，但更具有全球视野、首创精神、知识密集型和环境友好型等特征。当前逐渐形成了从"富二代"向"创二代"转型和以新生代为代表的浙商系、阿里系（迄今约2.5万人从阿里巴巴离职出来新创企业），以"千人计划"为代表的海归系，以浙江大学等高校师生创业者为代表的高校系。这一批"机会型"创业者传承上一代浙江"草根精神",同时更具有"新四千精神",即千方百计提升全球价值链位置、千方百计扩大全球市场、千方百计首创和自主创新、千方百计提升质量和改善管理。这为浙江经济可持续发展和企业基业长青奠定了良好的草根基础。

早期浙江经济发展模式的最典型与最有代表性的模式是浙东南沿海地区在其经济发展过程中自发产生出来的"温州模式",或者说是"温台模式"。"温州模式"成功的关键在于,充分尊重和发挥民众的首创精神,将经济体制改革与经济发展有机地结合起来,使得改革与发展在区域经济变革中成为一个相互促进的动态过程。从区域经济发展的支持要素及其关系看,"温州模式"首先得益于区域内的人力资源,调动了区域内具有商业文化传统的各类经营人才的创业积极性,在较短的时间内启动并完成了资本的原始积累,培育和发展了民间的资本市场,并且及时地把商业资本转化为产业资本;同时,通过较早地培育和发展各类生产要素市场,使区域的农村工业化及整个经济的发展及时地获得了技术要素的支持。从企业、市场、政府三者的作用及其关系看,在"温州模式"的形成过程中,先是发展专业市场替代原先政府计划在资源配置中的作用;然后,通过企业组织形式的发展与改进,通过建立公司制的企业和企业集团,用企业的科层组织部分地替代了市场的功能;同时,在市场替代政府、企业替代市场的过程中,政府在被替代的过程中逐渐从被动转变走向主动转变,开始进入了一种新形势下的有为状态,积极介入市场失灵的领域,发挥政府矫正市场缺陷的作用,促进了经济与社会的协调发展。

事实证明,企业家群体是推动浙江经济发展的最大内生活力,而体制创新则与企业家精神、经济内生动力息息相关、互为支撑。改革开放以来浙江经济持续高速增长,本质上来源于这种不断创新的企业家精神,或者说,浙江自改革开放以来源源不断地涌现出了一批又一批具有创新精神的企业家。每一种经济形式都形成了自己的代表人物,从国有经济中的滕增寿、傅国通、冯根生,到集体经济的鲁冠球、宗庆后,再到私有经济的南存辉、陈金义等,多年来为世人所瞩目。正如前面所引证的学者们指出的那样,他们具有卓越的判断力、不屈不挠的毅力、勇往直前的闯劲，他们不安于现状，不陶醉于已经取得的成就。这些企业家的存在是浙江经济腾飞最为重要的因素之一。

企业家在浙江的经济增长中的重要作用体现在两个方面：一是制度创新，二是技术创新。制度创新就是打破低效率的制度均衡，发明或采用一种新的制度安排。例如专业市场和股份合作制诞生在浙江就是生动的例子。技术创新就是开发新技术的经济价值和实现这种经济价值。无论是制度创新还是技术创新，本质上都是实现新的组合。实现制度创新和技术创新，并不需要创新者是个思想家或发明家，但必须是一个坚定的实践家。不仅想得到，更重要的是要做得到。温州的王均瑶包民航航线不仅敢想，而且立即付诸实施。今天看来，浙江的企业家在实施创新时主要不是原创性地发明了什么制度或技术，而是大胆地借用了他人的发明或者把一些发明组合到一起形成了新的经济组合。无非是浙江人清楚地看到了一种发明的经济价值，而且通过一系列的创新行为实现了这种经济价值。应该说判断一种发明的经济价值或实现一种发明的经济价值，这两种情况分别来看并不是那么困难，但是一个人要同时具备这两种能力则要难得多。浙江的企业家借用了全中国的发明，因此，其他地区的科学家、技术人员虽然不能统计在浙江，但是通过企业家给浙江的经济发展以实际影响。

（二）极具包容性的万众创新

在改革开放后的浙江，创业创新的大赛从来没有休止符。无论是山区海岛，还是城市乡村，无论是老中青，还是工农学，创业创新的激情和活力无处无时不在。人们常说，在中国在全世界，有人的地方就有浙江人。同样在浙江，处处都有创业创新者。大众创业、万众创新，是浙江经济发展和财富创造的决定性力量，是浙江始终走在前列的关键一招。浙江改革开放以来的发展史，就是在党的领导下，人民群众创业创新的奋斗史。没有人民群众的创业创新，就没有浙江繁荣发展的今天。历届省委坚持以人民为主体，尊重基层首创，鼓励和支持人民群众创业创新、共享成果。2006年2月5日，时任浙江省委书记的习近平同志在《浙江日报》发表了题为"与时俱进的浙江精神"的文章，强调"我们要坚持和发展'自强不息、坚韧不拔、勇于创新、讲求实效'的浙江精神，以此激励全省人民'干在实处，走在前列'"。这是对浙江精神的高度提炼,更是对今天的鞭策和对明天的引领。

只有全面推进个人、企业和其他各类组织创业创新,营造大众创业、万众创新的局面,全省综合实力、国际竞争力、可持续发展能力才会不断增强,才能加快建设"两富""两美"的浙江。进入新时期新阶段,省委、省政府不断推进浙江"双创"内在机制的完善和外部环境的优化,加快实现浙江"双创"优势的大蝶变。2007年11月,浙江省委十二届二次会议审议通过《中共浙江省委关于认真贯彻党的十七大精神扎实推进创业富民创新强省的决定》,把浙江精神的核心归纳为"创业创新",强调"坚持把支持人民群众干事业、干成事业作为创业富民、创新强省的根本之举,大力推进全民创业和全面创新"。2008年6月召开的省委工作会议,出台了《浙江省推动文化大发展大繁荣纲要(2008—2012年)》,进一步提出,要坚持用以创业创新为核心的浙江精神凝聚力量、激发活力、鼓舞斗志。2013年5月,浙江省委十三届三次全会审议通过《关于全面实施创新驱动发展战略 加快建设创新型省份的决定》,明确提出进一步形成有利于创业创新的体制机制。浙江通过一系列政策制度安排,实实在在地释放出改革红利,在更广范围内激发和调动千万群众的创业创新积极性。浙江按照人民创造财富、政府创造环境的分工协作机制,通过发挥人民大众的主体作用、政府部门的引领作用,营造起齐心协力、共创共富、共建共享的新环境。

今天的浙江,平均每13个人中就有一个"老板",平均每43个人就拥有一家企业。[①] 尤其令人欣喜的是,以"90后"年轻创业者、企业高管创业者、科技人员创业者、留学归国创业者为主的创业新军正在这片热土上尽情逐梦、酣畅圆梦。面对经济新常态与信息经济、互联网蓬勃发展的机遇,在浙商系、高校系、海归系、阿里系组成的创业创新"新四军"全面崛起的同时,包括学生、普通市民、外来工作者在内,一场更大规模的"双创"深耕正在浙江出现。今天,

---

① 《浙江:目前平均每13个人中就有一个"老板"》,http://news.cyol.com/content/2017-01/22/content_ 15379145.htm。

不但创业创新的浙江人成为值得歌颂的时代主角，这里也是外地"创客"施展抱负的"众创"天堂。2015年亮相的浙江梦想小镇，眼下已集聚4000多名全国各地的创业者、400余个创业项目，进驻创投机构近100家。而不久前于云栖小镇举行的云栖大会上，云集了来自全球的4.26万名创客共话"双创"。"浙江的创新创业已从草根创新创业登上新的台阶，发展为全民创新创业。里面包含各种类型、各种领域和各种人，可以说全面开花。创新创业不只是一种形式，更成为浙江人的生活态度。改革开放造就了浙商，而今创新创业浪潮则带动浙江出现了传统经济结合互联网的新浙商、纯互联网经济的新新浙商，他们已成为浙江经济社会发展中的新明星与新势力"。

浙江省推动大众创业万众创新的做法及成效主要包括以下四个方面：

1. 坚持市场导向，加强政策支持

2013年，浙江省科技厅出台"实施创新驱动发展战略十八条"，明确提出了进一步形成有利于创业创新的体制机制。2014年，印发《科技体制改革与发展工作要点》，明确科技经费跟进金融资本、风险资本，让市场成为配置资源的决定力量；同时扩大科技型中小企业创新基金规模，受国务院肯定。研究出台了《关于鼓励科技创业 加快培育科技型中小微企业的实施意见》，省财政设立3亿元科技型中小企业扶持和科技发展专项资金，进一步支持科技型企业创业创新。先后出台了《关于进一步加快科技企业孵化器体系建设的若干意见》《公众创业创新服务行动方案》《关于进一步推广应用创新券 推动"大众创业万众创新"的若干意见》等，大力支持新型孵化器建设，推动科技人员和团队、民间资本、创业资本和科技成果相结合的"三创业"，促进科技资源开放共享，用创新券给予创业者财政补贴等。2015年出台《关于发展众创空间 促进创业创新的指导意见》，目的在于培育一批基于互联网的新型众创孵化平台，发展市场化、专业化、集成化、网络化的"众创空间"，形成要素集聚化、服务专业化、运营市场化和资源开放化的大众创业新格局。

2. 提高政府补贴，发展众创空间

众创空间是"互联网+"时代创业服务机构和新型孵化器的代

表，是加速推动科技型创业支撑经济转型升级的重要载体。2014年，浙江省科技厅会同省财政厅设立省级科技型中小企业扶持和科技发展专项资金，每年安排3亿元，扶持全省范围内符合条件的中小企业，连续支持5年。2015年开始，浙江省发放1亿元科技创新券，对通过省科技创新云服务平台获得服务的科技企业孵化器、大学科技园、众创空间的在孵企业和创业者进行财政补贴。杭州"梦想小镇"创客基地为入驻项目提供最长3年的免租办公场地、最高100万元的风险池贷款、30万元商业贷款贴息等多项优惠政策。现在，浙江省除了6个国家级高新区与跨境电子商务试验区，各地的科技企业孵化器、创新园区如雨后春笋般涌现：创客小镇、梦想小镇、私募基金小镇、互联网创业小镇、云计算产业小镇等创业社区，创业一条街，汇聚了各类人才和创业要素资源，形成大众创业万众创新的新经济、新生态、新产业。

3. 扩大开放共享，开展公共服务

为了营造更加充满生机活力的创新生态系统，让大众创业万众创新的活力竞相迸发，浙江推动全省500家以上省级创新载体50000台（套）科研仪器设备向社会提供开放共享，服务企业50万家次，带动50万人创业创新，使科研仪器设备使用率提高5个百分点，基本建成科研设施与仪器开放共享制度，基本解决科研资源的分散、重复、封闭、低效问题。2015年3月，浙江首个省级政府部门云服务平台——浙江科技创新云服务平台正式上线，平台实现了科技资源、科技数据、科技服务和科技管理的互联互通和开放共享，创业创新者可以通过云服务平台找信息、找资源、找资金、找设备、找服务，享受"一站式"的"指尖上的服务"。

4. 创新服务模式，加强资金引导

2013年，浙江省科技厅开展"百局千人万企"大调研活动，省、市、县三级共派出1689名科技干部和专家，深入到9089家企业开展服务，为企业解决2800项问题。2014年，深入开展"五帮一化"服务企业长效工作机制。建立省、市、县联动联合、领导和处室联系园区、干部进园入企蹲点服务等制度。长兴县在借鉴周边地区"创新券"做法基础上，创新科技服务模式，率先推出国内跨区域流通

"科技券"，累计发放科技券3192万元，兑现2750万元。在资金引导方面，推进科技金融结合。省科技厅牵头设立浙江省天使投资专委会，目前已集聚天使湾、浙报传媒梦工场等200多位省内外天使投资人。杭州市成立首期7500万元的天使投资引导基金，已发起设立8家天使投资基金，投资项目30个，投资金额8360万元，带动社会投资2.2亿元。宁波市设立5亿元的天使投资引导基金，每年安排1亿元对天使投资进行跟进投资等。

三 确立企业的创新主体地位

习近平总书记指出，企业是科技和经济紧密结合的重要力量，应该成为技术创新决策、研发投入、科研组织、成果转化的主体。从科技工作导向看，浙江始终坚持突出企业创新主体地位和产业化导向。建立企业为主体的创新体系，关键是提高企业的内在创新动力和能力。真正的创新企业不会因为政府的补贴去冒险进行创新。企业是否愿意创新取决于创新能否给企业带来效益。企业创新动力主要源自三个方面：市场竞争压力、市场需求推动以及对盈利的预期。

因此，从投资和要素驱动发展转向创新驱动需要实现创新推动方式的转变，从政府主导转向市场引导企业创新。在建立企业为主体的创新体系过程中要实现三个转向。一是从投资激励转向创新激励。投资和规模激励政策不利于创新驱动发展。各级政府以零地价和减免税等优惠政策吸引投资、扩大规模，企业不需要创新就能获得很多好处，所以不愿冒险、费力创新。二是从科技政策为主转向综合性的创新政策。创新是从研发到成果转化、产业化和商业化的过程，研究开发只是创新链条的一个环节。因此，科技政策只是创新政策的一部分，创新政策是各项政策的综合，包括科技政策、财税金融、贸易、产业组织、教育体系、诚信体系等。三是从点对点补贴、考核为主转向鼓励企业创新从市场获得收益。有效的创新是获得市场成功的创新。目前，我国以项目导向、考核和评比为基础的优惠政策，导致企业迎合政府，而不是根据市场需求去创新，而且还可能形成政策寻租。创新能力是逐步积累的过程，评价企业是否创新，不仅要看研发投入和专利数量，不能仅看技术的先进性，还要看市场的适应性、经济可行性、竞争力和效率；不能追求短期效果，要看长期效果。随着科技体制改革的逐步深入，人才、资金、科研成果在企业、科研院所间有序流动，以企业为主体的技术创新体系在浙江逐步得到建立。

《关于全面实施创新驱动发展战略　加快建设创新型省份的决定》明确指出，鼓励支持企业真正成为技术创新主体。进一步强化政策措施，推动企业成为技术创新决策、研发投入、科研组织和成果转化应用的主体。全面落实国家鼓励企业创新的各项优惠政策，特别是企业研发费用形成无形资产的按其成本150%摊销、未形成无形资产的按研发费用50%加计扣除的税收优惠，并拓展应用到中小企业购买技术和发明专利、企业在大学和科研机构设立实验室等费用支出领域。鼓励更多企业申报高新技术企业和国家认定企业技术中心，落实有关税收优惠政策。持续加大政府对企业科技创新的投入。2012—2015年，省财政创新强省专项资金安排50亿元，主要用于支持以企业为主体的科技创新和人才引进培养，此后在绩效评估基础上逐步增加。各市、县（市、区）要根据财力设立相应配套专项资金。

大力培育创新型企业。2013年开始实施"十百千万"创新型企业培育工程，目标是到2017年形成十家国际水平、国内顶尖的领军大企业，新增百家科技型上市企业、千家国家级高新技术企业、万家科技型中小企业。采取针对性政策，鼓励领军大企业加大核心技术和关键技术攻关力度，加快形成自主知识产权和核心竞争力。鼓励有条件的企业加大研发投入，建立高水平研发机构，推进重点产业技术创新联盟建设，争取成为国家级高新技术企业和科技型上市企业。始终坚持以创业促创新，充分发挥民营经济优势，实施科技型初创企业培育计划、科技型中小企业成长计划，引导创业投资机构和社会资本投资科技型中小企业，推动科技型中小企业发展成为高新技术企业。对符合条件的初创期科技型中小企业，鼓励申请国家和省科技型中小企业创新基金。有条件的地区和高新园区设立创新基金，支持科技型中小企业发展。加快完善中小企业技术创新服务体系，抓好省级特色工业设计示范基地和科技创新服务平台建设，更好地为中小企业服务。

鼓励和推动高校、科研院所与企业形成创新利益共同体。积极探索浙江特色的企业出题、政府立题、协同解题的产学研合作创新之路，加强顶层设计和资源系统整合。积极推进企业、高校和科研院所紧密结合，以产权为纽带，以项目为依托，形成各方优势互补、共同发展、利益共享、风险共担的协同创新机制；以成套装备工业设计为突破口，联合建立研发机构、产业技术创新联盟、博士后工作站等技术创新组织，联合申报科技攻关项目和产业化项目，加强龙头企业与配套企业的协同创新与协同制造。支持高校、科研院所将非经营性国有资产转为经营性国有资产，用于科技成果研发和产业化。鼓励高等院校和科研院所采用市场化方式，向企业开放各类科技资源，鼓励社会公益类科研院所为企业提供检测、测试、标准等服务。

在激烈的市场竞争下，追求财富和效益的原动力促使企业不断自觉加大对高新技术和高科技项目的投入。在科技部门的扶持和带动下，高新技术企业和科技型中小企业快速发展，并涌现出一大批具有较强研发能力、自主知识产权、自主品牌的创新型企业。2017年，浙江全省专利申请量377115项，授权量213805项。在企业科技投入和创新方面，浙江企业形成了独特的"五个百分之八九十"现象，即企业科技投入占全社会科技投入的百分之八九十，企业研发机构占全社会研发机构总数的百分之八九十，企业科研人员数量占全社会科研人员数量的百分之八九十，企业承担的科技攻关和成果转化项目占全社会科技攻关和成果转化项目的百分之八九十，企业申请和获得专利数占全社会申请和获得专利总数的百分之八九十。

浙江省财政科技经费的2/3以上、市县财政科技经费绝大部分，直接用于支持企业技术创新和科技成果转化。"十一五"浙江实施的2840个重大项目，70%以上由企业牵头组织实施。浙江"十二五"重大科技专项，浙江省科技厅实施了新的项目申报办法。强调以企业为主体，支持由企业或企业牵头产学研结合实施重大科技专项项目，高等学校、科研院所单独申报一般不予立项。2015年，在291项浙江省省级科技奖励中，由企业独立完成或参与完成的项目成果占65.5%，由企业为主完成的项目成果占46.2%，企业已逐步成为科技创新的主体力量。目前企业科技投入、科技人员、研发机构承担的科技项目和获得的专利，均占全省的80%—90%，初步形成了以企业为主体、以市场为导向、产学研相结合的区域创新体系。

四 政策指导下的市场化要素配置

(一) 技术要素配置机制

浙江技术市场的发展起源于20世纪80年代，经过近40年的快速发展，交易体系不断完善、交易规模不断扩大，正由"科技资源小省"向"技术市场大省"转变，成为全国重要的技术吸纳地、创新要素集聚区。2002年10月，浙江在全国率先建立了中国浙江网上技术市场，推动互联网与技术市场的融合发展，开创了国内技术市场网上交易先河。目前，浙江网上技术市场已经形成了由1个省级中心、11个市级市场、94个县（市、区）分市场和29个专业市场组成的体系架构，拥有省内企业网上会员近17万家，签约技术合同4万项、成交金额突破420亿元。据统计，浙江网上技术市场累计发布全省企业的技术需求达9万项、省内外科技成果信息17万项，成为浙江省聚集最新技术成果和企业技术需求的"洼地"。

2014年，以浙江省科技信息研究院、浙江省科技开发中心两家厅属单位作为国有出资控股，吸收阿里巴巴、华数、浙大网新、杭州科畅、杭州中新力合5家企业，共同组建了浙江伍一技术股份有限公司，由其作为市场主体，运营浙江科技大市场。同年，集"展示、交易、交流、合作、共享"五位一体的浙江科技大市场正式开业，大市场根据技术转移、科技成果转化产业化的需要，择优引进49家从事技术转移、咨询评估、投资融资、知识产权等方面的科技中介服务机构入驻，形成了一站式的创新服务链，初步实现了实体技术市场与网上技术市场的功能互补，使技术市场功能更加完备。

组建伍一公司对于发挥市场在科技资源配置中的决定性作用，转变政府服务职能，确定企业技术创新主体地位都具有重要意义。伍一公司的建设运营要突出改革主旋律，以改革的思路加快完善技术市场，利用市场化机制打通科技与产业之间的通道，解决科技与经济"两张皮"问题。在工作内容上，重点做好四个方面的工作：一是做好政企互促，就是公益性服务与市场化运作相结合，既突出公益性，又明晰市场化运营模式，做到政府满意、企业满意、科技人员满意、股东也满意。二是做好上下联动，就是网上技术市场与线下技术交易相结合，充分发挥网上网下的技术和资源优势，大力推进科技成果转化和产业化。三是做好统分结合，就是省级科技大市场和市县分市场相结合，充分发挥各地积极性、主动性和资源优势，形成具有一定规模的浙江技术市场建设体系。四是做好科金结合，就是加强科技与金融相结合，集聚知识、技术和资本要素，大力培育具有科技含量和发展潜力的科技型企业，促进高新技术产业和战略性新兴产业发展。

在省级平台搭建的基础上，浙江省内6个市、20个县（市、区）随后纷纷启动科技大市场建设试点工作。据统计，截至2017年，全省已建成50余家地方科技大市场，覆盖了11个设区市和40个县（区）。各地科技大市场探索了市场化运作机制、构建了创新服务链、形成了合理商业模式、实现了常态化运行，取得了明显成效。围绕建设全国一流科技成果交易中心补齐各项短板，从需求、供给、平台、服务和环境"五端"齐发力，努力推进技术产权化、成果资本化、转让市场化、交易网商化，从而打通科技和经济社会发展的通道。针对技术市场功能不够完善、信息供需不对称的短板，可通过完善信息采集发布、在线交易及数据支撑系统，建立成果转移转化大数据，将专家资源、企业需求进行对接，探索"一企一档"创新档案，精准对接企业技术需求；针对科技成果交易不够活跃的短板，省科技大市场在办好春秋拍的基础上，举办高校院所专场、集群经济专场等科技成果竞拍活动，推进分专业、分领域、常态化地开展科技成果竞拍活动；针对科技服务体系不够完善的短板，通过培训技术经纪人及引进省内外中介机构、高校、金融和法律服务机构等方式，为技术交易和成果转化提供"一条龙"服务。此外，针对一些共性技术缺失、中试环节薄弱的短板，要整合、引进优势科技资源，设立"浙江省产业技术创新研究院"，加强重大科研基础设施建设，创新运行体制机制，集聚高层次产业技术创新人才，建设全国一流的产业技术创新机构，打通高校院所源头创新、企业技术创新"研发—中试—产业化"的通道，真正让科技成果"落地开花"。

（二）人才要素集聚机制

人才是发展的根本所在，更是潜力所在、后劲所在。浙江要做好人才工作，基础条件其实并不理想：民营经济低小散的产业形态，决定了浙江人才结构中高层次人才、创新型人才比较短缺；而大院名校央企少，更是引才、聚才、用才的软肋。但是浙江省委认为，浙江做好人才工作最大的优势，也正是面广量大、急切希望转型升级、迫切渴求高层次人才的民营企业，正是多年来积累起来蕴藏在民间具有灵活流动性、急切寻找投资方向的民间资本。人才是最活跃的先进生产力，资本是生产不可或缺的基本要素，与人才嫁接的资本是最有效的资本。近年来，浙江发挥民营经济发达、民间资本充裕的优势，根据人才有技术、想转化、缺资金和民企民资有资金、想转型、缺项目的实际情况，引导民企民资向人才集聚，营造"类硅谷"的创业创新环境，让人才便于找投资，让资本便于找人才，引导民间资本通过和人才的有效对接聚焦实体经济，成为产业资本，帮助人才生根发芽、开花结果。与此同时，浙江省发挥市场配置资源的基础性作用，坚持做大"人才库"和"资本库"，突出企业主体作用，畅通人才、资本、民企对接渠道，积极推动财政资金、金融资本、风投资本、民间资本等各类要素向人才集聚，促进人才创造价值、资本实现增值、民企转型发展。人才、资本、民企的深度融合，为浙江资本找到了一条出路，为民企转型提供了一个路径，也为浙江从经济大省迈向创新强省探索了一条有效途径。

让企业成为引才聚才用才主体。浙江突出企业引才聚才用才主体作用，加强企业院士专家工作站、博士后工作站、技术研发中心等平台建设，提升企业集聚人才吸引力。2013年以来，全省大力推进重点企业研究院建设，对91家省级企业研究院分别投入500万—1000万元的经费支持，地方财政1∶1配套。2014年，浙江省级重点企业研究院已集聚了7000多名研发人才。同时，大力鼓励支持民营企业以股权、债权、场地等多种方式与高层次人才进行对接合作，对符合政策规定的项目，在税收、用水、用电等方面予以优惠。民企通过投资海外人才项目，促进人才发展融入"本土化"，也加快了企业转型升级。如房产企业贝利集团投资并引进了国家"千人计划"专家项春生的易文赛生物技术公司，大型工业企业星月集团投资了国家"千人计划"专家欧阳宏伟的星月生物科技有限公司。此外，还有部分民企通过对上下游创业项目的投资，有效延长了产业链。为让企业真正成为引才聚才用才主体，针对人才创业"融资难"和资本"缺项目"的矛盾，浙江省委、省政府积极创造条件推动资本和高层次人才创业创新有效对接，促进人才与资本良性互动、价值分享。在全省各项重大引才活动中专门开辟智资对接专场，定期举办人才资本对接会、"资本相亲会"等活动，邀请知名风投机构参与省"千人计划"创业类等人才项目评审，促进人才资本经常对接。在杭州未来科技城成立高层次人才投资服务中心和金融服务中心，集聚各类风投机构，做好牵线搭桥服务，扩大人才资本合作度。截至2017年8月，已集聚金融等投资企业750余家，管理资金规模突破1700亿元，成为全省最瞩目的金融集聚区块。

发挥市场基础性作用。在继续保持传统人才资本对接方式的基础上，浙江积极探索信息条件下的人才资本融合的新渠道、新形式，更加有效发挥市场在资源配置中的基础性作用。在继续做大创业资本总量的同时，进一步增强各类资本的专业性和针对性。加大政府对新兴产业投资的引导力度，通过政策鼓励、资金引导等多种手段，带动社会资金投向科技创新企业，特别要扩大种子基金规模。积极引进培育与浙江重点产业紧密相关的各类专业风投机构，重点引进国内外投资机构合作设立子基金，为人才搭建从天使投资到中、后期风险投资的完整链条。注意引进海外风险投资高层次人才，努力打造一支熟悉国际规则、善于投资运营的投融资人才队伍。此外，浙江进一步加大技术成果拍卖交易和网上技术市场建设，吸引创业投资机构、金融机构和企业等市场主体到网上"淘宝"，推进人才科技成果资本化产业化进程。促进互联网金融服务平台规范发展，筹建人才资本民企对接网络平台，通过在线上发布人才项目融资需求、民营资本合作意向、风投机构投向领域等信息，在线下建立人才金融服务中心，使人才和金融实现全天候对接。

用财政资金"四两拨千斤"。在市场经济条件下，资本表现为财政资金、金融资本、风投资本、民间资本等多种形态。不同的资本形态具有不同的价值取向和功能作用。浙江强调，财政资金主要是提供社会公共产品，起到引导带动作用，重在发挥"四两拨千斤"的撬动效应。浙江明确省级人才专项投入每年不低于当年公共财政的

2%，各市、县（市、区）人才专项投入年增幅不低于当年本级公共财政支出增幅。截至2013年年底，各级财政投入"千人计划"工程就达21亿元。不断扩大政府创业投资引导基金规模，加大政府对新兴产业投资的引导力度。2009年以来，省财政共出资6.15亿元组建了10只创投基金，总规模36亿元，投资项目51项，带动社会资本联合投资34.2亿元。如省创业投资引导基金投入海邦人才基金5000万元，带动社会资本大量涌入，现在海邦人才基金规模由原来的2亿元发展到7亿元，已投资人才项目25个，其中"千人计划"专家陈伟的矽力杰公司已在台湾成功上市。

（三）金融要素配置机制

习近平同志主政浙江期间就非常注重金融资源的配置效率问题，不断探索如何使更多的投资领域向民间资本开放。如明确市场化改革方向，充分调动民间投资的积极性，扩大民间投资的规模，使民间投资成为主体，形成经济增长的内生机制。如不断放宽民间投资领域，鼓励和支持民营企业进入高新技术产业，进入一些关系国计民生的特殊制造业领域，积极参与重化工业和装备制造业大型项目的投资、建设和经营。为进一步激发民间投资动力，实现民间投资对浙江经济社会发展的长效带动机制，浙江按照"政府引导、市场运作"的要求，充分发挥市场的基础性配置作用，不断改进政府的引导方式，统筹政府资金并引导社会资金投向，逐步形成了投资主体多元化、资金渠道多源化、建设实施市场化的新格局。随着一系列投融资体制改革政策的出台，浙江出现了国有资本、民间资本、外资等几个轮子一起转的生动局面，各种资本不断融合，互促共进。

浙江经济发达，民间资金充裕，股票、期货、基金等金融市场交易量一直居全国前列，但仍面临民间资本多投资难、中小企业多融资难的"两多两难"问题。省委、省政府因势利导，扶持金融业打造成为一个万亿级产业。浙江正成为越来越多创业创新者投资兴业之地。从整体来看，浙江省金融业的丰富业态，让资金进入实体经济的管道更加通畅，融资结构更加优化，融资成本逐步下降，对实体经济的服务和支撑作用日益增强。当前，浙江省金融领域形成了两张"新名片"：一个是互联网金融，另一个就是私募金融。

互联网金融风生水起。在杭州的梦想小镇、西溪谷、钱江新城等地，集聚了一批新兴的互联网金融企业，集聚了一批金融信息技术服务上市公司。私募金融加快集聚。目前，浙江省不仅是民企大省，更是资本大省。LP投资人占全国的20%，形成了以民营资本为主体，包括私募股权、风险投资、私募证券等在内的私募基金体系。截至2015年9月底，浙江在证券业协会登记的私募基金管理公司达1375家，管理资产规模2348亿元，较2014年同期成倍增长。金融特色小镇已经成为私募基金集聚地，私募基金集聚也推进了金融特色小镇发展。玉皇山南基金小镇、嘉兴南湖基金小镇、宁波梅山海洋金融小镇正呈现出世界级影响力。一家上市公司就是一个资本运作的舞台。浙江省打出"规改股""股上市"组合拳，推进企业对接多层次资本市场，并大力培育上市企业。

第三节 促进科技创新成为经济社会发展新引擎的启示

一 有效市场与有为政府的有机结合

政府与市场是现代市场经济体系中两个重要手段，各有长处但功能不同。习近平同志指出：更好发挥政府作用，不是要更多发挥政府作用，而是要在保证市场发挥决定性作用的前提下，管好那些市场管不了或管不好的事情。更好发挥政府作用，关键在明确政府作用的边界，明确政府"应该做什么"和"不应该做什么"。凡是市场能做的事情，就尽量让市场去做。要坚决简政放权，大幅度减少政府对资源的直接配置，切实解决政府职能越位、缺位、错位问题，用政府权力的减法换取市场活力的加法。处理好政府和市场的关系，必须更好发挥政府作用。要在尊重市场规律的基础上，管好那些市场管不了或管不好的事情。建设统一开放、竞争有序、诚信守法、监管有力的现代市场体系，进行权责明确、公平公正、透明高效、法治保障的市场监管，维护好市场秩序。

新常态下处理好政府与市场的关系，要发挥各自优势，相互配合，协同发力，真正实现有效市场与有为政府的有机结合和协调统一。浙江40年来经济社会快速发展的一个重要原因就是,市场经济与政府主导的高度统一,市场、政府、科技和法制的有机统一。这种统一,使浙江创新驱动发展战略的实施有了扎实的基础,科技创新举措的落实有了创新的土壤,上演的一幕幕精彩的科技改革大戏让人刻骨铭心。

第一,充分发挥市场决定性作用是浙江"双创"火热的根本原因。作为中国最为市场化的省份,浙江在创新方面始终坚持市场化机制,充分发挥市场对配置科技创新资源的决定性作用,打造产学研创新利益共同体,推动创新链、产业链、资金链精准对接,让创新要素跟着市场走、跟着企业走,最终形成创新合力。用市场机制将人才、企业、资本、科研院所等创新资源连接起来、协同创新,形成创新源泉充分涌流、创新活力竞相迸发的良好局面。

第二,政府的创新意志通过市场配置资源来完成,这是浙江最为鲜明的科技特色。对于政府来说,实质上是较好地处理了政府、市场与科技的关系。浙江是市场经济最为活跃的地区之一,科技创新是最为活跃的因子。浙江的改革与创新,就是较好地促进了这两个最活跃因子的有机结合,走出了有浙江特色的科学发展之路。浙江省委、省政府高度重视科技工作。2006年,习近平同志主持召开全省自主创新大会,做出到2020年建成创新型省份的战略部署。中共浙江省委十三届三次全会做出了创新驱动发展战略。几届省委带领全省人民持续接力发展,浙江省自主创新能力、科技综合实力和竞争力稳步迈上新的台阶。2015年,区域创新能力居全国第5位,企业技术创新能力居全国第3位,知识产权综合实力居全国第2位,科技进步贡献率达56%,R&D经费支出占GDP比重达2.3%,被列为全国首批创新型试点省份。在政策制定与落实方面,浙江制定了《关于进一步推进创新驱动发展战略实施工作的通知》等政策性文件,并及时研究出台具体办法,扎实推进科技改革各项工作。

第三,突出技术市场发展,完善创业创新的市场机制。2002年在全国率先建设网上技术市场,推进技术产权化、成果资本化、转让市场化、交易网商化。2014年5月,浙江省级科技大市场正式启用,线上线下推进科技成果转化。特别是2012年以来开展5次科技成果竞拍活动，共有521项科技成果成功竞拍，总起拍价6.86亿元，成交价9.09亿元，溢价达32.5%，在科技成果转化上进行了有益探索。据统计，有近一半的成交成果已经实现产业化，新增销售88.16亿元，利税5.67亿元。

第四，浙江在政府主导科技工作的同时，着力与市场经济、市场机制融合发展。通过网上技术市场建设带动科技体制改革，更好地实现市场机制配置资源。十多年来，浙江以把浙江网上技术市场建设成为全国集聚各类市场主体和技术转移最多、技术交易规模量大、交易机制最为完善的技术市场为目标。截至2015年，累计发布技术难题7.4万项，科技成果15.76万项，签约项目3.25万个，成交金额311.95亿元。在网上技术市场拍卖成果是浙江一次新的成功实践。拍卖是市场行为，成果是科技产物，两者的结合使科研院所有了创新动力，使企业有了选择成果的机会，而在成果拍卖背后，则是浙江政府的主导和与市场的结合。

引进大院名校也体现了这种结合。根据时任浙江省委书记的习近平同志的指示精神，浙江提出实施引进大院名校战略，与国内外大院名校共建研发机构等各种形式的创新载体。10多年来，全省累计引进共建清华长三角研究院、中科院宁波材料所等创新载体970家，集聚创新人才2.8万人，实施各类科技项目1.16万项，在推进全省科技创新中发挥了积极作用。重点研究院建在企业，这是政府主导与企业主体统一的一次实践。按照聚焦主导产业、主攻中高端的要求，截至2016年年底，浙江省级重点企业研究院已达252家，省财政累计资助15.1亿元，带动企业投入科技研发资金90多亿元，促进了产业链整体提升。

二 加强创新的制度和政策供给

成果转化不力、不畅、不顺的一个重要症结是体制机制障碍，政府在破解体制机制障碍、推动浙江创新发展中扮演重要角色。一方面，政府是创新的主体，需要不断推进自身变革，以适应经济社会发展要求；另一方面，作为制度供给主体，政府也是创新的"推进器"，为其他层面的创新提供制度保障。通过提供各种规则、法律程序和行为规范,政府为促进创新发展提供了强大推力。对于政府的职能,习近平总书记要求减少政府的微观管理,完善政府的宏观调节:"要最大限度减少政府对微观事务的管理。对保留的审批事项,要推行权力清单制度,公开审批流程,提高审批透明度,压缩自由裁量权。对审批权力集中的部门和岗位要分解权力、定期轮岗,强化内部流程控制,防止权力滥用。"① 与此同时,他也提出要防止出现把政府应当管理的权限片面减少的现象。他说:"并不是说什么权都要下放,该下放的当然要下放,但该加强的也要加强,有些职能搞得太分散反而形不成合力。""加大政府职能转变力度,既积极主动放掉该放的权,又认真负责管好该管的事,从'越位点'退出,把'缺位点'补上。"②

一是加大创新供给、优化制度环境是浙江创新发展的关键。对政府来说,重在通过政府层面的制度创新、政策创新和工作创新去推动市场和企业层面的科技创新、管理创新和商业模式创新。制度性交易成本高是制约企业发展的一大痛点,制约创新的制度藩篱必须破除。只有真正简政放权,提升服务效率,才能释放企业活力。早在2013年,浙江出台《关于全面实施创新驱动发展战略加快建设创新型省份的决定》,将全面实施创新驱动发展战略作为浙江发展的核心战略,有力推动了经济增长动力的根本性转换。近年来,浙江大刀阔斧地推行以"四张清单一张网"为重点的政府自身改革,进一步降低市场准入门槛和创业门槛,有效激发了更多人投身创业创新。据悉,浙江今后将继续深化简政放权、放管结合、优化服务改革,建立健全"四张清单"动态调整机制,用政府权力的"减法"换取创业创新的"乘法"。进一步减税降费,落实好研发费加计抵扣、高新技术企业税收优惠、科技成果处置收益、孵化器"四税"减免等创业创新政策,助推企业轻装上阵,让大众创业、万众创新的热潮推动浙江经济转型发展、高质量发展。

2016年7月7日,浙江第一个行政审批局——天台县行政审批局

---

① 《习近平关于全面依法治国论述摘编》,中央文献出版社2015年版,第63—64页。
② 同上书,第54—55页。

成立，31枚代表行政审批权力的印章合而为一，分散在各部门的审批权限被集中起来。截至2016年12月底，浙江省相对集中行政许可权试点，已在嘉兴市南湖区、绍兴市柯桥区、天台县和温州经济技术开发区四地落地。改革后行政审批形成"一口受理、一章审批、内部流转、限时办结、全程监督"的"流水线"模式，企业大为受益。据统计，2016年，浙江省新设市场主体95.8万户。其中，新设企业30.8万户，比上年增长21.3%；新设个体工商户64.5万户，比上年增长16.2%。截至2016年12月底，全省在册市场主体528.6万户，其中，企业168.4万户，分别增长12.2%和16.4%。

二是突出科技体制改革，激发创业创新的内生动力。围绕产业链部署创新链，开展"三位一体"综合改革，把重点企业研究院建在企业、把青年科学家派驻到企业、把科技资源配置到企业，在16条产业链建设149家省级重点企业研究院，促进产业链整体提升。针对科研院所大型仪器闲置，而广大小微企业却缺乏检验检测条件的情况，开展公众创业创新服务行动，建设科技服务云平台，推广应用"创新券"，组织500家创新平台载体、5000台科研仪器设备向社会开放，带动50万人创业创新。2015年已发放创新券1亿余元，使用2000多万元，深受科研院所和企业欢迎。深化科技计划体系改革，2013年由35项整合为14项，在此基础上，进一步整合优化为四大类，更加高效配置科技资源，充分激发全社会的创新活力。这一做法得到了刘延东副总理的高度认可"浙江的做法很好，应予推广"。

2016年11月，浙江正式获批建设国家科技成果转移转化示范区，这是全国第一个覆盖全省域的国家科技成果转移转化示范区。浙江示范区建设要以完善科技成果转化市场机制为核心，探索"互联网+"科技成果转化的有效模式，构建互联互通的全国性技术交易网络。要大力培育科技成果转化服务体系，在多元化科技大市场、科技成果竞价（拍卖）等交易方式、科技金融结合、科技成果产业化基地建设等方面取得突破。要加强面向全球的技术转移合作，搭建开放共享的成果转化平台，在全球开展技术、资本、人才、服务等创新资源的深度融合与优化配置。要加强政策先行先试，在产业培育升级、高校科技成果转化、知识产权运用保护等方面探索形成一批政策措施。要加强体制机制创新，健全省、市、县三级联动机制，发挥德清等特色鲜明地区的引导带动作用，促进科技成果转化与县域经济发展有机融合。

三是突出政策制度供给，营造创新生态环境。经济发展进入新常态，制约经济发展的最大瓶颈是创新能力不足，必须把发展基点放在创新上。通过创新培育发展新动力，对政府而言，最紧要的是营造良好的创新生态环境。主要包括：提高知识产权保护力度，增加侵权成本，保护创新者权益；健全和发展适合创新需要的多层次资本市场；加强对人力资本的投入，优化教育结构，为创新提供各类适用人才，创新不仅需要科学家和研究开发人员，还需要大量高素质的生产一线的技术工人和管理人员，特别需要具有创新精神的企业家；营造公平竞争的市场环境等。例如，杭州高新区规定：管委会每年用于科技创新和产业发展的资金必须保持在可用财力的15%以上。2014年支出各类产业扶持资金20亿元以上，其中区本级产业资金11.69亿元。新昌县制定出台了10多个加快创新驱动发展的文件，明确财政投入占比达到10%，并设立"3个亿"，每年用于扶持科技创新和战略性新兴产业资金3个亿，用于高新企业所得税减免3个亿，建立产业引导基金3个亿。

四是推进创新改革试验试点，为全面深入推进创新改革积累经验。2016年，浙江省委、省政府批复杭州市、嘉兴市和长兴县、新昌县（下称"两市两县"）全面创新改革试验实施方案。2016年10月，新昌、长兴、杭州相继举行全面创新改革试验区建设动员会。"两市两县"在地理位置上处于以西湖为圆心，向外辐射180公里范围的杭州都市圈内，创新辐射效应明显。首批全面创新改革试验区建设时间为三年。其间，省级各类创新型专项改革试点将率先在试验区落地，形成改革试点综合集成和叠加放大效应。试验区的目标锁定在"三个率先"，即创新指标率先达标、科技成果转化率先示范、创新政策率先落地，为浙江省率先建成创新型省份探路奠基。根据要求，2016年年底前"两市两县"试验区要有1—2项重点突破专项改革试点取得实质性进展；2017年，全面推进试验区的各项改革试点，对已经实施的专项重点突破改革试点，开展阶段性评估，成熟一项、复制推广一项,形成边试验边推广的机制。

三 发挥政府的规划引领作用

从国内外经验看,政府的宏观规划是创新驱动发展中的重要一环。浙江省充分发挥政府的规划和引领作用,成为创新意识与创新发展理念的引领者、保障者和培育者。最近几年,在加强政府引领、打造创新强省方面主要有以下几个方面的举措。

一是在外部性和社会效益较大的领域加大投入,引导技术前瞻布局。政府通过支持前沿性、前瞻性、基础性、行业共性技术研究等,促进科研成果和人才向企业扩散和流动,降低企业的研发成本和风险,确保企业在市场竞争中胜出。对本区域有基础、有优势的战略领域,要体现政府战略意志,在有可能形成突破的战略技术领域,要组织攻坚,聚焦重点,坚持战略决策不动摇,形成未来的战略性新兴产业,提升区域和国家的竞争力。比如重点支持基础研究、前沿技术、社会公益研究、重大共性关键技术研究等;加大对技术封锁和垄断的战略性领域投入;加大对社会效益较大的技术示范和推广项目的投入。

2013年10月,工信部正式批准浙江为全国第一个"信息化与工业化深度融合国家示范区"。2014年,浙江省政府发布关于加快发展信息经济的指导意见,明确提出了建设信息经济大省的目标,五年内基本建成特色明显、全国领先的电子商务、物联网、云计算、大数据、互联网金融创新、智慧物流、数字内容产业中心,信息化和工业化深度融合国家示范区建设扎实推进,成为长三角地区乃至全国信息经济发展的先行区。通过加快示范区建设,浙江将互联网优势和生产制造优势紧密结合,推动"制造大省"向"智造强省"转变。

2016年8月5日,浙江省召开科技创新大会,贯彻落实习近平总书记在全国科技创新大会上的重要讲话精神,加快建设创新型省份和科技强省。会上发布《浙江省科技创新"十三五"规划》《加快推进"一转四创"建设"互联网+"世界科技创新高地行动计划》《关于补齐科技创新短板的若干意见》。《关于补齐科技创新短板的若干意见》明确,最高3000万元支持研发机构建设、引进培育重大创新项目，同时设立20亿元省科技成果转化引导基金。《浙江省科技创新"十三五"规划》提出，到2020年，浙江省创新驱动发展战略实施取得实质性成效，科技体制改革取得突破性进展，创新资源自由流动，创新条件明显改善，创新合作更加开放，创新活力竞相迸发，创新价值充分体现，创新驱动发展成为重要引擎，在信息经济等若干战略必争领域形成独特优势，以"互联网+"为核心的信息经济率先进入全球价值链中高端，基本建成以信息经济为先导、以杭州城西科创大走廊为主平台的"互联网+"世界科技创新高地。

二是突出高新园区建设，搭建创业创新的核心载体。坚持既"高"又"新"、错位布局、集聚发展，大力推进产业特色鲜明的高新园区建设。近年来，浙江省委、省政府高度重视高新技术产业开发区和高新技术产业园区建设，先后出台了《浙江省人民政府办公厅关于加快高新技术产业园区转型升级的指导意见》《浙江省人民政府关于开展创建省级高新技术产业园区工作的通知》等政策措施。浙江共创建了8个国家级高新区和25个省级高新园区，杭州滨江、临江国家级高新区成功获批国家自主创新示范区。在高新区的有力带动下，2017年1—6月，浙江省高新技术产业实现增加值、新产品产值分别为3033.2亿元、7440.7亿元，同比增长10.8%、21.0%，增速比去年同期分别提高2.1个、8.6个百分点；占规模以上工业的比重达40.3%、60.7%，分别比去年同期高2.8个、4.3个百分点；新产品产值率高达51.3%，比去年同期提高2个百分点，高于规模以上工业17.8个百分点。浙江省高新技术产业增加值的增长对规模以上工业的贡献率高达54.7%，比上年同期提高9.5个百分点。高技术服务业营业收入占规模以上服务业的比重为52.2%，但营业利润占规模以上服务业的比重却高达77.0%，有效拉动了服务业的效益提升。新常态下的速度变化、结构优化和动力转换的趋势和特征逐渐显现。

三是突出创新平台建设和培育，营造创业创新的良好氛围。筑好黄金台，引得凤凰来。浙江积极打造"双创"空间，加快科技城建设。目前，浙江已拥有未来科技城、青山湖科技城、紫金港科技城、富阳银湖科技城、萧山科技城、嘉兴科技城、宁波新材料科技城、舟山新区科技城等多家科技城。为打造"互联网+"世界科技创新高地，2016年4月召开的浙江省委十三届九次全会明确提出要加快杭州城西科创大走廊建设，此后浙江省政府召开了杭州城西科创大走廊建设动员大会，发布了《杭州城西科创大走廊规划》《关于推进杭州城西科创大走廊建设的若干意见》等政策文件。城西科创大走廊东西长约35公里，南北宽约7公里，面积约224平方公里。其空间结构呈现为"一带、三城、多镇"：其中，"一带"为东西向联结主要科创节点的科技创新带、快速交通带、科创产业带、品质生活带和绿色生态带；"三城"为浙大科技城、未来科技城、青山湖科技城；"多镇"即为大走廊沿线分布具备不同功能的特色小镇和创新区块，如梦想小镇、云制造小镇、西溪谷互联网金融小镇等。

同时，浙江是全国第一个信息化和工业化深度融合国家示范区，信息化发展水平居全国第3位。因而，浙江抢抓"互联网+"和"双创"发展机遇，加快布局梦想小镇、云栖小镇、基金小镇等37个省级特色小镇，浙江省涌现出70多家市场化、专业化、集成化、网络化的众创空间。贝壳社等14家入选首批国家级科技企业孵化器，占全国的1/5。高校系、阿里系、海归系和浙商系等创业"新四军"异军突起，逐步成为转型升级主力军。杭州入围全国首批15个小微企业创业创新基地示范城市，青年互联网创业风生水起，盛况空前。仅据微链大数据显示，2015年1—9月杭州民间举办创业创新活动1024场。2015—2017年，阿里连续三年召开以"互联网+创业创新"为主题的云栖大会，来自海内外的总计超过16万多人次到会，网上参与超过千万人次。

第三章 坚定不移地走自主创新之路

实施创新驱动发展战略，最根本的是要增强企业自主创新能力。增强自主创新能力，最重要的就是要坚定不移走中国特色自主创新道路。改革开放以来，浙江在缺少国家资金投入和特殊优惠政策的情况下，率先解放思想，讲求实事求是，锐意开拓进取，勇于创业创新，自主创新能力大幅提升，科技综合实力明显增强，科技对经济社会发展的支撑和引领作用日益显现，以企业为主体、以市场为导向、产学研结合的自主创新体系初步形成，走出了一条具有浙江特色的自主创新之路。

第一节 浙江推进自主创新的基本进程

随着国家对自主创新的日益重视，浙江省制定并实施了一系列鼓励和支持自主创新的政策，以体制机制创新推动科技发展与创新，努力打造自主创新的环境与平台，为浙江经济发展克服资源禀赋不足，从成本优势向技术优势转型打下了坚实的基础。浙江在短短40年间，实现了从二次创新到技术追赶，再到超越追赶，逐步形成了具有浙江特色的科技发展方式和自主创新道路。

一 基于技术引进的"二次创新"（1978—1991年）

改革开放以来直至进入20世纪90年代，我国经济体制开始由计划经济向市场经济转型，这一阶段是整个国家科技创新的起步阶段，也是浙江自主创新发展的起步阶段，各种自主创新政策开始初步酝酿。这一时期，浙江的科技基础相当薄弱，自主创新主要集中于二次创新。从20世纪70年代末开始，杭氧和杭汽轮等一批企业在引进国外先进设备和技术的基础上进行了模仿创新。正是在这种引进基础上的模仿创新中，浙江的自主创新意识初步树立。

1978年3月，中央召开全国科学大会，邓小平同志发表重要讲话，指出四个现代化的关键是科学技术的现代化，并着重阐述了科学技术是生产力这个马克思主义观点。大会审议通过了《1978—1985年全国科学技术发展规划纲要（草案）》。自此，我国科技事业开始全面复苏，正式拉开了自主创新的序幕。浙江省政府1978年6月批准建立浙江省科学院，同年8月浙江省科协正式恢复建制。1978年12月，中共中央召开党的十一届三中全会，决定把党和国家的工作重心转移到经济建设上来。此后对于科技创新在经济发展中作用的认识以及与此相关的经济发展方式的探索，是一条贯穿始终的主线。会议做出实行改革开放的决策，开启了从计划经济体制向市场经济体制转型的改革，从而使得一部分企业获得自主经营权。由此，浙江广大民营企业的经济地位得到很大的改善，同时极大地推动了浙江企业的技术改造。

为响应国家战略号召，1979年3月中共浙江省委召开了全省科学大会，认真贯彻中央的科学技术方针政策，重点讨论了浙江省科学技术发展规划，明确提出科学技术要为经济发展服务，这一要求标志着浙江省科技创新事业步入了新的健康发展的轨道。浙江地处国家投资少的计划经济边缘区域，受计划经济体制的文化价值观念束缚较少，在市场文化取向的改革中居于有利地位，转变观念的成本也相应较小。因此，浙江的市场取向改革较早，技术市场率先在浙江起步。1979年，全国首家（民办）技术交易机构——"杭州交叉技术研究所"在杭州诞生。

为鼓励科技创新，活跃科研工作，1980年浙江省政府出台了《浙江省科学技术进步奖励办法》，专门设立了各种科技奖项，并多次强调着重开发和培养科技创新型人才，提出构建浙江科技创新型人才资源高地的任务目标，开创了浙江科技发展与创新的新局面。党的十一届三中全会和十二大之后，浙江全力推进社会主义现代化经济建设，农村改革逐步深入，乡镇企业开始崛起。这一时期，浙江政府逐步加大了对企业技术创新的引导扶持。1980年、1981年和1984年，浙江省科委与省计经委先后三次召开企业科研工作座谈会。在技术市场开始起步并不断发展的基础上，1987年浙江省率先制定和出台了国内第一部科技类地方法规——《浙江省技术市场管理条例》，对浙江省的技术交易服务、技术市场秩序、技术合同认定登记和保障等做出了规定。

1988年，邓小平同志重申并进一步提出"科学技术是第一生产力"，指明科学技术在生产力中处于第一重要、具有决定性意义的地位。发展科学技术、开展自主创新的关键在于科技人才。同年，浙江省人民政府印发《关于科研机构和科技人员的若干政策规定》。1989年，浙江出台了《浙江省有突出贡献的中青年科技人员的选拔管理试行办法》，着力培养和开发科技创新型人才。1991年3月，浙江省政府颁布《浙江省国民经济和社会发展十年规划和第八个五年计划纲要》，提出要实行浙江经济发展战略的转变，明确提出"以提高国民经济整体素质为中心，把经济工作的重点放到打基础、上水平、增效益上来"的经济工作指导思想。

二 进化升级的"二次创新"（1992—2001年）

从20世纪90年代到21世纪，在科学技术是第一生产力的战略思想引领下，浙江逐步强化科技创新意识，持续推进提升"二次创新"水平的制度建设。这一时期，在进一步开放长江三角洲的发展机遇面前，凭借浙江精神和创新意识，万向、正泰、西子联合等一批浙江民营企业迅猛发展，为技术创新注入了新鲜活力，"二次创新"水平不断提高，为浙江的经济发展和自主创新打下了较好的产业基础。

1992年年初，邓小平同志发表视察南方重要谈话，强调发展经济必须依靠科技和教育，科学技术是第一生产力。这一重要思想对我国20世纪90年代的科技进步、经济改革与社会发展起到了关键的推动作用。在这种战略大背景下，为了促进科学技术发展与创新，发挥科学技术是第一生产力的作用，1992年6月浙江召开全省科技大会，做出《关于大力推进科技进步、加速经济发展的决定》，首次提出了"科教兴省"战略，作为实现经济增长方式转变、促进经济社会协调发展的战略性举措。1992年10月，党的十四大的召开，确立我国经济体制改革的目标是建立社会主义市场经济体制，为中国的改革开放和现代化建设注入了强劲推动力。党的十四大还提出进一步开放长江三角洲等沿海地区的新发展战略，为浙江带来了新的发展机遇。

1995年5月，中共中央做出《关于加速科学技术进步的决定》，提出"科教兴国"战略。此后，在浙江省委、省政府的高度重视下，浙江逐步推进自主创新各类政策的制定。1996年5月，浙江省委、省政府出台了《关于深入实施科教兴省战略，加速科技进步的若干意见》，在全国率先发布了《关于实行市、县党政领导科技进步目标责任制的通知》。同时，浙江在全国较早地提出了建立以企业为主体的科技进步体制，使全省的产学研结合、委托开发、成果转化及产业化得到了进一步发展。同年，为大力培养和造就一大批科技创新人才，浙江省组织实施了"151人才工程"。

1997年，浙江省颁布了《浙江省科学技术进步条例》，以地方性法规的形式保障科技发展与创新。为保证科教兴省和科技强省战略的顺利实施，党政领导将科技进步目标责任制纳入《浙江省科学技术进步条例》，确立了目标责任制的法律地位，从制度上保障和加强了对科技工作的领导。这项制度的实行，使浙江全社会的科技意识明显增强，各级财政和全社会的科技投入大幅度增长。此外，浙江省委、省政府还先后出台一系列鼓励和促进自主创新发展的政策，如《省级高新技术产业园区建设（初审）与管理办法》《省级区域科技创新服务中心建设与管理办法》《中国浙江网上技术市场及网上专业市场建设规定》《科技型中小企业认定办法》以及《省级科技企业孵化器的认定办法》等。

1998年1月，浙江省委、省政府出台《关于大力发展个体私营等非公有制经济的通知》，有力地促进了浙江个体、私营经济的发展，非公有制经济在GDP中所占比重由1990年的18.5%增加到2000年的47%。在激发各类科技主体的创新动力上，浙江在全国率先实行技术要素参与股权和收益分配的政策。1998年10月，浙江省政府借鉴产权制度改革的经验，制定了《关于技术要素参与分配的若干规定》，明确技术含量特别高的技术入股可突破35%的限制，由合资方自行约定。职务发明成果技术入股的，要划出不低于20%的股份给成果主要完成者。技术要素参与股权和收益分配的政策在全省企业和科研院所改制中得到了较好的落实，极大地调动了科技人员的积极性。

1998年12月，召开中共浙江省第十次代表大会，明确主要任务是描绘跨世纪宏伟蓝图，确定新的战略目标。着力在建设文化大省、发展高校园区、发展工业园区、放手发展非公有制经济、推动经济发展从量的扩张向质的提高转变、总结提炼"自强不息、坚韧不拔、勇于创新、讲求实效"的浙江精神等方面，取得突破性进展。1999年，浙江省出台了《省级高新技术特色产业基地建设与管理办法》等规定。

进入21世纪，浙江省委审时度势，制定和出台了一系列推动科技发展的自主创新政策。2000年6月，浙江省委、省政府发布了《关于加快技术创新发展高科技实现产业化的若干意见》，提出建立健全以企业为主体的技术创新体系。同年，浙江省进一步出台了《浙江省全面推进科研院所体制改革实施意见》，加快科研院所改革的进程。2001年，浙江省制定了《浙江省"十五"科技发展计划》，同时还制定了《浙江省专利工作"十五"计划》和《浙江省"十五"对外科技合作计划》等专项规划，此外还出台了《专利运用与产业化管理办法》和《专利纠纷调解办法》等政策办法。

三　快速实现技术追赶的自主创新（2002—2007年）

进入21世纪，面对日益加剧的国际竞争和经济社会发展中的艰难险阻，浙江省委、省政府科学判断和全面把握国际国内形势的发展变化，紧紧抓住21世纪头二十年的重要战略机遇期，全面展开自主创新战略布局。在科技创新意识逐步增强的基础上，浙江重视从战略上确立科技优先发展，着力构建区域创新体系，为浙江的自主创新安上"发动机"。由此，浙江的科技创新和经济发展迈上了新台阶，在全国各省份的科技进步与创新排名中位居前列，涌现出海天、海亮等一批民营企业，快速实现了技术追赶。

2002年6月，中共浙江省第十一次代表大会提出进一步深化科教兴省战略，建设科技强省的战略目标。浙江是民营经济大省，民营中小企业占全省企业的绝大部分。为充分发挥民营中小企业机制灵活的优势和敢为天下先的精神，2002年8月浙江出台了《进一步加快民营科技企业发展的若干意见》，9月发布了《关于浙江省科技型中小企业认定工作实施意见》等政策意见。2002年10月，为推进市场化配置科技资源，浙江在全国率先创办了网上技术市场，利用互联网促进全国科技资源与浙江科技需求的结合，有力地推动了浙江企业与全国高校、科研院所的合作。同年，修订了《浙江省科学技术奖励办法》。

2003年7月，中共浙江省委举行十一届四次全会，在总结浙江经济多年来的发展经验基础上，提出充分发挥八个方面优势、实施八个方面举措的"八八战略"，把建设科技强省作为"八八战略"的重要内容，作为文化大省建设的重要组成部分。"八八战略"是时任浙江省委书记的习近平同志为浙江发展提出的顶层设计和系统谋划，是浙江发展的总纲，也是浙江推进自主创新的战略性全面布局。"八八战略"的第三条是进一步发挥浙江的块状特色产业优势，加快先进制造业基地建设，走新型工业化道路；第八条是进一步发挥浙江的人文优势，积极推进科教兴省、人才强省，加快建设文化大省。"八八战略"作为此后一个时期工作的主线，开启了浙江改革开放的新时期。同时，"八八战略"较早地从发展战略和目标上确立了科技优先发展的地位。

2003年12月，浙江省委、省政府召开中华人民共和国成立后的首次全省人才工作会议，贯彻落实全国首次人才工作会议精神，研究部署实施人才强省战略，强调大力实施人才强省战略，开创浙江现代化建设新局面。会后，下发了《中共浙江省委、浙江省人民政府关于大力实施人才强省战略的决定》。以此次会议为标志，浙江省人才工作进入了一个新阶段。2003年年底，浙江成立省委人才工作领导小组；2004年，全省11市、90个县（市、区）全部建立人才工作领导小组及其办公室，形成了上下贯通的人才工作领导体系。从此，浙江各类人才特别是科技创新人才的培养、引进和使用工作得到了全面加强，全省人才资源增速显著提高。2003年，浙江省委、省政府发布了《浙江省先进制造业基地建设规划纲要》《关于引进"大院名校"联合共建科技创新载体的若干意见》等一系列政策意见。

浙江在推进经济转型与自主创新发展中，高度重视民营经济的转型发展。2004年2月，浙江省委、省政府召开全省民营经济大会，率先使用了民营经济的概念，第一次提出"推动民营经济新飞跃"的要求，第一次提出浙江民营经济必须着力推进"五个转变"，实现"五个提高"。其中第一个转变和提高就是，从主要依靠先发性的机制优势，向主要依靠制度创新、科技创新和管理创新转变，提高民营经济的综合实力和国际竞争力。要引导民营企业共建技术中心，大力引进优秀人才，加快自主知识产权产品的开发。现在来看，实现民营经济这"五个转变，五个提高"仍然具有很强的针对性和现实意义。同年，浙江发布了《浙江省促进科技成果转化条例》和《两个密集型企业认定办法》等政策文件；同时对各种侵权和违法行为制定了处罚规定。2005年，又修订和出台了《浙江省专利保护条例》，发布了《浙江省技术秘密保护办法》和《浙江省星火富民科技工程实施方案》等政策规定。此外，浙江省科学技术厅印发《浙江省科技计划项目验收管理（暂行）办法》等一系列通知文件。

2006年1月，全国科技大会做出了提高自主创新能力、建设创新型国家的战略决策，并出台了《国家中长期科学和技术发展规划纲要（2006—2020）》。在此背景下，2006年3月，浙江省委、省政府召开了全省自主创新大会，习近平同志提出"以背水一战的勇气，过华山天险的气魄，攀科学高峰的智慧，切实把增强自主创新能力摆在更加突出的位置，坚定不移地走科技进步和自主创新之路"。会议提出建设创新型省份，实施知识产权、品牌和标准化三大战略，明确提出"到2020年建成创新型省份和科技强省"。习近平同志指出，浙江加快创新型省份建设，在工作指导上必须把握好以下几个方面：第一，坚持培育和弘扬与时俱进的浙江精神，进一步激发全社会的创新潜力；第二，坚持有所为有所不为，努力实现重点突破和跨越发展；第三，坚持以强化企业主体地位为重点，加快推进区域创新体系建设；

第四，坚持把自主创新与品牌战略结合起来，推动品牌大省建设；第五，坚持改革创新、开放集成，进一步增强自主创新的动力和活力；第六，坚持以人才为本，建设造就一支结构合理、素质优良、实力强劲的创新人才队伍。

会后，浙江出台了《加快提高自主创新能力，建设创新型省份和科技强省的若干意见》和《浙江省科技强省建设与"十一五"科学技术发展规划纲要》，提出了建设创新型科技强省的发展目标，并对科技创新的多个重点领域进行了规划和部署，此后出台了《浙江省"十一五"专利发展规划》和《浙江省"十一五"农业和农村科技发展规划》等多个专项发展规划。此外，还发布了《浙江省公共科技条件平台建设与管理办法》和《浙江省创新型试点企业建设与管理办法》等政策办法。同年，浙江首次编制并实施全省"十一五"人才发展规划，成为浙江"十一五"国民经济和社会发展规划的重要子规划，并印发《关于大力实施人才强省战略的决定》。

2007年6月，中共浙江省第十二次代表大会提出"创业富民、创新强省"总战略。"两创"总战略体现了"八八战略"的内核精华，并将自主创新作为全省经济社会又好又快发展的核心战略。同年，浙江出台了《浙江省"十一五"知识产权发展规划纲要》和《浙江省技术创新"十一五"规划纲要》等多项发展规划，同时还发布了《关于建设创新型城市（县、区）的指导意见》，明确指出以城市（县、区）为载体，将浙江创新驱动的发展思路渗透至全省各个地区。

习近平同志在主政浙江期间，一直高度重视科学技术的进步与创新，在准确把握中央精神和广泛深入调查研究的基础上，带领浙江省委"一班人"坚持继承与创新的统一及中央精神与浙江实际的结合，为推进浙江省的科技进步与创新，促进经济社会新发展，先后做出了一系列重大战略决策部署，进行了有益的探索实践。通过贯彻实施这一系列的决策举措，有力推动了浙江省科技创新能力的大幅提升和科技事业的快速发展，促进了全省经济社会的平稳快速发展，在科技经济等许多方面走在了全国前列（详见表3-1）。

2002—2007年，浙江R&D经费内部支出由54.29亿元增至281.6亿元，5年翻了两番多，在国内的位次由第9位上升至第6位。

R&D 经费投入强度由 2002 年的 0.68% 升至 2007 年的 1.5%，并于 2006 年一举超越全国平均水平，在国内的位次由第 15 位上升至第 6 位。大中型工业企业中有科技机构的企业占比由 2002 年的 32.2% 升至 2007 年的 37.9%，在国内各省、市中的位次由第 8 位升至第 2 位。发明专利申请量和授权量分别由 2002 年的 1843 件和 188 件增至 2007 年的 9532 件和 2213 件，在各省、市中的位次分别由第 6 位和第 10 位上升至第 5 位。

表 3-1　2002—2007 年浙江科技进步与创新的主要指标变化情况

主要指标	2002 年	在国内位次	2007 年	在国内位次
R&D 经费内部支出（亿元）	54.29	9	281.6	6
R&D 经费占 GDP 比重（%）	0.68	15	1.5	6
从事科技活动人员（万人）	16.39	9	34.78	4
大中型工业企业中有科技机构的企业占比（%）	32.2	8	37.9	2
大中型工业企业研发经费占主营业务收入比重（%）	1.21	21	0.8	9
大中型工业企业新产品销售收入占产品销售收入比重（%）	15.2	10	20.3	5
发明专利申请量（件）	1843	6	9532	5
发明专利授权量（件）	188	10	2213	5
高技术产业总产值（亿元）	760.9	6	2847.8	6

资料来源：参见周国辉《第一动力——科技创新思想与浙江实践》，浙江人民出版社 2016 年版，第 31—32 页。

与处于全国自主创新水平领先地位的江苏和广东比较来看，浙江在自主创新的部分指标上与两省的差距逐年缩小，这一阶段浙江推进自主创新工作的成效较为显著。根据 2003—2008 年《中国科技统计年鉴》数据分析，从 R&D 经费内部支出指标来看，浙江占全国比重不断提高，从 2002 年的 4.22% 增至 2007 年的 7.72%，尽管该比例比苏、粤两省小，但差距显著缩小（见图 3-1）。在从事科技活动人员数方面，浙江从事科技活动人数增幅明显，从 2002 年的 16.39 万人增至2007年的34.78万人，逐年拉近与苏、粤两省的差距（见图3-2）。从专利申请授权量来看，浙江的专利申请授权量占全国的比重逐年增加，从2002年的9.35%升至2007年的13.95%，浙江的该指标一直领先于江苏，且与广东的差距显著缩小（见图3-3）。这一时期，浙江不断加大对科技创新的经费与人员投入，亦折射出对自主创新日益重视。

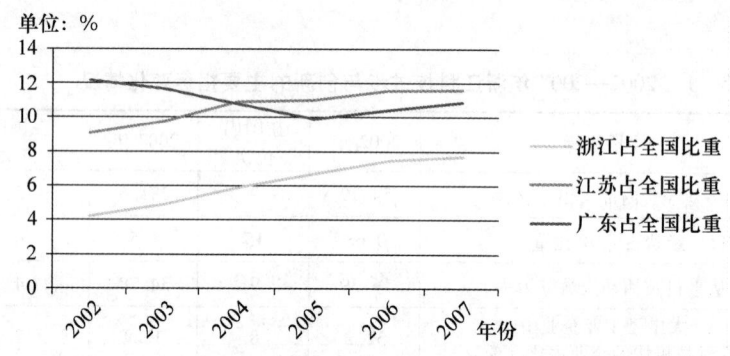

图3-1 2002—2007年浙江、江苏和广东三地R&D经费内部支出占全国的比重情况

资料来源：根据2003—2008年《中国科技统计年鉴》整理。

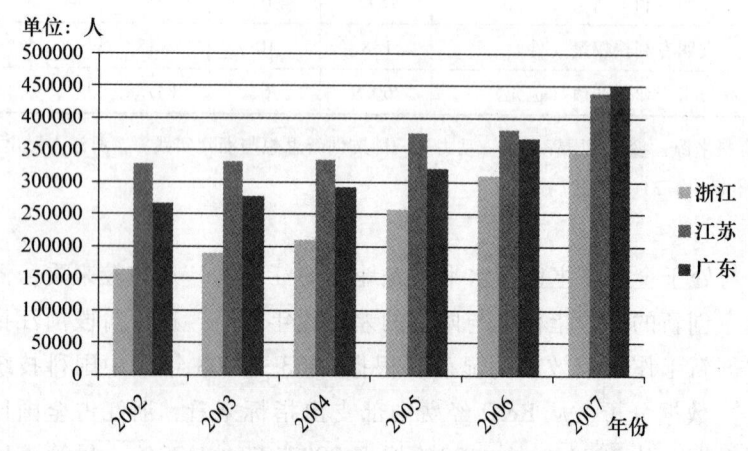

图3-2 2002—2007年浙江、江苏和广东三地从事科技活动人员情况

资料来源：根据2003—2008年《中国科技统计年鉴》整理。

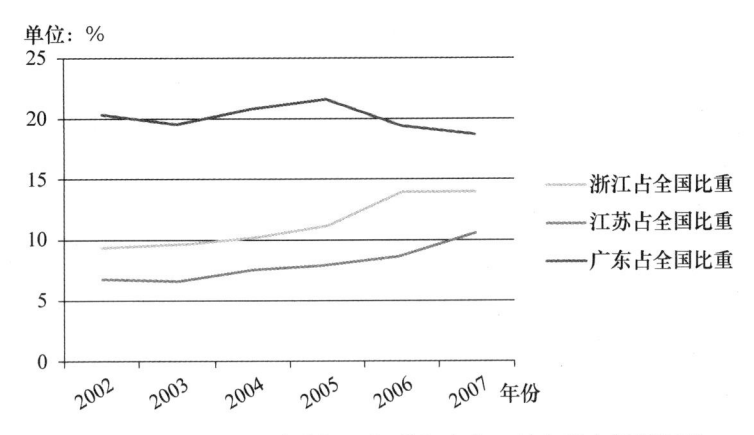

图 3-3　2002—2007 年浙江、江苏和广东三地专利申请授权量占全国的比重情况

资料来源：根据 2003—2008 年《中国科技统计年鉴》整理。

四　超越追赶的创新驱动（2008 年至今）

自"八八战略"提出之后，浙江经济发展以此为总纲，坚持一张蓝图绘到底，一任接着一任干。建设科技强省是"八八战略"的重要内容。近年来，在创新驱动发展战略的引领下，浙江省委、省政府结合浙江实际，持续深入实施"八八战略"，扎实推进自主创新不断深化发展，以海康威视和吉利为代表的一批浙江企业正在实现超越追赶。

2008 年 1 月，浙江省十一届人大一次会议提出，组织实施"全面小康六大行动计划"，并把"自主创新能力提升计划"作为第一项计划。为全面贯彻落实中共浙江省代表大会和省人大会议精神，加快提升浙江自主创新能力，2008 年 7 月浙江省政府发布了《自主创新能力提升行动计划》，这不仅仅是一项科技行动的单项计划，而且是通过提高自主创新能力，转变经济发展方式，优化经济结构，增强综合实力和国际竞争力的综合性行动计划，对于深入实施"两创"总战略，全面建设惠及全省人民的小康社会具有重要意义。同年，省政府发布《高新技术企业认定管理办法》等政策办法。另外，浙江省科学技术厅印发了《浙江省科学技术奖励办法实施细则（修订）》和

《企业新技术、新产品、新工艺研究开发费用享受所得税优惠政策》等一系列通知文件。

2009年,浙江被科技部等六部委确定为首个"国家技术创新工程试点省",召开了电视电话会议形式的动员大会。会议强调,要坚持以科学发展观为指导,实施"创业富民、创新强省"总战略,以建设创新型省份和科技强省为目标,以抓好"八个一批"为重点,扎实做好试点工作,切实增强自主创新能力,为加快经济转型升级提供强大动力。同年,浙江发布了《浙江省省级科技企业孵化器认定和管理办法(试行)》和《浙江省省级重点实验室、试验基地建设与管理办法》等政策文件。2010年,浙江省政府先后制定出台了《关于促进中小企业加快创业创新发展的若干意见》《浙江省创新型企业建设与管理办法》和《浙江省创新型企业评价制度》等一系列政策。

2011年是"十二五"规划的开局之年,也是承上启下的重要一年,浙江在这一年制定了《浙江省科学技术"十二五"发展规划》,总结了浙江"十一五"的自主创新成果,规划了浙江"十二五"时期自主创新的发展方向;颁布了《浙江省省级技术先进型服务企业认定管理办法(试行)》《浙江省"十二五"重大科技专项和科技成果转化工程专家组管理试行办法》和《促进科技和金融结合试点实施方案》等政策规定;同时还颁布了《科技支撑引领海洋经济示范区和舟山群岛新区建设的若干意见》《关于加快大学科技园建设和发展的若干意见》和《关于支持行业龙头骨干企业提升自主创新能力做大做强的若干意见》等政策意见;此外,浙江省科学技术厅还发布了《关于开展建设创新型企业工作的通知》等一系列的通知文件。

2012年6月,中共浙江省第十三次代表大会召开。会议提出今后一段时期的主要任务是,坚持以深入实施"八八战略"为总纲,全面推动"五大发展理念"和"四个全面"战略布局在浙江省的落地。会议还提出建设"两美浙江"目标,以实施"组合拳"推动经济转型升级,以回答"四个够不够"推动民营经济更好发展,以破解"四不"推动自主创新,以解决"四个有没有"推动全面深化改革。2012年7月,中央召开全国科技创新大会。会议提出大力实施科教兴国战略和人才强国战略,坚持自主创新、重点跨越、支撑发展、引领未来的指导方针，全面落实国家中长期科学和技术发展规划纲要，以提高自主创新能力为核心，以促进科技与经济社会发展紧密结合为重点，进一步深化科技体制改革，着力解决制约科技创新的突出问题，充分发挥科技在转变经济发展方式和调整经济结构中的支撑引领作用，加快建设国家创新体系，为全面建成小康社会进而建设世界科技强国奠定坚实基础。2012年11月，党的十八大做出了实施创新驱动发展战略的重大部署，强调科技创新是提高社会生产力和综合国力的战略支撑，必须摆在国家发展全局的核心位置。

2012年，浙江主要颁布了《浙江省"十二五"社会发展领域科技规划》和《浙江省"十二五"专利发展规划》等自主创新政策专项规划；出台了《浙江省"十二五"重大科技专项实施办法（试行）》《浙江省科技成果登记实施细则（修订）》和《浙江省国际科技合作基地管理办法（试行）》等政策办法；同时还出台了《关于充分发挥科技支撑作用、推进特色工业设计基地建设、加快块状经济转型升级的实施意见》和《进一步鼓励和引导民间资本进入科技创新领域意见》等政策意见；此外，浙江省科学技术厅印发了《关于坚持和完善市县党政领导科技进步目标责任制考核评价工作的通知》等一系列通知文件。

2013年6月，浙江省委召开十三届三次全会，专题研究创新问题。此次会议是在浙江进入现代化建设新阶段、处于转型升级的关键时期召开的一次重要会议，在浙江创新型省份建设的进程中具有里程碑性质的意义。会议审议通过了《中共浙江省委关于全面实施创新驱动发展战略加快建设创新型省份的决定》。该决定根据党的十八大关于"实施创新驱动发展战略"的要求，深刻阐述了实施创新驱动发展战略的重大意义，明确提出了浙江实施创新驱动发展战略的总体要求、目标任务和工作举措，是当前和今后一个时期浙江推进创新型省份建设的指导性文件。浙江省委坚持把创新驱动作为首要发展战略，在2013年11月召开的浙江省委十三届四次全会上明确提出，坚决破除唯GDP观念，通过建立创新驱动发展评价指标，将创新驱动发展成效纳入对地方领导干部的考核范围。

2013年，浙江制定并出台了《浙江省人民政府办公厅关于进一步发挥专利支撑作用促进经济转型升级的若干意见》《浙江省支持浙商创业创新促进浙江发展三年规划（2013—2015年）》和《培育技术市场和促进技术成果交易专项行动五年计划（2013—2017年）》等一系列政策。2014年，浙江出台了《浙江省人民政府办公厅关于进一步加强技术市场体系建设促进科技成果转化产业化的意见》《关于支持杭州高新技术产业开发区创建新一代网络技术与产业国家自主创新示范区的请示》《浙江省科学技术奖励办法》以及《浙江省人民政府办公厅关于加快培育发展科技型小微企业的若干意见》等，更加侧重于培养科技型企业，通过企业的转型发展带动自主创新在各个方面开展。

  2015年8月，国务院批复同意杭州和萧山临江两个国家级高新技术产业开发区（统称杭州国家级高新区）建设国家自主创新示范区。这是继北京中关村、武汉东湖、上海张江等之后国务院批复的第10个国家自主创新示范区。2015年10月，中共中央召开十八届五中全会，习近平总书记把创新列为"五大发展理念"之首，摆在国家发展全局的核心位置。2016年4月，浙江省委十三届九次全会把"补齐科技创新短板"作为补短板的首要任务，提出"把抓科技创新作为必须补齐的第一短板"，会后出台了《关于补齐科技创新短板的若干意见》。2016年5月，中央召开全国科技创新大会，习近平总书记发表重要讲话强调，在我国发展新的历史起点上，把科技创新摆在更加重要的位置，吹响建设世界科技强国的号角。2016年8月，浙江省委召开全省科技创新大会。会议贯彻落实中央决策部署特别是习近平总书记系列重要讲话精神，遵循创新规律，加快建设创新型省份和科技强省，为高水平全面建成小康社会提供强大动力。要坚持以"八八战略"为总纲，按照高水平全面建成小康社会要求，对照建成创新型省份"八倍增、两提高"目标，进一步查补短板，汇聚社会各界力量推动创新发展。

  2016年作为"十三五"规划的开头年，自主创新又迈向了新的道路。浙江先后出台了《浙江省人民政府办公厅关于推进高等学校创新创业教育的实施意见》《关于加快众创空间发展促进创业创新的实施意见》《加快推进"一转四创"建设"互联网+"世界科技创新高地行动计划》《浙江省人民政府办公厅关于大力推进农业科技创新创业的若干意见》《关于深化人才发展体制机制改革 支持人才创业创新的意见》《浙江省科技创新"十三五"规划》和《浙江省人民政府办公厅关于印发〈浙江省人才发展"十三五"规划〉的通知》，集中火力攻克创业创新的难关，部署"十三五"规划期间人才和科技方面的自主创新战略。2017年，浙江先后出台《关于新形势下加快知识产权强省建设的实施意见》《浙江省人民政府办公厅关于印发〈浙江省建设国家科技成果转移转化示范区实施方案（2017—2020年）〉的通知》和《浙江省科学技术厅关于做好2017年度科技创新政策评估工作的通知》，深刻落实好"十三五"规划，打好自主创新攻坚战。

这一时期，浙江的自主创新工作不断推进，科技创新水平有了较大的发展，区域创新能力稳居全国第5位。根据2009—2016年《中国科技统计年鉴》和2017年《浙江科技统计年鉴》数据分析，2008—2016年，浙江R&D经费内部支出由345.76亿元增至1130.63亿元，呈显著增长态势。R&D经费投入强度由1.61%上升至2.39%，2012年开始突破了2%，一直稳居全国平均水平之上，与江苏的差距越来越小（见表3-2）。2008—2016年，浙江专利申请受理量逐年上升，从89965件升至393147件，年平均增长率为20.24%。同期，浙江专利申请授权量不断攀升，从2008年的52955件增长至2016年的221456件，年平均增长率达23.72%，超过广东的21.41%。浙江的发明专利申请量和授权量增幅明显，分别由2008年的12063件和3269件增至2016年的93254件和26576件（见图3-4）。2008—2016年，浙江技术市场成交金额持续增长，从58.92亿元上升至198.37亿元。

表3-2　　2008—2015年全国及浙、苏、粤三地R&D经费投入强度变化情况　　　　单位:%

年份	全国	浙江	江苏	广东
2008	1.44	1.61	1.88	1.37
2009	1.66	1.73	2.04	1.65

续表

年份	全国	浙江	江苏	广东
2010	1.71	1.78	2.07	1.76
2011	1.78	1.85	2.17	1.96
2012	1.91	2.08	2.38	2.17
2013	1.99	2.16	2.49	2.31
2014	2.02	2.26	2.54	2.37
2015	2.07	2.36	2.57	2.47

资料来源：根据2009—2016年《中国科技统计年鉴》整理。

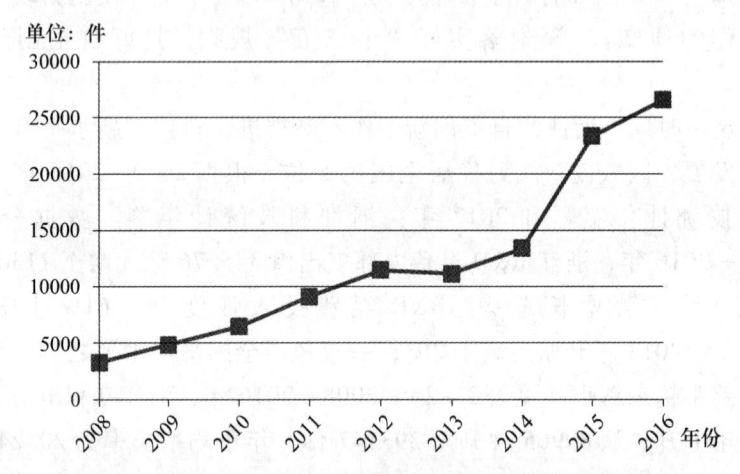

图3-4 2008—2016年浙江发明专利申请授权量变化情况

资料来源：根据2009—2017年《浙江科技统计年鉴》整理。

第二节 浙江推进创新驱动的主要抓手

一 推进建设企业技术中心

（一）强化企业创新主体地位：注重培育民营科技企业

浙江推进自主创新工作进入全面布局期之后，浙江省委、省政府以"八八战略"为总纲，不断强化企业创新主体地位。"八八战略"将建设科技强省作为其重要内容，确立了科技优先发展的地位。2006年，全省自主创新大会明确提出建设创新型省份。建设创新型省份的一项重要任务，就是强化企业在自主创新中的主体地位，充分发挥企业在自主创新中的主体作用，增强企业的自主创新能力，建立以企业为主体、以市场为导向、产学研相结合的开放型区域创新体系。时任浙江省委书记的习近平同志，进一步提出在科技工作指导上必须把握，坚持以强化企业主体地位为重点，加快推进区域创新体系建设，要让企业成为技术创新的决策主体、投入主体、利益主体和风险承担主体。

其后，浙江省委、省政府不断深入实施"八八战略"。2008年浙江提出"自主创新能力提升计划"。该计划的主要内容可以概括为"一个突破、三个改变、五个翻番、八个大幅提升、七项保障措施"。其中"一个突破"，就是要在自主创新的体制机制上实现新突破，进一步强化企业创新主体地位。2009年，浙江以开展国家技术创新工程试点省建设为契机，提出扎实推进"八个一批"重点工作，以激发浙江全社会技术创新的动力，即抓好一批创新型企业，建设一批公共科技创新平台，构建一批产业技术创新战略联盟，引进一批大院名校大企业共建创新载体，提升一批高新技术开发区（园区）和特色产业基地，实施一批以企业为主体的重大科技专项，推广一批重要科技成果和共性技术，造就一批企业创新人才。"八个一批"之中，"抓好一批创新型企业"是首要任务。

2016年，浙江省委提出"补齐科技创新短板"的首要举措是：挖掘企业潜力，激发民间活力，增强创新主体实力。优化创新政策和环境，充分调动企业家创新的积极性、主动性，培育一支创新型企业家队伍。完善落实企业技术创新政策，鼓励市、县设立创新引导基金、政府产业基金，引导企业加大科技创新投入和高新技术产业投资。同时，制定实施科技企业"双倍增"行动计划，提出"2020年高新技术企业达1.5万家，科技型中小微企业达5万家"的目标。

为增强企业创新主体地位提供制度保障。企业直接面向市场，创新需求敏感，创新冲动强烈，是自主创新的主要力量。如何让企业真正成为技术创新决策、研发投入、科研组织和成果转化的主体？浙江在制度建设方面做了多方探索：一是建立高层次、常态化的技术创新对话、咨询制度，鼓励和吸收更多企业参与研究制定国家技术标准，在专家咨询组中增加产业专家和企业家比例，促进企业成为技术创新决策主体，提高企业在技术创新决策中的话语权。二是建立以落实高新技术企业所得税优惠、企业所得税加计扣除等普惠性政策为主的创新扶持机制，促进企业成为研发投入主体。三是建立以企业为主体的产业技术创新机制，促进企业成为科研组织主体。修订出台《浙江省科学技术奖励办法》，规定企业为主完成的获奖项目应不少于奖励总数的1/3，并在一等奖中占一定比例。

培育科技型企业和高新技术企业，尤其注重培育民营科技企业。自2002年以来，浙江省积极引导创新要素向企业集聚，加快培育科技型企业和高新技术企业，先后研究制定了一系列鼓励企业自主创新的政策，通过政府专项资金引导、企业所得税加计扣除等举措，降低企业创新成本，增强企业创新动力，鼓励企业加大研发投入。民营科技企业具有很强的创新活力和创新潜力，是先进社会生产力的重要组成部分。浙江省委、省政府充分认识民营科技企业在浙江经济发展与自主创新中的重要地位和作用，指出大力发展民营科技企业，提升民营企业的科技含量和整体素质，是浙江经济新一轮发展的重大举措，有利于进一步发挥浙江的体制优势，增强科技创新优势。

为促进民营科技企业的大发展、大提高，2002年浙江省委、省政府出台《关于进一步加快民营科技企业发展的若干意见》，提出大力发展多形式、多层次的民营科技企业，增强民营科技企业的技术创新能力，完善民营科技企业发展的投融资环境。浙江省政府在2003年安排1亿元专项资金，之后逐年增加，到2005年达到1.2亿元，主要用于区域科技创新体系建设，扶持民营科技企业增强技术创新能力。其中，浙江科技型中小企业技术创新专项资金2003年安排5000万元，之后两年每年增加1000万元，用于支持科技型中小企业的研究开发项目和浙江获国家科技型中小企业技术创新基金项目的配套。2004年，浙江省委、省政府发布了《关于推动民营经济新飞跃的若干意见》，提出鼓励民营企业加大科技投入，企业发生的技术开发费可按规定据实扣除，其中技术开发费比上年实际发生额增长10%以上（含10%）的工业盈利企业，除按规定据实扣除外，经批准可再按实际发生额的50%直接抵扣当年应纳所得额。

2006年出台的《关于加快提高自主创新能力建设创新型省份和科技强省的若干意见》提出，鼓励引导企业加大科技投入尤其是研发投入，不断开发新技术、新产品、新工艺。省级科技型中小企业可参照享受高新技术企业的有关优惠政策，允许企业按当年实际发生的技术开发费用的150%抵扣当年应纳所得税，实际发生的技术开发费用当年抵扣不足部分，可按税法规定在5年内结转抵扣。2010年发布《关于促进中小企业加快创业创新发展的若干意见》，支持中小企业开展技术创新。中小企业研究开发新产品、新技术、新工艺所发生的研究开发费，未形成无形资产计入当期损益的，在按照规定据实扣除的基础上，按照研究开发费用的50%加计扣除；形成无形资产的，按照无形资产成本的150%摊销。2010年发布《关于进一步加强创新型企业建设的若干意见》，重点支持创新型企业落实增值税转型改革、企业研究开发费用加计扣除、高新技术企业减按15%的税率征收企业所得税等优惠政策。

在浙江省委、省政府的积极引导和大力推动下，企业研发投入呈显著增长态势，企业作为创新主体的地位日益凸显。浙江R&D经费支出从2002年的57.65亿元增长至2015年的1011.18亿元，其中工业企业R&D经费支出从2002年的42.58亿元上升至2015年的853.57亿元，年均增长率为25.94%。2002年工业企业R&D经费支出占总额比重为73.86%，2006年即达到81.86%，2015年上升至84.41%，14年来上升了近11个百分点。

浙江积极组织开展创新型企业试点示范，大力培育高新技术企业、科技型中小企业和专利示范企业。浙大中控、聚光科技、青年汽车、吉利集团和运达风电等一大批高新技术企业快速发展，截至2010年年底，全省形成了由256家省级创新型试点示范企业〔其中34家国家创新型（试点）企业〕、3133家高新技术企业、10000多家民营科技企业组成的产业创新"三大梯队"。

（二）鼓励企业打造创新载体：建立企业技术中心和重点企业研究院

创新载体是企业创新体系建设的核心，可以反映一个地区或企业创新能力的高低。加强创新载体的建设是使企业成为技术创新活动主体的关键，是提高企业自主创新能力的关键。浙江民营中小企业占了全省企业的绝大部分，创新载体的建设基础相对比较薄弱。在"八八战略"的引领下，浙江省委、省政府一直十分重视创新载体的建设，多次提出要加强、加快企业技术中心、（重点）企业研究院建设，将其作为一个重要工作来抓。

2002年出台的《进一步加快民营科技企业发展的若干意见》提出，鼓励和支持有条件的民营科技企业建立高新技术研究开发中心、工程研究中心、企业技术中心。2003年发布的《先进制造业基地建设规划纲要》提出，鼓励大中型企业建立技术中心和研发机构，争取建立一批国家级企业技术中心和工程研究中心。鼓励有条件的企业到国外设立研发机构。2004年出台的《关于推动民营经济新飞跃的若干意见》强调，要推进民营企业以共建技术中心、联合技术攻关、共同实施高新技术产业化项目为载体，加强与高等学校、科研机构紧密合作，努力形成一批自主知识产权。2005年12月，时任浙江省委书记的习近平同志在全省经济工作会议上提出："提高自主创新能力，必须切实把握好以下几个方面：一是以市场为导向，充分发挥市场集聚和配置创新资源的基础作用，突出企业创新主体地位，围绕市场需求和重点领域、关键技术，开展创新活动，促进成果产业化。"建设好企业技术中心等创新载体，是开展创新活动的重要组织保障。

2006年出台的《加快提高自主创新能力，建设创新型省份和科技强省的若干意见》提出，加快建设"六个一批"创新载体，构筑三类重大公共创新平台。择优扶持发展一批重点企业研发机构、一批国家和省部级重点实验室和试验基地、一批重点科研机构、一批重点科技企业孵化器、一批重点区域科技创新服务中心、一批重点科教中介机构。2007年，发布了《浙江省技术创新"十一五"规划纲要》，强调要完善以企业技术中心为重点的技术创新体系，提高企业自主创新能力。建立以企业技术中心为主要方式的技术创新体系及运行机制。支持企业建立健全不同形式的技术开发机构。加速形成有利于技术创新和科技成果转化的有效运行机制。企业技术中心要加强自身建设和机制完善，加快形成具有自主知识产权的核心技术和核心产品的开发能力。

随着自主创新能力提升行动计划和国家技术创新工程试点省工作的深入实施，针对浙江不同规模企业发展的需求，在继续鼓励和支持小微企业建立技术依托、中小企业建立研发中心基础上，2009年浙江在大中型和行业龙头骨干企业中启动建设企业研究院。浙江省科技厅按照"集聚整合创新要素，成为浙江省科技创新资源的集聚基地；组织开展科技创新，成为浙江省科技创新的先导基地；支撑企业持续发展，成为支撑和推动企业自身发展的核心基地；引领行业技术进步，成为浙江省行业技术进步的示范基地"的要求，对销售收入达到4亿元以上，研究开发费用占销售收入的比例不低于3%或研究开发费用达到2000万元以上的大型企业，鼓励支持建设省级企业研究院。

企业研究院是企业研发中心或技术中心机构升级、内涵扩大、功能增强的外在表现。随着企业的发展壮大，竞争目标的升级和范围扩大，企业技术创新的内容、范围、目标都将发生重大变化，企业需要通过创新组织，不断整合集聚研发力量，扩大研发机构规模，深化研究开发内容，完善研究服务功能，提高研究机构的地位。企业研究院作为企业技术创新体系的组织者和核心载体，承担着制定企业技术发展战略、规划，把握产业技术发展趋势和市场需求动向，吸引一流创新人才，研究新技术、开发新产品，开拓新市场、创造新价值的重任，是企业"创新决策的智囊团""核心技术的孕育者""引智育才的承载体"，支撑和引领企业的发展和转型，增强企业运营效益和发展潜力。

2010年发布的《关于支持行业龙头骨干企业提升自主创新能力做大做强的若干意见》提出，优先支持行业龙头骨干企业建立企业研究院和属于独立企业法人的研发机构，符合条件的，给予配套支持。自2012年开始，浙江以重点企业研究院建设、重大专项技术攻关和青年科学家培养为抓手，"三位一体"打造新兴产业技术创新综合试点。在全省选择较好研发基础、加强创新能力的龙头骨干企业和高新技术企业建设一批省级重点企业研究院，并从省战略性新兴产业专项资金中，给每家重点企业研究院安排500万元或1000万元补助资金，地方安排配套经费。省级有关部门成立试点工作协调小组和指导工作组，协调落实企业研究院规划建设等相关政策和重大问题，及时解决产业技术创新综合试点中遇到的困难。重点企业研究院重大专项由重点企业研究院主持，编制技术路线图，提出需要攻关的技术难题，省、市、县联合支持，实施技术联合攻关，引导企业着力突破一批关键技术、瓶颈技术。省里每年安排技术攻关项目每家重点企业研究院不少于1项，对每个技术攻关课题每年给予不低于100万元或150万元经费，市、县（市、区）安排专项配套资金，连续支持三年。实行评价体制改革，重点企业研究院的攻关项目不需要评审论证，三年后不出成果不再支持，旨在建立起企业按市场产业需求出题，向资助的各级政府交题，政府负责动态评价、滚动支持的运行管理机制，推动企业真正成为创新决策、研发投入、科研组织和成果应用的主体。

为支持企业研发机构建设，2012年出台的《关于进一步支持企业技术创新加快科技成果产业化的若干意见》突出强调：对省级以上创新型企业和高新技术企业的生产性建设用房、科研机构科研用房，省级以上高新技术企业研发中心、企业技术中心、企业研究院、重点实验室、工程实验室、工程技术（研究）中心等建设工程，依照国家规定减免城市基础设施配套费。对于央企、大型跨国公司在浙设立研发总部、本土企业建立企业研究院，符合条件的，根据前三年的研发经费总和给予奖励，最高可达1000万元。要研究制定对以独立企业研究院、民办非企业研究院为主体的研发机构的优惠政策，对符合国家规定的科学研究、技术开发机构用于研究开发的仪器和设备，符合固定资产加速折旧相关条件的，可缩短折旧年限或实施加速折旧，参照科研院所实行进口设备免税政策。

2013年出台的《中共浙江省委关于全面实施创新驱动发展战略加快建设创新型省份的决定》提出，深入推进新兴产业技术创新综合试点，积极规划建设一批省级重点企业研究院，实施一批产业技术重大攻关专项，培养一批青年科学家，研制一批具有自主知识产权和市场竞争力的重大战略产品；鼓励更多企业申报高新技术企业和国家认定企业技术中心，落实有关税收优惠政策。2016年发布了《关于补齐科技创新短板的若干意见》，第一条强调要支持企业建设高水平研发机构。对于浙江企业牵头承担国家企业技术中心等国家级重大创新载体建设任务的，予以最高3000万元支持。

在浙江省委、省政府一系列政策的引导下，全省企业研发机构建设取得显著成效。2015年，全省有研发活动的规模以上工业企业达13634家，占规模以上工业企业的33.12%，较全国平均水平高近14个百分点；其中，大中型工业企业有研发活动的达2931家，占比达61.16%，高于全国平均水平近24个百分点。2014年，全省共有省级高新技术企业研发中心2117家，省级企业技术中心557家，国家级企业技术中心52家。截至2015年，全省规模以上工业企业共有企业研发机构9737家。

积极推进企业研究院建设，尤其注重重点企业研究院建设。浙江于2009年开启省级企业研究院建设，第一批共有13家企业获批建设。2014年开始，加快建设省级企业研究院步伐，每年超过130家企业获批建设省级企业研究院。截至2016年，全省共有省级企业研究院627家。自2012年9月以来，省、市、县（市、区）联合，围绕做强纯电动汽车、光伏发电装备、船舶装备等15条产业链，建设了149家重点企业研究院。重点企业研究院建设以来，在补强产业链"短板"、开发重大标志性产品、引进培养高端人才、促进战略性新兴产业发展、推动转型升级等方面都取得了积极的成效。如华海药业研发的国际首仿药拉莫三嗪控释片，2013年在美国市场销售收入达1.52亿元，占据美国市场40%的份额。诸暨菲达研究院在燃煤电站PM2.5控制新技术上取得重大突破，低温电除尘器、电凝聚器、旋转电极电除尘器、湿式电除尘器突破100万千瓦机组级别，上述技术在国内该机组级均为首次应用。截至2017年9月，全省共有省级重点研究院260家，覆盖了新材料、云工程和云服务、工业信息工程、医疗设备等领域。

专栏3-1　建设企业研究院推动新昌形成"小县大科技"格局

浙江省新昌县是个山区县，面积1213平方公里，地貌呈现"八山半水分半田"的特征，43万常住人口。区位条件不优，境内没有铁路、水运、空运，离上海、杭州等中心城市也有一定的距离。资源条件劣势突出，可连片开发土地稀缺。资源禀赋有限，区域没有高校和大院大所，人才资源稀缺。经济条件相对较差，过去是个贫困县。

尽管区位和资源等都不具备优势，新昌县科技创新能力却非常突出。十多年来，新昌坚持科技兴县，加大科技投入，积极推动科技创新、企业创新和成果转化，涌现出三花集团、万丰奥特集团等45家国家级高新企业，参与修订一批国家技术标准，拥有国家驰名商标6个，走出了一条以建立企业重点研究院为标志，科技与产业紧密结合的"小县大科技"区域发展新路子（郭占恒，2017）。2015年全县经济总量达到345亿元，财政总收入51.5亿元，研发经费占GDP比重高达4.09%，实现了从全省次贫困县到全国百强县的跨越。新昌的高新技术企业从2014年的31家，增加到2017年的116家，是一般山区县数量的5倍多。

作为资源小县，为推动县域科技创新，全县将创新的资源投入到企业研究院的建设上。依托县域内的大企业，加大政策支持力度，积极推动相关企业设立研究院。一方面，政府与企业研究院紧密合作，针对企业研究院在引才、引智方面的需求，出台相关政策，促进人才更多地向企业集聚（廉军伟，2016）。例如，新昌实施"天姥英才"计划，每年安排5000万元以上资金，引进资深专家、海外工程师、高层次海外留学人员和高端创新团队；建设一批人才房，并对引进的人才给予最高100万元的购房补助。另一方面，政府搭建起了企业与金融资本对接的平台，为科技创新型企业获取金融支持提供条件。例如，政府出资8000万元组建担保基金，支持银行划出一块信贷资金，向成长性强、市场竞争力较强的知识型、特色型中小微企业提供信用贷款；出资1亿元为创新型中小微企业提供低费率的担保等。通过大力发展，2017年年底，新昌已建成省级重点企业研究院10家、县级重点企业研究院16家。现有4家国家创新型企业、5个国家级企业技术中心，数量位居全省各县（市）前茅。

新昌县形成以企业研究院为核心的科技创新模式后，促进了一批科技创新平台载体的建设，全县的科技创新活力得到极大的提高。随着企业研究院创新能力不断提升，企业加大对科技创新研发投入，一些中小企业也纷纷加大对研发的投入，通过设立企业研发中心、创建高新技术企业等，不断推动企业科技创新。2014年，全县规模以上工业企业R&D经费支出占主营业务收入的比例达2.32%，在浙江排名第4；中小企业R&D经费支出相当于主营业务收入的比例达3.3%。近年来，浙江新和成股份有限公司、浙江医药股份有限公司、万丰奥特等上市企业的实验室等硬件条件都是同行中最先进的。

在科技创新不断推进下，新昌县产业得到了快速提升。2017年，新昌县高新技术产业增加值占比达81.1%。高端装备制造、生物医药等产业占比超过85%。大量科技成果转化落地，全县技术交易额从2014年的1亿元增加到2017年2.2亿元，三年技术交易合同数达到239个。2017年，每万人发明专利拥有量达到33.85件，科技进步对经济增长贡献率始终保持在70%以上。新昌成为浙江省科技体制综合改革试点县、两化深度融合国家示范区和全省智能制造试点县。2016年，新昌县被列为全省全面创新改革试验区"两市两县"之一。2017年，新昌县又成为浙江省首个国家科技成果转移转化示范基地，也是全国首个设立在县一级的国家科技成果转化服务示范基地。

二 发展网上技术市场和引进大院名校

（一）发展科技中介型双边市场：从网上技术市场到技术市场体系

科技成果转化是自主创新的重要环节，发展和培育技术市场不仅是促进科技成果转化的有效手段，更是促进科技与经济深度融合的重要举措。浙江是科技资源小省，高校和省、部属科研院所的数量远低于周边省、直辖市，甚至低于一些中西部省、自治区。2015年，全省平均每个规模以上工业企业研发机构人员为44.52人，低于全国平均水平（69人）。浙江又是民营经济大省，量大面广的民营企业在成长过程中迫切需要通过产学研合作来提升其创新能力。

针对上述特点，为更大范围、更高层次上引进国内外先进技术和成果，推进市场化配置科技资源，2002年浙江省政府、科技部和国家知识产权局共同创办了中国浙江网上技术市场，并以此带动全省科技体制改革工作，激发科技创新活力。时任浙江省委书记的习近平同志就办好浙江网上技术市场提出了具体要求：要完善技术市场信息网络，加快发展一批体现区域经济特色的网上专业技术市场；积极鼓励技术产权交易，促进科技成果转化。网上技术市场为技术供应方和需求方对接、交易提供了更大的灵活性，降低了双方交易的成本，进而提高了交易成功率，确保了科技成果转化的速度和效益。浙江省坚持把加快科技大市场建设、促进科技成果转化作为落实创新驱动发展战略的重要举措。经过十多年的发展，网上技术市场在合理配置创新资源激活创新要素、服务创新活动、加快要素配置市场化进程等方面发挥着重要作用，已成为科技成果迅速转化为现实生产力的重要桥梁和纽带。浙江已成为全国重要的技术吸纳地和创新要素集聚区，成为目前国家唯一的全省域国家科技成果转移转化示范区，走出了一条以科技成果转化为核心的科技创新发展之路。

为更有效地发挥网上技术市场的作用，近年来浙江省出台了一系列政策，以激发创新主体转化科技成果的活力。2012年，浙江省政府发布了《关于进一步培育和规范浙江网上技术市场的若干意见》，提出实行交易补贴、开展绩效评价、落实优惠政策、推行政府采购等举措以加强对网上技术市场建设与发展的支持。在实行交易补贴方面提出，对通过网上技术市场交易并实现转化产业化的项目，市、县（市、区）经审核可按技术合同成交额10%—20%的比例给予产业化经费的补助，浙江省科技厅从成果转化专项资金中按成果交易实际支付总额的10%给予补助。同时，市、县（市、区）财政根据财力可能对本地从事评估、交易的科技中介服务机构给予费用补贴，引导科技中介服务机构从事网上技术交易。

2013年，紧紧围绕浙江省委十三届三次全会的决策部署，为突出科技成果转化和产业化，按照科技创新"平台化、市场化、产业化"的要求，将科技成果产业化作为"一号工程"来抓。浙江提出建设完善"一平台、三体系、一模式"的科技大市场体系，加快建设具有全国影响力的科技成果交易中心。"一平台"即网上技术市场与科技大市场双层复合、功能互补的技术交易平台；"三体系"即技术供需体系、技术交易服务体系、技术交易保障体系；"一模式"即竞价（拍卖）与其他方式结合的技术转移模式。

随着国家对技术市场建设和培育的日益重视，继科技部出台《关于加快发展技术市场的意见》之后，2013年浙江省不失时机地出台

《培育技术市场和促进技术交易专项行动五年计划（2013—2017年）》，通过专项行动计划的实施，进一步完善浙江技术市场体系，使技术市场成为集聚科技成果的"洼地"、促进技术交易的"高地"、加快科技成果产业化的"快地"。该专项行动计划包括培育技术市场专项行动、培育技术中介服务机构专项行动、助推技术成果与相关服务贸易专项行动、专利与技术成果拍卖专项行动。组建浙江网上技术市场公司，实行公司化运作，学习借鉴阿里巴巴电子商务模式，改造提升网上技术市场。对科技成果竞价（拍卖）工作给予补助，择优选择拍卖公司，根据竞价（拍卖）工作的实际情况，5年内每年给予50万—100万元的工作经费补助。加大财政扶持力度，促进技术交易和科技成果转化。对通过浙江网上技术市场交易并实现产业化、成交金额在100万元以上的项目，在市、县（市、区）按规定补助的基础上，浙江省财政按成果交易实际支付总额15%的比例给予补助，省级补助金额最高不超过100万元；对通过竞价（拍卖）的产业化项目，按成果交易实际支付总额20%的比例给予补助，省级补助金额最高不超过200万元。

2014年12月，集"展示、交易、交流、合作、共享"五位一体的浙江科技大市场正式运行。科技大市场选取了35家从事技术转移、咨询评估、投资融资、知识产权等方面的科技中介服务机构入驻，初步实现了实体技术市场与网上技术市场功能的互补。2014年年底，浙江科技大市场和运行主体——浙江伍一技术股份有限公司组建完成。为进一步推进网上技术市场建设，浙江省科技厅以建立市场化运作机制、构建创新服务链、形成合理商业模式、实现常态化运行为重点，在6个市、20个县（市、区）开展了科技大市场建设试点工作，有力地推进了科技市场的繁荣发展。

2015年，浙江出台了《浙江省人民政府办公厅关于进一步加强技术市场体系建设促进科技成果转化产业化的意见》，提出全面构建线上线下融合、全省统一的技术市场体系等主要任务，加大财政扶持力度和税收支持力度，加强管理制度创新。浙江省高校、科研院所科技人员职务科技成果转化所得收益，除合同另有约定外，可按60%—95%的比例划归主要完成者及其团队拥有，不受高校、科研院所绩效工资总额限制；高校、科研院所转化职务科技成果以股份或出资比例等股权形式给予个人奖励的，暂不征收个人所得税。2016年发布的《关于补齐科技创新短板的若干意见》提出，要完善全创新链服务，以政策创新为引领、科技大市场为重要平台、科技金融为关键支撑，推进科技成果转化。要实施深化科技大市场建设"131工程"，加快建设全国一流的科技大市场。

从2002年启动网上技术市场建设到2014年年底开始运行浙江科技大市场，浙江省不断推进技术市场体系的建设，目前已发展成为国内规模和影响力最大的技术市场，线上与线下、有形与无形、技术资本与人才有机结合，成为全省企业高效配置科技资源的公共科技服务平台。网上技术市场已形成1个省级市场、11个市级市场、94个县级分市场、29个专业市场构成的网上技术市场体系，有效推进了浙江省、市、县科技成果转化产业化。根据2017年12月发布的《浙江科技成果转化指数》，2010—2016年浙江科技成果转化指数呈快速增长趋势。2016年，浙江科技成果转化指数达到146.7，约为2010年的2倍。其中，转化绩效指数增长最快，达到178.0。其次是成果产出指数、创新研发指数和成果交易指数分别达到168.9、135.7、88.9。由此判断，成果转化绩效是带动浙江科技成果转化的主要因素之一。目前，全省有5000多家民营科技企业与全国500多家高等院校和科研院所建立了科技合作关系，形成了"浙江的钱全国用，全国的科技资源浙江用"的开放型科技创新机制。

（二）产学研协同集聚创新要素：引进大院名校共建创新载体

浙江自主创新的基础比较薄弱，一方面由于产业结构原因，相当一段时期内轻纺等传统产业比重大，中小企业比重高，缺乏具有自主创新能力和核心竞争力的大企业、大集团，导致企业研发机构小、科技人才缺乏、研发能力弱；另一方面由于历史的原因，浙江的高校和科研院所相对较少，科技进步的基础条件比较薄弱。针对此种情况，浙江于2003年开始实施引进大院名校共建创新载体战略。积极引进国内外大院名校的优质科技资源，联合共建科技创新载体，有利于团队式引进人才，捆绑式引进高技术项目；有利于深化产学研合作，增强区域创新能力；有利于加强高校学科建设，优化科技资源组合。这对促进浙江产业结构优化升级，推动经济发展和社会进步具有重大意义。

浙江省委、省政府领导的顶层推动，对于实施引进大院名校共建创新载体战略具有重要的引领作用。浙江省委、省政府领导多次带队到中国科学院、中国工程院、北京大学、清华大学等大院名校洽谈引进合作事宜。2003年年初全国"两会"期间，时任浙江省委书记的习近平同志和时任浙江省省长的吕祖善同志一起到清华大学访问，商谈进一步加强省校全面合作事宜。同年年底，浙江省政府与清华大学签约共同组建"浙江清华大学长三角研究院"，习近平同志出席了签字仪式。

2003年11月，浙江发布了《关于引进"大院名校"联合共建科技创新载体的若干意见》，在全国率先启动了引进大院名校共建创新载体工作。该意见提出，紧紧围绕浙江经济、社会发展和产业结构优化升级的需要，围绕打造先进制造业基地和建设生态省、发展海洋经济和现代农业的需要，围绕区域特色经济发展的需要，以从事应用开发研究和高新技术产业化为主要任务，以长三角地区、国内科技综合实力较强的省（市）以及国外科技大国为重点区域，尤其要重视引进中科院、部属科研机构、国内外著名高校、国内特大型企业以及世界500强企业到浙江联合共建科技创新载体。引进大院名校，联合共建的科技创新载体应以企业性质为主，采用政府引导，企业和引进院校共同投资组成多元化股份制形式，以市场为导向，加快科技成果的转化步伐。

2005年，浙江制定了《关于对引进大院名校共建科技创新载体实行以奖代补的意见》，对重点引进共建创新载体实行补助性的奖励。每年安排专项经费，对市、县（市、区）政府、高校、科研院所和企业引进共建的两类创新载体，按专项经费7∶3的比例进行以奖代补，对市、县（市、区）政府、高校、科研院所引进共建的创新载体奖励额度为50万—100万元，企业引进共建的创新载体奖励额度为20万—50万元。2011年，浙江印发了《关于进一步推进青山湖科技城建设发展的若干意见》，明确了对青山湖科技城引进共建重大创新载体的支持政策。

自 2003 年以来，浙江各市陆续制定了相应政策，从资金等方面支持引进共建工作，结合需求有重点地逐步引进共建创新载体。杭州市出台了《杭州市引进大院名校共建科技创新载体认定管理细则》，宁波市出台了《关于实施海外高层次人才引进"3315"的意见》，绍兴市出台了《绍兴市人民政府关于引进大院名校共建创新载体的意见》。各市根据主要传统产业提升改造、高新技术产业发展、战略性新兴产业培育的需要，有重点地引进共建创新载体。

杭州市以发展装备制造业为重点，引进中国机械科学研究总院与杭州市机械科学研究院合作，建立了中国机械科学研究院浙江分院、浙江香港科技大学先进制造研究所等。以中国机械科学研究院浙江分院为依托，先后引进陈蕴博院士成立了浙江应用工程材料研究所，和杭汽轮集团联合成立了中机院—杭汽轮集团（杭州）联合研究院，引进德国多特蒙德大学成立了杭州—多特蒙德材料科学联合实验室，还牵头联合浙江大学和浙江省机电院共建了"浙江省机械装备制造技术创新服务平台"。宁波市以走新型工业化道路、建设华东先进制造业基地为目标，重点引进共建了材料方面的创新载体，建立了中国兵器科学研究院宁波分院、中国科学院宁波材料所、宁波中科集成电路设计中心、北京大学软件工程国家工程研究中心宁波工程化基地。舟山市以发展海洋经济和临港产业为重点，以大连海事大学航运人才培养基地和航运科研创新基地为依托，与大连海事大学合作共建了舟山江海科技研究中心、舟山船舶产品检测中心和港航人才培养基地。

随着引进大院名校共建创新载体工作的不断推进，产学研协同对象逐步从国内向海外拓展。浙江大学与美国加州国际纳米技术研究院、美国加州大学洛杉矶分校共建了浙江加州国际纳米技术研究院。嘉兴市与俄罗斯科学院远东分院共建了嘉兴中俄科技转化中心。长兴县与瑞典卡尔马地区共建了长三角—欧洲波罗的海国际技术转移中心。浙江省海洋开发研究院与乌克兰国立马卡洛夫船舶制造大学共建了乌克兰国立马卡洛夫船舶制造大学浙江船舶制造技术转移中心。

浙江自实施引进大院名校共建创新载体战略以来，较好地弥补了科技资源的不足，有效地促进了自主创新的发展。在引进共建创新载体战略实施过程中，浙江各市县根据实际，创造性地开展工作。一是形式多样。除了引进共建研发机构之外，通过引进共建科技园、创业园和产业园区等，群体式引进大院名校和产业化项目，形成规模效应和辐射效应。湖州市建立了225亩的南太湖科技创新中心，吸引了中科院上海生命科学研究院湖州营养与健康产业创新中心、湖州现代农业生物技术产业创新中心等一批载体入驻。二是模式创新。在引进共建模式上，有双方直接投入资金的，有以土地和设备投入的，有以技术成果、专利等折价入股的，也有以项目为纽带共同研发和实施产业化的。在运行模式上，有事业法人、企业法人、非独立法人。在成果转化模式上，有技术转让、技术入股、出资入股、联合创办企业等形式。三是机制灵活。主要体现在收益分配方面激发科技人员的创新积极性。中国科学院嘉兴应用技术研究院提倡科技人员自主创业、自费创业，即由科研人员带成果自行创办公司，科技人员不仅可获技术收益，而且可获投资收益，充分调动了科研人员的积极性。

专栏3-2　不断深化"德清模式"提升科技成果转化成效[①]

浙江德清县是浙北的一个小县城，面积仅936平方公里，约50万人口，工业和科技基础薄弱，科技创新资源相对较少，但十分具有区域创新活力，自主创新成效显著。20世纪80年代，以德清电子器材厂与中科院上海硅酸盐研究所合作为代表，德清县企业与高校、科研院所组建科研生产联合体开展科技合作，逐步形成并发展为企业与大所名校间的产学研相结合科技合作的模式，这一模式被时任中科院党组书记严东生誉为"德清模式"，成为我国科技战线上的一项重大改革。

30多年来，浙江省德清县委、县政府不断地探索科技与产业结合的新途径，并把深化创新"德清模式"作为加快提高自主创新能力，推动经济转型升级、集群发展的突破口来抓（周国辉，2014）。近年来，县政府着重在机制创新、平台建设、资源优化等方面，对

[①] 杨卫东、徐羚：《"德清模式"助推经济社会发展》，《西部时报》2013年1月11日第15版。

"德清模式"进行了探索创新,逐步形成了"政产学研金"的新模式。

德清县委、县政府积极推动科技合作对接工作,引导企业双向互动,拓宽合作层面,构建了长期紧密合作的深层次、全方位科技合作新模式,促进了企业自主创新能力的提升。德清县委、县政府高度重视企业与科研院所、高校的合作,专门成立了德清县加强与高校科研院所科技合作工作领导小组。由县政府常务副县长任组长,牵头组织各类对接活动,主导推动企业与科研院所、高校开展科技合作,及时协调解决有关重点工作和问题,有效突破了以往由企业自发与高校、科研院所联系合作的局限性,深化拓展了合作领域、拓宽了合作模式。为方便德清企业与上海的高校、科研院所进行科技合作交流,与上海技术交易所合作,德清建立了"上海技术交易所—德清创新驿站"。鼓励企业派技术人员到院校参与研发,支持企业与科研机构联合兴办企业,组建战略合作联盟;鼓励企业与高校、科研院所合作共建研究机构,加快科研成果的转化。[①] 针对企业与高校、科研院所的合作逐步转向研发、设计、管理、营销等方面的新形势,县政府出台了支持工业企业分离发展服务业的政策意见,支持工业企业分离发展营销售后服务、技术服务、科技研发、信息咨询、工业设计等服务业,成立新的经济实体。

德清大胆探索创新,致力引进国家级科研院所,创新科研合作载体,全面推进科技新城建设。近年来,德清县充分利用国家级科研院所扩大产业化合作、占领长三角地区市场的契机,依托现有产业基础和未来发展优势,创新与科研院所的合作机制,多家国家级科研机构已经落户德清。2009年,德清县引进中科院兰化所,建立了技术转移中心。2010年,德清县引进中科院计算技术研究所,成立了德清中科金融信息技术研究所,并设立了中科院计算所信息技术德清应用中心,给德清经济金融发展提供了先进实用的应用技术及产业化支撑。为此,德清县专门给予5个全额拨款的事业编制,免费提供办公

[①] 宦建新:《"德清模式"之变:从"引进供给"到"创造供给"》,《科技日报》2016年5月4日第1版。

场地。中国建材集团研究院在德清设立了建材机电设备研究所，中电集团21所也与德清签订合作协议，在德清建立了微电机产业化基地。随着这些国家级高端科研机构的落户，德清将逐步形成以支持本土企业为中心不断向全省乃至全国辐射科研技术服务的新格局。随着政府、企业与高校、科研院所合作的不断深入，德清县正在规划建设集研发、设计、创意、培训、信息技术于一体的科技新城，力争通过几年的努力，把科技新城建设成为长三角一流的科技创新公共服务平台和创新要素最活跃的研发基地之一。

德清县以财政资助支持科技合作的同时，积极探索科技与金融相结合，构建政府引导、科技担保与风险投资相结合的科技金融服务体系，为技术研发、成果转化提供有力的资金保障。为了鼓励和引导企业与院校开展科技合作，德清先后出台了《关于加强与高校科研院所科技合作的若干意见》《关于加快提高自主创新能力建设科技强县的实施意见》等政策，加大对科技创新工作的支持。[1] 德清县政府还专门设立了科技创新专项资金，对科技合作成效明显的创新项目、创新团队和创新载体给予相应的资金支持。2003年，德清成立了全省第一家科技担保公司，为科技创新型企业搭建融资担保服务平台，并按照科技型企业的不同档次，分别给予相应的贷款信用担保额度。2010年，德清县拓展了专利质押贷款业务。近年来，设立1亿元科技信贷引导基金、3000万元科技金融风险补偿基金和每年2000万元种子资金。2015年，德清县设立5000万元科技成果转化引导基金，建立天使投资、股权众筹、成果产业化3个子基金，发放科技金融创新贷款6亿元，直接融资20亿元。

经过多年努力，"德清模式"不断深化，科技成果转移转化工作成效明显。2012年，德清县率先建立浙江省唯一科技成果转化实验区。德清还分别获评国家知识产权强县工程示范县、省首批科技强县、省首批科技金融示范县等。2016年，全县R&D经费支出占地区生产总值比重达到2.8%，居全省前列；全县高新技术产业产值

---

[1] 德清县人民政府：《深化创新"德清模式" 加快经济转型发展》，《今日科技》2011年第1期。

550.3亿元，是2013年的2.2倍；高新技术产业增加值100.7亿元，是2013年的1.58倍；高新技术产业增加值占规模以上工业增加值的比重达到48.4%，占比是2013年的1.21倍，科技进步变化情况综合评价、科技投入和科技产出综合评价均位列全省第四。

三 优化区域创新平台

探索各具特色的创新实践

为更好地发展高新技术产业，浙江不断推进高新园区的转型升级，近年来集全省之力建设杭州城西科创大走廊，探索各具特色的创新实践。高新技术产业化是科技和经济融合的主要阵地，发展高新技术产业是自主创新发展的重要组成部分。2003年，时任浙江省委书记的习近平同志在考察科技工作时指出，要大力发展高新技术产业，提升产业层次。

高新园区是自主创新和高新技术产业化的重要载体和平台，以发展高新技术产业、以技术创新带动产业发展为主要目标，能有效塑造区域创新优势，对于增强区域创新能力具有显著作用。2003年浙江省提出的"八八战略"中，明确指出"进一步发挥浙江的块状特色产业优势，加快先进制造业基地建设，走新型工业化道路"。关于加快先进制造业基地建设的工作，时任浙江省委书记的习近平同志提出"坚持重点突破、整体推进"的指导原则，率先在若干发展基础厚实、区位条件优越的区域获得突破，加快杭州、宁波、绍兴、嘉兴等高新技术开发区建设。2006年3月，习近平同志在浙江省自主创新大会上提出加快创新型省份建设在工作指导上必须把握若干方面，坚持有所为有所不为，努力实现重点突破和跨越发展。会后出台《加快提高自主创新能力　建设创新型省份和科技强省的若干意见》，明确提出大力发展高新技术产业，培育新的经济增长点。加快高新技术产业开发区（园区）和特色产业基地建设。加快形成以杭州国家高新开发区为龙头、杭州湾高新技术产业带为重点、省级高新技术产业园区和高新技术特色产业基地为支撑的高新技术产业发展格局，使其成为全省经济发展的重要增长极。

在高新园区建设工作取得一系列积极成效之时，浙江开始注重引导高新园区着力增强自主创新能力，推进转型升级和提升发展。2008年，浙江发布《自主创新能力提升行动计划》，明确提出着力增强各类开发区（园区）和基地的创新能力。围绕三大产业带建设和发展，努力办好杭州、宁波2个国家级高新技术产业开发区和软件、信息、生物3个国家高新技术产业基地、11个省级高新技术产业园区和60个省级以上高新技术特色产业基地。开展创新型园区建设，加快推进园区发展方式创新。2009年，浙江省委、省政府召开"国家技术创新工程试点省"动员大会，提出以建设创新型省份和科技强省为目标，以抓好"八个一批"为重点，扎实做好试点工作，切实增强自主创新能力，为加快经济转型升级提供强大动力。其中明确提出"提升一批高新技术开发区（园区）和特色产业基地"，揭开了提升发展高新园区的序幕。

针对高新园区建设发展的薄弱环节和问题，2011年浙江召开高新园区提升发展工作会议指出，浙江高新园区要率先实现转型升级，必须实现"四个转变"，打造"六大基地"。由高新技术成果的产业化园区向研发创新与产业一体化园区转变，由单一的高新技术产业园区向先进"智造"与现代服务业的综合园区转变，由低水平不充分的科技园区向市场化的高度发达的知识服务业园区转变，由一般的人才开发区向高水平的集聚高层次研发管理和技能型人才的科技城区转变，努力打造区域科技创新特色基地、科技创业特色基地、新兴产业特色基地、科技服务业特色基地、高端人才聚集的特色基地和现代服务业基地，成为现代化科技新城。浙江省对高新园区转型升级提出了明确的要求和举措。第一，要抓好产业和布局规划，每个高新园区要科学编制特色产业发展规划，找准新兴产业培育发展的主攻方向，突出一个主导产业特色，并进行更新改造。第二，抓好对改造培育园区的政策扶持与服务，坚决清理扶持粗放式增长的政策，建立有利于高新园区转型升级的政策。第三，营造良好的体制机制和环境。第四，加强组织领导和考核，逐步形成"摘牌警示、黄牌警告、动态替补、先进激励、示范推广"的激励惩戒机制。近年来，浙江的高新园区带头"腾笼换鸟""机器换人"、带头发展现代装备制造业、带头"个转企"和"规下升规上",提升发展已见成效。

经过20多年的发展,目前浙江高新园区总数在全国已排名前列,共有8个国家级高新园区(杭州2个,宁波、绍兴、温州、衢州、湖州和嘉兴各1个)和25个省级高新园区,其中2012年前批准建设的国家、省级高新园区19个,没有明确规定产业方向;2012年以后批准建设的9个省级高新园区,明确规定了产业主攻方向。浙江省的高新园区不仅是带动经济增长的重要引擎,亦是发展高新技术产业的主阵地。高新园区是集聚战略性新兴产业的核心载体。浙江省高新园区主要聚集在环杭州湾和温台沿海高新技术产业带,是支撑浙江省高新技术产业发展的中坚力量,物联网产业、化学原料和化学制品制造业、医药制造、仪器仪表制造等高新技术产业产值居全国前列。高新园区是引领产业错位发展的重要平台。2012年以来,浙江省布局创建嘉兴光伏、舟山船舶装备、杭州青山湖高端装备、衢州氟硅新材料、绍兴纺织新材料、湖州现代物流装备、永康现代农业装备、宁波杭州湾高性能新材料、诸暨现代环保装备等11家省级高新园区,在园区的命名上冠以产业名称,明确重点发展的产业方向。目前浙江已经逐步形成杭州和金华发展新能源汽车、嘉兴发展光伏发电装备、台州等地发展现代医药、绍兴县和新昌县发展智能纺织印染装备、杭州高新区发展智慧健康软件与装备、温州高新区发展激光与光电产业等战略性新兴产业错位发展的新格局。

浙江的高新园区已成为集聚高端创新资源的核心区。一是集聚各类创新载体。目前,集聚国家重点扶持的高新技术企业、省级以上创新型企业数量,均占全省总数的30%以上;企业研发机构、省级企业研究院、国家工程技术研究中心和企业技术中心数量占全省总数的25%以上。二是集聚资本和智力。近年来,浙江高新园区积极开展"招商选资"工作,同时全面贯彻"人才强省"战略,落实支持人才创业创新的激励政策,大力引进海外高层次创新人才和一流创新团队。例如,截至2013年年底,杭州高新区累计引进海外创业人才2700人,创办留学生企业594家,软件研发从业人员12.4万人,建有博士后工作站(分站)43家,拥有国家"千人计划"人才33名、省"千人计划"人才77名。三是集聚重点企业研究院。目前已围绕电动汽车、现代医药、船舶装备、智能纺织印染装备、氟硅新材料、光伏发电装备、"智慧城市"大型专用软件、现代物流装备、现代农业装备、现代环保装备、"智慧医疗"操作系统和现代装备高新区装备电子（软件）等新兴特色产业领域建设省级重点企业研究院83家，试点企业基本上都是高新园区的企业，其中杭州高新区、嘉兴光伏、衢州氟硅、舟山船舶、永康现代农业装备、湖州现代物流装备和诸暨现代环保装备高新园区集聚了相关新兴产业的全部28家重点企业研究院，高新园区已成为浙江省重点企业研究院集聚的核心区，是开展新兴产业技术创新综合试点的主阵地和大平台。

为进一步加强原始创新，自2016年开始浙江集全省之力建设杭州城西科创大走廊，打造接轨国际的自主创新战略高地。杭州城西科创大走廊空间结构呈现为"一带、三城、多镇"，其中"一带"为东西向联结主要科创节点的科技创新带、快速交通带、科创产业带、品质生活带和绿色生态带；"三城"为浙大科技城、未来科技城、青山湖科技城；"多镇"即为大走廊沿线分布具备不同功能的特色小镇和创新区块，如梦想小镇、云制造小镇、西溪谷互联网金融小镇等。科技城是杭州城西科创大走廊的重要组成部分。区别于高新园区，科技城以承接国际高端要素、培育创新增长源为主要目标，聚焦于基础性、原创性研发高端环节。建设科技城是国际创新发展的普遍经验，是国内区域竞争的关键举措，也是浙江省实现创新驱动发展的战略平台。从2016年到2020年，浙江将每年从省创新强省资金中安排4.5亿元，支持杭州城西科创大走廊建设，重点打造新一代信息技术产业集群，包括未来网络、大数据云计算、电子商务、物联网等先发优势明显且代表未来方向的产业。同时，还将重点培育人工智能、生命科学、新能源汽车、新材料、科技服务、新金融等若干支撑产业，打造创业创新生态体系。

青山湖科技城和未来科技城，是杭州城西科创大走廊的核心组成部分，亦是浙江省重要的高端科技创新平台。建设杭州城西科创大走廊，将进一步推进两个科技城的整合发展。2009年，青山湖科技城获批设立，是浙江建设科技强省和创新型省份的重大工程。2011年，杭州未来科技城与北京、天津、武汉三个未来科技城一道列为中央企业集中建设的四大人才基地。不同于其他三个未来科技城，杭州未来科技城注重民营企业的引进，体现"高端人才+民营资本+民营企业"的特色。未来科技城重在科技研发，发展重点在创新链上游；青山湖科技城重在产业发展，发展重点在创新链中下游与产业链的打造；余杭镇作为支撑科技新城发展的服务功能平台。近年来浙江正在探索建立省级层面的科技新城统一管理体制，统一规划，统一建设。高端科技创新平台正在省域范围内进行创新资源的空间集聚与优化配置，集聚国内外一流的科研机构、企业研究院、高校研究生院、重点产业研究院、知名风险投资机构等高水平创新资源。

两个科技城的创业创新政策体系与服务体系不断完善。未来科技城在招商选资方面，明确进入门槛：对研发类项目，设置本科学历员工占比40%、投资300万元/亩、海外高层次人才比例等条件；对产业化项目，设置注册资金1500元/平方米、年销售收入2万元/平方米（1333万元/亩）、年利税不少于2000元/平方米等条件。青山湖科技城实施了院所退出机制，部分科研能力不强的院所退出科技城。制定实施《关于鼓励入驻杭州临安青山湖科技城浙商研发总部基地的若干政策意见》《关于鼓励高层次人才入驻青山湖科技城创新创业的若干政策意见》等政策。城市框架基本形成，产业项目、研发用房、配套设施等建设取得了阶段性成果，并加快科技成果转化，建设"中介超市"，进一步创新体制机制，深化审批制度改革，完善投融资体系。

2016年10月，浙江出台《加快推进"一转四创"建设"互联网+"世界科技创新高地行动计划》，明确提出全力打造杭州城西科创大走廊，将其建设成为具有全球影响力的信息经济中心、国家级创新策源地、绿色"双创"空间、最优创业创新生态圈，成为科技创业创新的示范区和集聚区。2017年9月，之江实验室正式成立，杭州城西科创大走廊正迅速成长。

（二）探索民营企业结合科技创新路径：从块状经济到特色小镇

立足自身特色，浙江一直以来重视以科技进步推进传统块状经济向现代产业集群、特色小镇转变，在加强自主创新的同时，整合提升块状经济，促进浙江产业转型升级。块状经济是浙江的特色和优势，在浙江工业中具有举足轻重的地位。但是块状经济长期发展过程中累积的一些结构性矛盾，尤其是产业层次低下、创新能力不强、规划引导缺失、平台支撑不力、转型升级缓慢等问题也逐渐显现。对此，浙江充分发挥政策优势和集聚优势，着力构建现代产业集群的技术竞争优势，提升产业竞争力，逐渐改变产业低端发展路线和产业粗放型增长方式，带动整个制造业"块状经济"乃至全省工业经济的转型发展。

2003年，浙江提出"八八战略"，紧密联系浙江的优势和特点，提出进一步发挥浙江的块状特色产业优势，加快先进制造业基地建设，走新型工业化道路，创新性地将块状经济发展与先进制造业基地建设、县域经济提升相结合。同年，时任浙江省委书记的习近平同志在桐庐调研时指出，当前和今后一个时期，加快发展块状经济，着力提升县域经济的整体实力，必须在"做大做强、强化特色、拓展空间、城乡联动"上下功夫。

在推进浙江经济转型发展中，浙江高度重视民营经济和块状经济的转型发展，着力引导块状经济向现代产业集群转型升级。2004年，浙江省召开首次"全省民营经济工作会议"，习近平同志提出浙江民营经济必须着力推进"五个转变"，实现"五个提高"，从现有的块状经济、小规模经营逐步向更高层次的集群化、规模经营转变，提高民营经济的集约化和规模化水平。在"八八战略"的引领下，浙江省日益重视以技术创新提升块状经济。2009年，浙江被确定为首个"国家技术创新工程试点省"，同年出台《关于加快块状经济向现代产业集群转型升级的指导意见》。该意见提出，积极培育块状经济中关联度大、主业突出、创新能力强、带动性强的龙头企业，发挥其产业辐射、技术示范和销售网络中的引领作用。鼓励引导行业龙头骨干企业在做强核心业务的同时，加快剥离专业性强的零部件生产，发展专业化配套企业，提高企业间配套协作水平，形成一批专业化优势显著、竞争能力强的"小型巨人"企业，构建完善产业集群分工协作体系。加快以企业为主体、市场为导向、产学研相结合的技术创新体系建设，促进块状经济内企业由委托加工向自主设计研发转变。该意见提出开展试点示范等政策措施，县域型、市域型块状经济所在地的市、县（市、区）政府要重点抓好区域性块状经济提升发展工作，选择一批产业基础良好、区域优势明显、升级潜质较大的块状经济作为重点,加强工作指导、健全区域协调机制、集聚各类要素资源、加大政策扶持力度、营造良好发展氛围,不断摸索和创新块状经济转型升级新路径、新模式。同时,公布块状经济向现代产业集群转型升级示范区第二批试点名单,建议选取20个集群作为创新型现代产业集群的培育重点。

特色小镇的建设发展是浙江省自主创新的生动实践。随着我国经济步入新常态,为推动全省经济转型升级和城乡统筹发展,浙江省委、省政府开拓创新,于2015年启动特色小镇建设,把创新基因植入特色小镇的规划建设过程之中,特色小镇"以新理念、新机制、新载体推进产业集聚、产业创新和产业升级"。同年,浙江出台《关于加快特色小镇规划建设的指导意见》,在全省规划建设一批特色小镇,有利于推动各地积极谋划项目,扩大有效投资,弘扬传统优秀文化;有利于集聚人才、技术、资本等高端要素,实现小空间大集聚、小平台大产业、小载体大创新;有利于推动资源整合、项目组合、产业融合,加快推进产业集聚、产业创新和产业升级,形成新的经济增长点。2016年发布的《加快推进"一转四创"建设"互联网+"世界科技创新高地行动计划》提出,加快建设科技特色小镇和新型孵化器。加快建设梦想小镇、云栖小镇等一批互联网创业、移动互联网、云计算等领域的特色小镇,打造一批产值超百亿元的"互联网+"制造示范园区。

浙江的特色小镇是按照创新、协调、绿色、开放、共享发展理念,面向未来,聚焦支撑浙江长远发展的信息经济、环保、健康、旅游、时尚、金融、高端装备制造七大产业,兼顾历史经典产业,结合自身特质,找准产业定位,挖掘产业特色、人文底蕴和生态禀赋,以产业为核心,融入文化、旅游和一定的社区功能,集成高端要素,通过市场化运作,形成"产、城、人、文"四位一体的创业创新发展平台。经过几年的探索与实践,特色小镇建设逐渐形成了产业发展"特而强"、功能叠加"聚而合"、建设形态"精而美"、制度供给"活而新"的浙江经验。

区别于云南等地的特色小镇建设思路,浙江的"特色小镇"着力点在产业,主要集中在高端制造业和现代服务业,更加强调"双

"创"——创新和创业。"双创"有助于推动经济结构调整、打造发展新引擎、增强发展新动力、走创新驱动发展道路。2015—2017年，浙江陆续公布了三批共114个省级特色小镇名单。至此，浙江百个特色小镇的布局已经大致呈现。从统计数据看，前两批78个省级创建小镇累计完成投资2117亿元，累计入驻创业团队5473个，国家级高新技术企业291家。78个创建小镇去年入库税费160.7亿元，比上年增长13.5%。2017年1—6月，税费收入达130.6亿元，是2016年全年的81.3%。2017年8月，浙江召开全省特色小镇规划建设工作现场推进会，发布了2016年度省级特色小镇创建和培育对象考核结果，其中5个特色小镇创建对象被降格。

2017年11月，浙江省科学技术厅、浙江省特色小镇规划建设工作联席会议办公室公布了首批省级高新技术特色小镇名单（详见表3-3）。其中，杭州滨江互联网小镇等7个特色小镇为首批建设类高新技术特色小镇，杭州萧山信息港小镇等10个特色小镇为首批培育类高新技术特色小镇。这17个特色小镇以知识、信息、智慧作为最基本的发展要素，以科研空间、众创空间、互联网空间作为最主要的发展场所，以科技研发、互联网与大数据等作为最基本的产业，并且包含一定的生活服务设施、交通、绿色休闲环境等。

表3-3　　　　　　**浙江首批17个省级高新技术特色小镇**

小镇名称	主要特色
建设类（7个）	
杭州滨江互联网小镇	涵盖电子商务、互联网金融、泛娱乐等多个领域，集聚了网易（杭州）等一批具有国际竞争力的互联网及信息技术企业，在网络基础架构、云计算大数据等新一代信息技术领域形成显著优势
杭州云栖小镇	目标是打造云生态，发展智能硬件产业，建设创业创新第一镇，推动基于云计算的软硬件产业融合发展
杭州东部医药港小镇	建成了基因工程、个体化新药等公共服务平台，形成了"研发—孵化—加速—产业化"全产业创新链，先后被确定为杭州市"新药港"产业园核心区、"生物产业国家高技术产业基地"核心区等

续表

小镇名称	主要特色
建设类（7个）	
杭州 滨江物联网小镇	以物联网产业为主导，同时大力发展与物联网产业相关联的云计算、大数据等物联网基础性支撑产业，具有鲜明的创业创新文化内涵，集科研创新、科普教育及文化休闲等功能于一体的国家级物联网产业示范基地
湖州 德清地理信息小镇	以地理信息产业为核心，以签约落户项目为载体，将产业、城市、科技三要素纳入小镇规划理念，建设基础设施完善、商务配套一流、高端人才集聚、生态环境优越、绿色休闲宜居，具有鲜明科技特征的新区域
嘉兴 秀洲光伏小镇	以光伏发电和光伏制造为轴心，以光伏服务和光伏旅游为延展，紧密围绕"光伏概念"主题式发展，以实现"处处有光伏、家家用光伏、人人享光伏"为发展理念，最终将打造成一个宜业、宜居、宜游"三生融合"的特色小镇
台州 黄岩智能模具小镇	重点围绕智能制造、研发设计、企业孵化、总部经济、教育培训、生活服务六大方面来构建产业发展体系
培育类（10个）	
杭州	萧山信息港小镇、梦想小镇、临安云制造小镇
湖州	长兴新能源小镇
嘉兴	海宁阳光科技小镇、嘉善归谷智造小镇
绍兴	诸暨环保小镇、新昌万丰航空小镇
金华	金华新能源汽车小镇
台州	椒江绿色药都小镇

专栏3-3　建设特色小镇助推杭州创新创业发展

2015年以来，杭州主动适应经济发展新常态，坚持创新驱动发展，立足自身资源禀赋、产业基础和比较优势，创新理念、思路和方式，培育了一批创新要素集聚、产业特色明显、生产生活生态融合的特色小镇。杭州的特色小镇建设走在全省前列。从数量上看，杭州市入围省级特色小镇创建名单数量遥遥领先，第一批至第三批省级特色小镇，百余省级特色小镇创建对象，杭州市大约占到1/5。另外，杭州市还出台了《关于加快特色小镇规划建设的实施意见》，确定了首批 32 个市级特色小镇创建名单。从质量上看，杭州市的特色小镇在规划引领、三生融合、产业布局、固定资产投资、文化旅游功能叠加等方面均走在全省前列。

特色小镇已成为杭州创业创新的重要平台（张鸿铭，2016）。以杭州梦想小镇为例，仅仅一年多的时间，小镇就有上海苏河汇、北京36氪、深圳紫金港创客等知名孵化器以及500Startups、plug&play等2家美国硅谷平台落户；集聚创业项目740余个、创业人才近7000名，形成了一支以"阿里系、高校系、海归系、浙商系"为代表的创业"新四军"队伍；有80余个项目获得百万元以上融资，融资总额达30.4亿元，创业氛围浓厚，带动效应明显。

特色小镇推动了信息经济产业发展。如云栖小镇，以阿里巴巴云计算产业为基础而产生，云产业在这里从无到有，迅速发展壮大。截至2015年，小镇技工贸近80亿元的总产值中，涉云产值就接近30亿元；引进包括阿里云、富士康科技等在内的各类企业328家，其中涉云企业255家（来佳飞，2016）。到2016年4月，小镇涉云企业达到了296家，产业覆盖大数据、APP开发、游戏、互联网金融、移动互联网等各个领域，逐步形成了较为完善的云计算产业链条。再比如滨江物联网小镇，以海康、吉利等企业为龙头，大力发展与物联网产业相关联的云计算、大数据、移动互联网、信息安全及先进传感设备、核心元器件制造等物联网基础性支撑产业，已落地产业项目21个，总投资70多亿元，致力于建设成为中国物联网产业示范区、长三角物联网产业中心区、浙江省物联网产业核心区。

特色小镇促进了产业转型升级。2015年，杭州市41个省、市级特色小镇累计完成固定资产投资438亿元，每个小镇平均完成投资超过10亿元；引进企业3000多家，形成了信息经济、金融、健康等产业集群，实现经济总收入1300多亿元，税收180多亿元。推动了创业创新。全市共打造众创空间25家，入驻创业项目1374个，引进创业创新人才9800多名，其中"国千省千"人才91人。余杭梦想小镇已入驻创业项目480余个，吸引创业人才4400多名；西湖云栖小镇"淘富成真"平台进行了38场路演，292家智能硬件创新企业参加，已入驻企业51家。

特色小镇初步树立了品牌效应。杭州建设特色小镇，不仅希望能将部分小镇建成为全省小镇建设示范样本，还希望在全国全球做到有特色、有影响力。从目前来看，杭州的特色小镇虽不能做到"全球有特色、有影响力"，但在全国已经有了较大影响力，为国内城市产业转型升级、供给侧改革提供了思路。云栖小镇、梦想小镇、玉皇山南基金小镇已成为浙江特色小镇的3张金名片。

四 人才引进和培育并举

（一）外源性科技人才引入：从星期天工程师到海内外高层次人才

浙江自改革开放以来，十分重视各类外源性科技人才的引入，从星期天工程师到海内外高层次人才的引进，让全球人才为我所用，源源不断地为浙江的自主创新注入科技人才生力军。自主创新的关键在于科技人才，但浙江的民营企业占比较高，高校和科研院所又相对较少，科技人才较为缺乏。因此，外源性科技人才是自主创新人才队伍的重要力量。

改革开放初期，浙江的乡镇企业从起步走向蓬勃发展。但大多数企业一缺技术，二缺设备，三缺市场门路，关键还是缺少懂技术会使用生产设备的技术人员。当时，乡镇企业通过种种关系从上海和南京等城市工厂和科研机构借脑借智，聘请工程师、技术顾问和师傅，利用星期天或节假日等业余时间，在完成本职工作、不侵害国家和单位技术、经济利益的前提下，为民营经济和各类企业提供各种无偿和有偿服务。星期天工程师帮助当时的乡镇企业解决了使用机器、开发产品、保证质量、降低成本等技术难题。1985年，浙江德清洛舍乡镇企业高薪聘用上海钢琴厂4位技术人员，曾在全国引发为期三个月的人才流动争论。其后，国务院在全国科技工作会议报告中指出"提倡人才流动，方向是正确的"，从此打破了人才自由流动的禁锢。

跨入21世纪，随着经济全球化趋势的加强，新技术革命迅猛发展，知识和人才已成为经济发展和社会进步的主要推动力，人才资源已成为最重要的战略资源。然而，浙江的人才总量、结构和素质还不能适应经济社会发展的需要。2003年1月,时任浙江省代省长的习近平同志在《政府工作报告》中指出,要认真贯彻"尊重劳动、尊重知识、尊重人才、尊重创造"的方针,"紧紧抓住培养人才、吸引人才、用好人才三个环节",大力开发人力资源。同年7月,浙江省委、省政府提出"八八战略",明确指出要进一步发挥浙江的人文优势,积极推进科教兴省、人才强省,加快建设文化大省。同年12月,浙江召开首次全省人才工作会议,提出实施人才强省战略。会后,下发了《中共浙江省委、浙江省人民政府关于大力实施人才强省战略的决定》。

该决定明确提出,积极吸纳海内外高层次人才。进一步完善人才引进政策。畅通人才引进的"绿色通道"。积极采取团队引进、核心人才带动引进、高新技术项目开发引进等多种方式引进高层次人才。对来浙江工作的国内外知名专家,鼓励用人单位给予一定数额的科研启动费和安家补助费,同级财政给予一定支持。各地应制定引进人才购买经济适用房政策。有条件的市县要建设一批高层次人才公寓或周转住房。充分发挥柔性引才机制的作用。鼓励国内外各类优秀人才尤其是高层次人才采取柔性流动方式来浙江省从事兼职、咨询、讲学、科研和技术合作、技术入股、投资兴办企业或从事其他专业服务。鼓励用人单位以岗位聘用、项目聘用、任务聘用和人才租赁等灵活用人方式引进人才和智力。积极做好留学和海外高层次人才的引进工作。贯彻鼓励留学人员"回国工作"和"为国服务"的方针,大力吸引留学人员来浙江工作和服务,重点吸引高层次人才和紧缺急需人才。鼓励有条件的地方发展留学人员创业园区,建立完善留学人员服务体系。设立留学人员创业启动资金,加大对留学人员回国创业的资助力度。制定优惠政策,鼓励民营资本为留学人员创业提供风险资金。进一步加强海外人才和智力引进工作,积极吸引旅居海外的华人华侨专家为浙江服务,促进国际人才交流与合作。

2003年,浙江省提出引进大院名校共建创新载体的战略,鼓励各地以企业为主体,以引进团队式人才和核心技术为重点,与国内外大院名校共建各类创新载体。据不完全统计,目前已引进的部分创新载体中集聚科技人才6500多人,引进省外科技人员3234人,其中博士和高级职称科技人员 2343 人，超过了浙江 50 年来创办的 40 家省属科研院所 4000 多人的规模。

为加快海外高层次人才引进工作，浙江省积极开拓海内外人才引进渠道，采取多种形式，制定多项优惠政策，重点引进提高自主创新能力急需的高层次人才。2004 年，浙江实施"万名高层次人才引进工程"，先后通过新闻发布会、国际国内媒体、有关网站，公布人才需求和招聘信息，依托浙江在海外举办大规模招商引资的机会，加大招商引智工作，招聘引进紧缺急需的国外高层次人才。鼓励留学生学成后回国到浙江创业。全省积极发展留学人员创业园区建设，设立留学人员创业启动资金，加大对留学人员回国创业的资助力度。2006 年，浙江省人事厅和科技厅联合启动实施"钱江人才计划"，择优资助海外留学人才来浙创业创新，入选者可获 5 万—50 万元不等的资助，吸引海归人才到浙江各地进行创业创新。

2008 年以后，浙江省更加重视海外高层次人才引进在促进浙江经济转型升级中的作用。为吸引高端人才，浙江连续多年赴欧美开展民营企业与海外人才对接交流，连续多年举办杭州国际人才交流与合作大会、宁波人才科技周。浙江通过对海外高层次人才从引进到创业再到生活的周密服务，吸引集聚了一大批海外人才。为进一步创新人才发展体制机制，为高层次人才创业创新提供良好发展平台，浙江创建命名了两批 30 家省海外高层次人才创业创新基地，其中浙江大学、杭州高新区、杭州海创园、宁波高新区入选国家级海外高层次人才基地。30 家人才基地已集聚博士以上海外高层次人才 3000 多名。

近年来，浙江海外高层次人才引进工作成效显著，为打造人才生态最优省份注入了不竭动力。浙江积极组织国家和省"千人计划""钱江人才计划"，进一步提高引才工作的针对性和实效性。2017 年，全省新入选第十三批国家"千人计划"106 人。至此，浙江共有 662 人入选国家"千人计划"，新入选人数和累计入选人数均居全国第 4 位，70% 以上人才集中在新能源、新材料、生物医药、电子信息及物联网等新兴行业。2017 年，全国通过企业主体申报入选的创新人才共 99 人，浙江入选 29 人，占 29.3%；企业"外专千人计划"共 14 人，浙江入选 9 人，占 64.3%；创业人才共 47 人，浙江入选 9 人，占19.1%，3项指标均居全国第一位。此外，全省高校院所合计入选55人，其中浙江大学43人，居全国高校第一位。浙江将继续坚持企业主体一线导向，围绕八大万亿产业发展需求，进一步细化引才目录，促进人才与企业、产业对接，完善省"千人计划"评审机制，做好与国家"千人计划"衔接。

(二) 内源性人才队伍培育：实施人才生态优化工程

为适应日趋激烈的人才竞争形势和新世纪宏伟目标对人才资源开发的新要求，浙江"紧紧抓住培养人才、吸引人才、用好人才三个环节"，大力培养各类人才。内源性人才队伍培育是人才生态优化工程的重要环节，浙江提出实施特级专家制度和启动青年科学家培养计划等多项政策措施，着力打造人才生态最优省份。

2003年，在"八八战略"引领下，浙江省进一步提出实施人才强省战略。印发了《中共浙江省委、浙江省人民政府关于大力实施人才强省战略的决定》，提出以能力建设为核心，加大人才培养力度。突出重点，加快高层次人才、高技能人才和紧缺急需人才培养。围绕发展具有国际竞争力的大企业、大集团的要求，努力培养造就一支熟悉国际国内市场、具有参与国际竞争能力的优秀企业家队伍。加快培养造就一支具有国内乃至世界先进水平、在行业或学科内具有重大影响的学术技术带头人队伍。适应加快先进制造业基地建设和农业农村现代化建设、推进浙江省区域经济可持续发展需要，大力培养一批高技能人才和农村实用人才。适应经济结构战略性调整的需要，抓紧培养一批浙江省紧缺急需人才。

为全面深入推进人才强省战略，促进自主创新，浙江不断加强人才资源能力建设，创新人才培养方式。为推进高层次人才队伍建设，激励高层次人才为浙江实现新世纪宏伟目标做出更大贡献，省委、省政府推出浙江省特级专家制度。学术、技术在全国具有重要影响，在省内处于顶尖水平的浙江各领域学术、技术带头人可以评选为特级专家。浙江省特级专家是浙江设立的最高学术技术称号，每三年评选一次，总人数控制在100名以内，首次评选不超过30名，以后每次增选人数视情况而定。2005年10月，浙江省委、省政府隆重举行首批"浙江省特级专家"授证仪式，浙江大学李有泉、杭州市化工所姚献平、绍兴市城市规划设计研究院王富更、浙江省农科院陈剑平、浙江省立同德医院魏克民、浙江省委党校陆立军等30人获此荣誉。浙江省特级专家有"小院士"之称，自2005年评选以来，已累计评选4批，共95人入选，其中陈剑平、杨华勇、杨小牛当选中国工程院院士。

为推进浙江中青年专业人才队伍建设，激励广大中青年工作者为浙江经济社会发展做出更大的贡献，浙江出台了一系列政策措施，鼓励中青年人才服务浙江发展。2005年，浙江出台《浙江省有突出贡献中青年专家选拔管理办法》，授予在科学技术和现代化建设中做出突出贡献，取得显著经济、社会效益的中青年专业人才以"浙江省有突出贡献中青年专家"荣誉称号。浙江省有突出贡献中青年专家每两年选拔一次，每次选拔名额一般不超过50名。除提供适当的奖励外，注重改善浙江省有突出贡献中青年专家的工作条件，优先提供他们急需的科研经费和仪器设备，优先考虑参加国内外学术交流或考察活动，进一步发挥他们在学术、技术领域的带头作用，鼓励他们在科研和技术创新中取得更大的成绩。至今，浙江已7次表彰省内有突出贡献中青年专家共350人。

2014年，为建立企业为主体并由企业主导的重大产业技术创新体制和"以用为本"的青年人才持续培养机制，推动科技、人才与经济的紧密结合，浙江启动实施青年科学家培养计划，并出台《浙江省青年科学家培养计划实施方案》。根据企业产业技术创新的需要，从高校、科研院所安排100名有培养前途的青年科技人才，到浙江电动汽车、智能纺织印染装备、现代医化装备、新能源装备、现代新材料、节能环保装备、海洋装备、网络通信设备等产业中的重点企业研究院工作，并与省、市、县（市、区）产业技术创新重大专项经费资助稳定支持相结合，开展一批技术难题攻关；并借此设立青年科学家培养计划，通过实践和实绩评价，培养一批青年科学家和未来科研团队带头人。入选培养计划的青年科技人才在企业工作期间，在企业申报立项的科研项目上所取得的业绩成果、知识产权归企业所有；在校企合作项目上其职务发明成果的所得收益，高校可按60%—95%的比例、科研院所可按20%—50%的比例，划归参与研发的青年科技人才及其团队所有。

按照实施人才强省战略的总体部署,浙江加强非公有制经济组织人才队伍建设,将其作为人才工作的一项重要任务。2004年,浙江发布了《关于加强非公有制经济组织人才队伍建设的若干意见》,组织实施了非公有制企业人才工作推进工程和"5511"培训工程等,建立重点面向非公有制企业的人才公共服务体系。该意见明确提出"为非公有制经济组织人才创造良好的科研条件"。政府各类科研资助、基金和项目,都要向非公有制经济组织开放。鼓励有条件的非公有制经济组织建立研发机构、博士后科研工作站。引导国有大型企业、国家和省重点实验室、高等院校到非公有制经济相对发达地区,建立一批公共实验室、行业技术中心、区域技术中心,为非公有制经济组织创造科技资源共享的条件。各级科协要采取多种形式,积极为非公有制经济组织提供科技服务,鼓励、帮助和指导有条件的非公有制经济组织建立科协或学会等组织,推动非公有制经济组织的科技进步。

为促进科技人才在自主创新中发挥更大作用,浙江一直致力于加快培育和发展各类高层次人才平台和载体。近年来,浙江在培养科技人才方面积极开拓创新,成立浙江西湖高等研究院和浙江工程师学院,加强高层次科技人才的培养。同时,浙江启动实施"百千万科技创新人才工程"。通过实施重大专项和重大项目,锻炼创新人才;通过建设高新园区、科技城、企业研究院等各类创新平台和引进大院名校共建创新载体,集聚创新人才。为响应国家科技创新与教育改革的要求,2015年6月"千人计划"专家联谊会与杭州市正式签署战略合作协议,明确提出双方将合作筹建一所新型的一流民办研究型大学——西湖大学。西湖大学将借鉴美国加州理工大学的规模和斯坦福大学的办学理念,培养国家未来发展需要的创新型复合型人才。2015年11月,浙江西湖高等研究院成立,作为西湖大学的建设依托主体。高研院下设四个研究所,分别是:生物学研究所、前沿技术研究所、理学研究所和基础医学研究所。施一公、陈十一、潘建伟、饶毅在浙江西湖高等研究院和四个研究所分别发挥主导作用。2017年9月2日,首届19名浙江西湖高等研究院—复旦大学"跨学科联合培养攻读博士学位研究生"项目录取学生正式入学。2018年4月,西湖大学正式获教育部批准设立,这标志着以西湖高等研究院为前身的西湖大学,进入了全面建设发展的新阶段。为推进国家、区域经济社会发展和产业转型升级,培养造就更多高层次工程科技人才,2016年,浙江工程师学院(浙江大学工程师学院)正式成立。浙江工程师学院定位为高水平专业型学院,主要开展研究生层次工程师培养和企业工程师培训。紧密依托浙江大学高水平的综合办学优势,坚持"政府主导、校企协同、复合交叉、国际合作",努力打造成为支撑我国和浙江产业转型升级的高级工程科技人才培养基地和工程领域的产学研创新平台。

2016年10月,浙江明确提出,要紧紧围绕人才资源集聚、人才作用发挥、人才平台提升、人才政策创新和人才创业服务,实施"五位一体"人才生态优化工程。放宽视野引人才,统筹国际国内两种人才资源,实施更开放的人才引进政策,登高望远、放开胸怀,落实好"千人计划"等重大人才工程,在全球坐标系内发现、延揽高端人才。紧紧围绕"4+6"国家战略举措以及浙江"五水共治""四换三名"、七大产业培育等转型升级组合拳,同步推进人才队伍建设,促使人才规模、质量和结构与创新发展相适应相协调。搭建舞台助人才,优化人才发展平台布局,形成高端平台"顶天立地"、众创空间"铺天盖地"的良好局面。更大力度引进大院名所,加大重点高校和重点学科建设力度。放大杭州国家自主创新示范区溢出效应,推动杭州未来科技城、青山湖科技城等平台高水平发展,进一步提升人才集聚度和辐射带动能力。创新政策活人才,以人才管理改革试验区建设为契机,深化人才发展体制机制改革,研究出台"浙江人才新政"。优化服务留人才,各级各部门切实加强人才创业创新要素供给和政策集成,拓宽投融资渠道,健全创业支持体系,努力为人才打造审批最快、服务最优、成本最低的创业创新软环境。

专栏3-4 构建全方位科技人才培养体系助力海康威视创新发展

2015年5月26日下午,习近平总书记考察位于杭州的中电海康控股公司海康威视(以下简称海康威视)。当得知海康威视技术团队平均年龄只有28岁，正着眼前沿开展未来技术研究时，习近平总书记十分高兴。他对围拢过来的科技人员说，"看到这么多年轻的面孔，我很欣慰"。

海康威视是以视频为核心的物联网解决方案提供商，为全球提供安防、可视化管理和大数据服务。2016年，在A&S《安全自动化》公布的"全球安防50强"榜单中，位列全球第1位。成立于2001年的海康威视，从28个人的创业团队发展成为全球员工达2万人的高科技企业；从注册资本500万元到2016年实现营业收入320亿元，比上年同期增长26.69%。海康威视董事长陈宗年向习近平总书记汇报了海康威视的发展情况，习近平总书记在企业持续快速发展及人才队伍建设方面给予了高度肯定。科技人才是海康威视发展最活跃的推动力，目前在海康威视2万余名全球员工中，专业技术人员超过1万人。

海康威视创立初期，浙江省提出"八八战略"，其中最重要的就是人才战略，聚焦如何发挥浙江优势、如何补齐短板这两个关键问题。在"八八战略"的指引下，海康威视注重在现有团队的基础上，进一步引进、培养、遴选、激励人才，建设符合自身特点的全方位人才培养体系（周国辉，2016）。

从人才的引进环节开始，海康威视注重每位人才能否与企业的未来产生化学反应，尤其看重两项基本素质：诚信与能力。诚信是作为海康威视员工所不能触碰的"红线"，不管是新人还是已经入职的员工，一旦发现有弄虚作假行为，不管能力如何，都将不再考虑任用。

针对引进人才，海康威视已经构建起完整的人才培养体系。"新人成长营""孔雀翎——翎眼、翎心、翎羽计划""鹰系列——飞鹰计划、鹞鹰计划"、核心人才培养机制等，构成了公司全方位立体化的培训模式。海康威视一贯注重员工的培训和职业规划工作，将培训工作作为公司长期战略的重要组成部分。通过综合平衡长期战略目标、年度发展计划、岗位职责和绩效改进的需要，以及员工自身能力差距和职业发展的需求，使员工的学习和发展既能促进海康威视整体目标的实现，又能满足员工个人能力和职业发展的需求，实现公司和个人的双赢。2014年，公司在培训上投入600多万元，培训总时长9

万多小时。

在人才评定与遴选方面，海康威视成立人才评鉴中心，定位为对公司核心人才的能力和潜力的评定、鉴赏，其中核心人才主要指的是中层干部。从评鉴中心成立起，所有可能被提拔为中层干部的员工，在任职之前都必须先过这一关。

在激励和留住人才方面，海康威视副总裁郑一波表示，使命留人是最高的留人，关键是让员工实现从干工作到干事业的转变。海康威视多年来从不肯安于现状，不断扩张新业务，企业上下有一个共同的梦想，就是在世界高科技领域打出一张中国品牌的名片。

除了卓越的发展理念以及提供贴近市场、有竞争力的薪酬之外，海康威视在2016年度第三次向高级管理人员、中层管理人员、基层管理人员、核心技术和骨干员工实施限制性股票计划。

依靠创新驱动和人才支持带动发展，海康威视已进行了几年的改革探索，正在迸发出前所未有的活力（任腾飞，2017）。一方面是吸引和留住大量研发人才，另一方面是每年研发投入占年收入7%左右，海康威视通过双管齐下，努力实现持续改革和持续创新。在持续改革方面，海康威视实施创新业务跟投计划，激发企业活力。海康威视的核心员工创新业务跟投计划已实施运行一年多，萤石网络、机器人、汽车电子、热成像四项创新业务实施了跟投计划，发展态势良好，激励效果初显，三项创新业务已实现盈利。核心员工创业精神和创新动力得以有效激发，为公司可持续发展打开了新的战略空间。

在持续创新方面，海康威视深耕视频智能化，为企业提供新动力。以视频智能化为核心，深耕人工智能领域，加速推出具有完全自主知识产权和较强核心竞争力的创新业务。一是推出了"阡陌"系列机器人产品，包括分拣机器人、泊车机器人、仓储机器人等；二是推出了系列工业用无人机和反无人机产品；三是推出了刀锋系列服务器；四是推出了深眸系列摄像机。

陈宗年指出，按照中国电科整体战略部署，"十三五"期间海康威视在三个方面力争实现新的突破，加快构建高端人才团队是一个重要方面。海康威视将两个研究院加快建设成为世界一流研究院，借鉴MRAM海外高端创新型团队组建模式，加快人才团队构建。

第三节 浙江推进自主创新发展的启示

一 立足实际，创造性地贯彻中央科技战略思想

科技创新是加速第一生产力发展、推动经济社会发展的强大动力。进入21世纪以来，浙江省委、省政府继承马克思主义及毛泽东、邓小平等老一辈领导人的科技思想，创造性地贯彻执行"三个代表"和"科学发展观"等中央重大战略思想，突出整体战略与创新思维，立足浙江发展实际，创造性地破解发展中的突出矛盾和问题，总结提出实施"八八战略"，从发展战略和目标上确立了科技优先发展的地位。

1988年，邓小平同志提出"科学技术是第一生产力"，这一论述精辟地阐明了科学技术是经济发展的首要推动力，继承并发展了马克思主义的生产力学说，由此构建起指引新时期中国科技发展的战略思想。1995年，江泽民同志在全国科学技术大会上首次正式提出实施"科教兴国"战略，全面落实"科学技术是第一生产力"的思想，支持教育为本，把科技和教育摆在经济、社会发展的重要位置，增强国家的科技实力及向现实生产力转化的能力。在党的十五大上，江泽民同志再次提出把"科教兴国"战略和"可持续发展"战略作为跨世纪的国家发展战略。他指出："科学技术是第一生产力，而且是先进生产力的集中体现和主要标志。"

进入21世纪，随着科学技术的迅猛发展与不断突破，科技对人类的生产生活方式和经济社会发展格局所产生的影响不断加深，联系更加紧密，作用日益彰显。同时，随着改革开放的深入和社会主义市场经济的发展，我国的社会生活发生了广泛而深刻的变化，社会经济成分、组织形式、利益分配和就业方式的多样化在进一步发展。2000年，江泽民同志从全面总结党的历史经验和如何适应新形势新任务的要求出发，首次提出"三个代表"重要思想，强调"我们党要始终代表中国先进生产力的发展要求，代表中国先进文化的前进方向，代表中国最广大人民的根本利益"。我们党要始终代表中国先进生产力的发展要求，就是党的理论、路线、纲领、方针、政策和各项工作，必须努力符合生产力发展的规律，体现不断推动社会生产力的解放和发展的要求，尤其要体现推动先进生产力发展的要求，通过发展生产力不断提高人民群众的生活水平。科学技术是先进生产力的集中体现和主要标志，要重视科学技术的发展。2003年，在党的十七大会议上，胡锦涛同志提出"科学发展观"重要思想，"必须坚持把发展作为党执政兴国的第一要义。要牢牢抓住经济建设这个中心，坚持聚精会神搞建设、一心一意谋发展，不断解放和发展社会生产力。要着力把握发展规律、创新发展理念、转变发展方式、破解发展难题，提高发展质量和效益，实现又好又快发展"。

习近平同志到浙江工作后，坚持调研开局、调研开路，在深入总结多年来浙江经济社会发展经验的基础上，在浙江省委十一届四次全会上，提出了"八八战略"。"八八战略"是按照"发展要有新思路，改革要有新突破，开放要有新局面，各项工作要有新举措"的要求，立足于浙江过去的基础，立足于发挥既有优势和发掘潜在优势而做出的重大战略决策。

"八八战略"较早地从战略上确立了科技优先发展的地位。"八八战略"的第一条是，进一步发挥浙江的体制机制优势，大力推动以公有制为主体的多种所有制经济共同发展，不断完善社会主义市场经济体制。推动民营经济不断上规模、上水平；创造各种条件，放手让一切劳动、知识、技术、管理和资本的活力竞相迸发，让一切创造社会财富的源泉充分涌流。"八八战略"的第三条是，进一步发挥浙江的块状特色产业优势，加快先进制造业基地建设，走新型工业化道路。坚持以信息化带动工业化，推进"数字浙江"建设，用高新技术和先进适用技术改造提升传统优势产业，大力发展高新技术产业，适度发展沿海临港重化工业，努力培育发展装备制造业，全面提升浙江产业发展的层次和水平。"八八战略"的第八条是，进一步发挥浙江的人文优势，积极推进科教兴省、人才强省，加快建设文化大省。

"八八战略"将建设创新型省份和科技强省作为重要内容。"八八战略"自提出后，浙江省委坚持一张蓝图绘到底，一任接着一任干。浙江省委、省政府四次召开自主创新大会对建设创新型省份和科技强省做出部署，不断深入实施"八八战略"。第一次，2006年3月，浙江召开全省自主创新大会。时任浙江省委书记习近平同志在会上强调，坚持科技与经济社会发展紧密结合，市场导向与政府扶持紧密结合，原始创新、集成创新与引进消化吸收再创新紧密结合，发展高新技术产业与改造提升传统产业紧密结合，科技创新与体制创新紧密结合，充分发挥企业的自主创新主体作用，集聚创新要素，激活创新资源，转化创新成果，加快建设创新型省份和科技强省，为浙江省全面建设小康社会、提前基本实现现代化提供强大的科技支持。第二次，2012年5月，召开全省推进国家技术创新工程试点省建设工作电视电话会议。时任浙江省委书记赵洪祝同志强调，扎实地做好下一阶段国家技术创新工程试点省建设工作。加大对科技创新的支持力度，努力营造有利于科技创新发展的良好环境。第三次，2013年6月，浙江省委召开十三届三次全会，专题研究创新问题。会议明确提出了浙江实施创新驱动发展战略的总体要求、目标任务和工作举措，是浙江推进创新型省份建设的指导性文件。第四次，2016年8月，浙江省委召开全省科技创新大会，提出要充分认识科技创新的重大战略意义，紧密结合浙江实际，把科技创新摆在发展的核心位置。

浙江省委、省政府创造性地贯彻执行中央科技战略思想，提出"八八战略"，并以此为发展总纲，坚持继承与创新的统一及中央精神与浙江实际的结合，为推进浙江自主创新发展，促进经济社会新发展，先后做出了一系列重大战略决策部署，进行了有益的探索实践。通过贯彻实施这一系列的决策举措，有力推动了浙江自主创新能力的大幅提升和科技事业的快速发展，促进了全省经济社会的平稳快速发展，使浙江在经济、科技等多方面走在了全国前列。

二 发挥优势，探索浙江特色自主创新之路

经过改革开放40年的发展，浙江产业发展已经积累了较为雄厚的物质基础，以体制机制优势，创造了块状经济和民营经济等多方面的优势，为浙江推进自主创新的发展提供了良好条件。跨入新世纪，浙江省进入加快工业化、城市化、信息化、市场化和国际化进程，全面建设小康社会、加快推进社会主义现代化的崭新发展阶段。面对日

趋激烈的国际竞争和前进中的艰难险阻，浙江省委、省政府具有战略思维和世界眼光，跳出浙江看浙江，进一步认识和把握自身的优势，强化现有优势，发掘潜在优势，先后做出了一系列战略决策部署，不断探索浙江特色自主创新之路。浙江省委、省政府所做出的自主创新的决策和部署，既力求体现工作的继承性和连续性，又力求体现工作的开拓性和创造性。

浙江进一步发挥块状特色产业优势，通过推进自主创新，将块状经济发展与先进制造业基地建设相结合。随着我国经济步入新常态，浙江努力挖掘块状经济的文化内涵，通过提升自主创新能力，积极推进块状经济部分地向创新型特色小镇转型，注入高端元素，引入高端人才、项目和创新资源，形成可持续发展的产业链、创新链。在浙江省委十一届四次全会上，时任浙江省委书记习近平同志围绕加快全面建设小康社会、提前基本实现社会主义现代化的目标，紧密联系浙江的优势和特点，提出进一步发挥浙江的块状特色产业优势，加快先进制造业基地建设，着力提升县域经济的整体实力。创新性地将块状经济发展与先进制造业基地建设、县域经济提升相结合。

2003年4月10日，习近平同志在桐庐调研时指出，当前和今后一个时期，加快发展块状经济，着力提升县域经济的整体实力，必须在"做大做强、强化特色、拓展空间、城乡联动"上下功夫。做大做强，就是要从当地实际出发，采取切实有效的对策和措施，大力培育优势产业、优势企业和优势产品。要把特色产业做大做强，要抓园区，搭建加快发展的平台，着力扶持重点产业、龙头企业和"专精新特"产品，切实加大技改投入力度，重视品牌建设，努力形成一定的规模，唯其如此，才能在风云变幻的市场中站稳脚跟。强化特色，就是要充分发挥各自的优势，努力形成自身的特点，努力做到人无我有，人有我优，始终先人一步，高人一等，把握先机。为此，就必须抓创新，这是发展的不竭动力和源泉。要注重观念创新，思想上不断有新的认识，达到新的高度；要注重科技创新，不断提高产品的档次和科技含量，构筑新的比较优势和竞争优势；要注重体制创新，始终坚持"两个毫不动摇"，推进各种所有制经济共同发展，为发展块状经济创造条件、提供保障；要注重文化创新，把文化渗透到经济活动的各个方面，努力挖掘块状经济的文化内涵，形成鲜明的文化特色，充分发挥文化力的积极作用。

随着我国经济发展进入新常态，浙江省委、省政府不断探索块状经济的创新发展之路，以期走出层次低、品牌小、结构散的困局，提升自主创新能力。西方各类小镇的成功经验进入了浙江高层的视线，多番考察之下将特色小镇建设作为浙江转型升级最契合的模板。"特色小镇"发展经验，一方面改变了传统块状经济的产业低端集聚格局，使当地特色产业实现产业链和价值链的双升级；另一方面也营造了区域内友好的人居和文化环境。浙江的特色小镇战略是基于个性化、主题化、特色化的理念，在孵化推进"双创"的新摇篮、助推产业转型升级的新平台、打造特色产业生态的新举措、引进集聚高级要素的新高地、探索新型城市化的新路径等方面，开创性地走出了一条促进创新、推动发展的道路。

浙江部署建设特色小镇展示了创新的智慧，开启了创新的增量，是自主创新的生动实践，亦是发展理念的创新。特色小镇为浙江块状经济提升开辟了全新路径，彰显出浙江人敢为人先、敢于创新的精神。更重要的是，特色小镇虽为克服转型障碍、发展瓶颈而建，却没有脱离浙江发展历程和实际。很多特色小镇有着深深的浙江文化传统和工业传统印记，这种契合实际、立足现实的创新，就是一种智慧。相对于去产能是去旧动能的"存量"，发展特色小镇则是添新动能的"增量"。云计算、物联网、新能源汽车等近年来在国内乃至国际上发展得风生水起的新经济新业态，恰是特色小镇发展产业的着力点。特色小镇已经为浙江的自主创新在很多领域构筑了先发优势。特色小镇的建设发展是浙江自主创新的生动实践。它促进了创新要素大量集聚，促进了产学研用协同创新，促进了科技金融紧密结合，促进了创新创业蓬勃发展。特色小镇从规划定位上说，就是集聚高端创新要素、促进大众创业创新的开放共享的巨型众创空间，营造了"大众创业、万众创新"的浓厚氛围，厚植了"鼓励创新、宽容失败"的创新文化。浙江的特色小镇正在引领着发展潮流，其引领经济新常态下的创新探索，具有全国性的意义。

浙江块状经济的发展与转型，离不开体制机制优势的发挥。2003

年7月，时任浙江省委书记习近平同志在浙江省委十一届四次全会上指出，浙江体制机制优势的突出表现是民营先发和市场先发。2004年2月，习近平同志在全省民营经济工作会议上回顾和分析了浙江民营经济发展历程，敏锐地指出浙江民营经济发展正处在一个增长转型的关键时期，孕育着企业制度、产业发展、经营模式和增长方式等方面的重大转变，面临着实现新飞跃的历史机遇和历史性任务。必须通过坚持创新、扩大开放、优化结构、加快增长方式转变，来推动民营经济发展再上新台阶。

浙江是民营经济大省，充分发挥广大民营企业的体制机制优势和创新创业精神，是激活创新主体、推动企业技术进步和创新的重要途径。习近平同志提出，实现民营经济新飞跃，要着力推进"五个转变"，实现"五个提高"，科技创新是民营经济的重要转变方向。科技创新的关键是加快建设以企业为主体，引进消化吸收与自主创新相结合的创新体系和机制。要积极引导民营企业以共建技术中心、联合技术攻关、联合实施高新技术产业化项目为载体，加强产学研结合。鼓励民营企业加大科技投入，大力引进优秀人才、先进技术和装备，加快有自主知识产权产品、技术的开发，不断提升民营经济的技术层次。加快构建公共的民营企业创新平台，建设具有区域特色的民营企业技术创新数据库和公共检测、测试、试验系统，完善民营经济加快发展的技术创新服务体系。浙江省委、省政府一贯高度重视民营企业技术创新工作，积极为民营企业科技创新创造条件，民营企业作为技术创新主体的地位日益显现。

三 补齐短板，集成各方力量促进创新

进入新世纪新阶段，随着浙江经济的不断发展和规模的日益扩大，科技创新的先天不足引起了浙江省委、省政府的极大重视。针对大院名校和创新人才较为缺乏、传统产业占比较大而高新技术产业占比较小等科技创新短板，浙江历届省委、省政府坚持一张蓝图绘到底，扬长的同时尤为注重补短，开放集成各方力量推动科技创新呈现新局面，努力把原有的劣势转化为新的优势，为浙江经济社会发展不断注入新的动力与活力。

新世纪浙江的发展进入一个关键时期，面对产业升级的动力、企业发展的张力、要素制约的压力等新形势，浙江省委、省政府审时度势，始终坚持以开放的思路、市场的办法集聚和配置科技资源。坚持"引进来""走出去"相结合，注重引进国内外大院名校、先进技术和优秀人才，加强科技交流与合作，兼容并包，为我所用。"引进来"引进的不仅仅是资金、项目，要更加注重浙江省急缺的技术、装备、人才和先进管理经验等的引进，借助外来资源弥补浙江省科技创新基础和能力的不足。习近平同志在浙江工作期间，敏锐地认识到，缺乏大院名校是浙江科技创新的突出薄弱环节。他指出，由于历史原因浙江省缺乏大院大所，除浙江大学外的教学研究型大学较少，因此造成了科技人才缺乏、科研力量不足、自主创新能力不强、科技进步基础条件薄弱的境况。正是基于此，他在浙江工作期间，提出并主抓了引进大院名校共建创新载体战略，多次对深入实施引进大院名校战略提出具体要求，并身体力行地促成了清华长三角研究院在浙江的顺利落户。到2007年习近平同志离任浙江时，全省已累计引进、共建各类创新载体530家，引导企业和市、县政府计划投资61.29亿元，在研科研项目经费18.98亿元。

随着经济全球化进程的加快和信息技术的广泛应用，面对浙江中小企业自主创新能力明显不足的问题，浙江率先在全国积极探索建设和发展网上技术市场，这对浙江优化配置科技资源、促进科技创新、推进技术转移和成果转化发挥了重要作用。由于历史的原因，浙江的科技资源相对不足，高校、科研院所数量少，规模小；此外，浙江的大型科学仪器、实验装备等基础条件也相对薄弱，难以满足企业技术创新的需求。但与此同时，浙江企业普遍具有强烈的开拓创新意识，以"四千精神"走访国内高校、科研院所，参加各种技术交易会，努力寻求产学研合作的有效途径。针对上述情况，在网上技术市场建设之初，浙江就提出了"浙江的科技经费全国用，全国的智力资源浙江用"的创新思路。网上技术市场运行十余年来的实践证明，这个思路充分体现了锐意改革、开拓开放的浙江精神，开创了国内省级财政科技经费使用突破地域限制的先河，为集聚国内外创新资源，激活各类创新要素，服务浙江企业创新活动起到极大的推动作用。"综合集成、上下联动、共建共享",是建设浙江网上技术市场的指导方针,也是区别于国内其他网上技术市场主要特征之一。这个指导方针充分体现了科技部门的引领作用,形成了由各级科技部门牵头,同级政府部门共同参与建设,快速广泛集聚创新资源的局面。发展和培育技术市场不仅是促进科技成果转移转化的有效手段,更是促进科技与经济深度融合的重要举措。

随着经济全球化趋势深入发展、国际产业重组和生产要素转移加快,浙江省委、省政府提出,加大对内对外开放力度,充分利用国内外优质创新资源,大力发展高新技术产业。随着浙江部分比较优势逐步弱化、要素资源制约日益加重、企业自身扩张需求不断增强,进一步扩大对外开放、加快拓展的要求更加紧迫。浙江在融入全球化经济的契机下,以建立国内外的开放型科技创新体系为依托,以产业结构深化调整为主线,以发展先进制造业等新型工业化为龙头,引领浙江科技与产业创新步入新阶段。从外部环境来看,开放创新是大势所趋,是浙江利用国际形势抢抓发展机遇的必由之路。从内部情况来看,开放创新是破解浙江发展瓶颈、提高企业和产业竞争力、推动经济转型升级的必要手段。在2003年2月加快先进制造业基地建设调研时,时任浙江省委书记习近平同志强调,要根据产业升级的规律和国际市场的变化,按照有所为有所不为的原则,大力发展高新技术产业和高附加值加工制造业,努力在一些新的产业领域形成竞争优势。

十余年来,浙江省在推进高新园区和科技城的建设过程中,不断地培育和引进各类创新人才,集聚创新资源,高新技术产业的发展呈现出新局面,自主创新能力不断提升。在2006年3月的浙江自主创新大会上,习近平同志提出加快创新型省份建设,强调坚持有所为有所不为,努力实现重点突破和跨越发展,同时进一步提出要充分利用全球优质创新资源。会上,习近平同志明确了大力加强对外科技交流与合作,在全国乃至全球范围配置创新资源的要求。他多次指示浙江要加大从海外引进高层次、高素质创新型人才的力度,重点培养和引进精通国际规则的国际化人才。充分利用国际国内两个市场、两种资源,发展浙江成为国际化的区域性科技中心,努力打造更多具有国际竞争力的企业和品牌,不断提高浙江经济的国际竞争力。近年来,浙江先后推动了青山湖科技城和未来科技城的建设，作为吸引和培养国内外高端人才的重大平台。2016年，浙江启动建设杭州城西科创大走廊，打造接轨国际的自主创新战略高地，未来五年这里将成为浙江自主创新发展的战略支点。

第四章　创新全球化

浙江的创新历程与开放历程是交织在一起的，走出了一条创新与开放互动、螺旋上升之路，这条路包括对外贸易快速发展中的技术引进阶段、二次创新谋取全球分工中的优势阶段、创新升级与全球分工中的优势嬗变阶段以及创新驱动全球分工中的位势跃升阶段。在这些过程中，浙江充分利用全球市场和全球资源、推动从二次创新到一次创新的超越追赶与全面对接"一带一路"，实现在开放中升级自主创新、通过二次创新发挥后发优势与转换动能提升国际竞争力。

第一节　浙江创新全球化的基本历程

一　浙江对外贸易快速发展中的技术引进

1978—1991年这一时期，在党的十一届三中全会精神的指引下，浙江以补偿性消费需求为导向，通过大力发展传统轻纺工业，实现了工业的全面复兴，并根据改革进程和市场环境的变化，及时调整单纯依靠传统轻纺工业增长的倾斜战略，将工业发展立足于省内省外两种资源、两个市场的循环，加快技术引进，形成以市场为导向的加工型产业结构，1988年进一步扩展为"国际大循环"的外向型发展战略，对外贸易快速发展。

这一时期，浙江外贸进出口总额由1986年的12.93亿美元快速增长到1991年的38.51亿美元（如图4-1所示），其中外贸出口总额由1986年的10.91亿美元快速增长到1991年的29.06亿美元（如图4-2所示）。

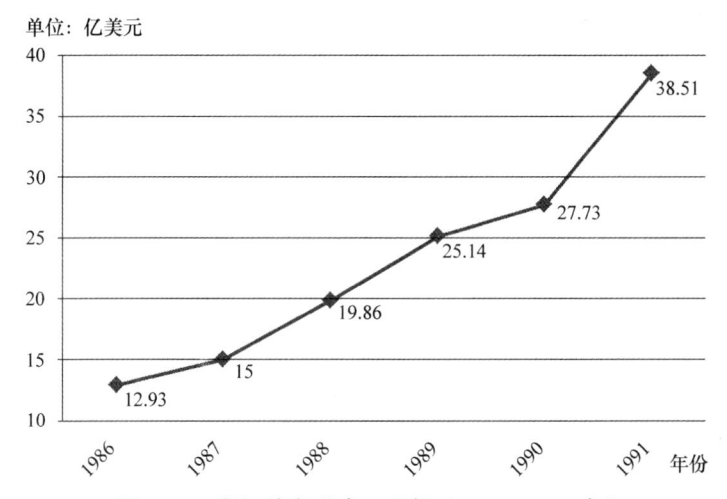

图 4-1　浙江外贸进出口总额（1986—1991 年）

资料来源：根据《浙江省统计年鉴》整理。

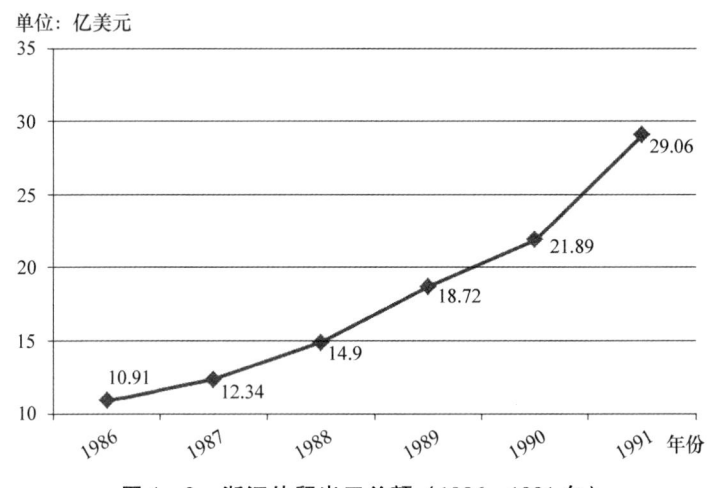

图 4-2　浙江外贸出口总额（1986—1991 年）

资料来源：根据《浙江省统计年鉴》整理。

得益于对外贸易的快速发展，浙江国内生产总值也实现了快速增长，从 1978 年的 123.72 亿元快速增加到 1991 年的 1089.33 亿元（如图 4-3 所示）；人均国内生产总值由 1978 年的 331 元快速增加到 1991 年的 2558 元（如图 4-4 所示）。工业总产值也由 1978 年的

46.97 亿元快速增加到 1991 年的 438.36 亿元。

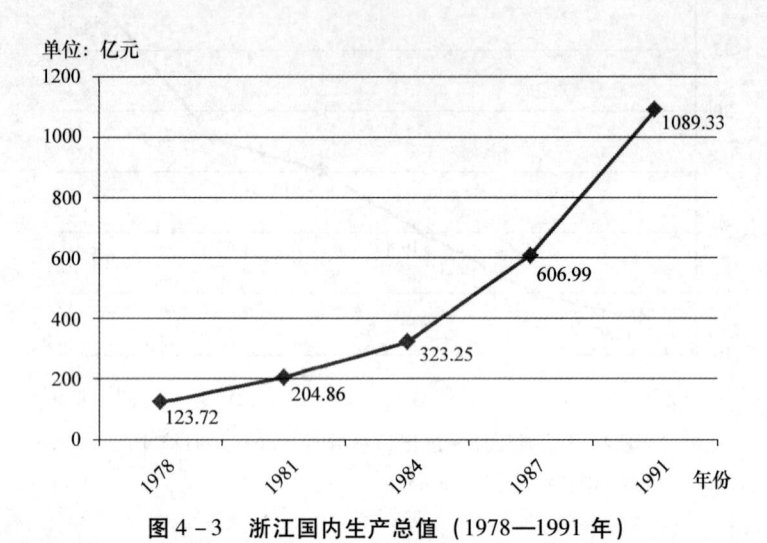

图 4-3 浙江国内生产总值（1978—1991 年）

资料来源：根据《浙江省统计年鉴》整理。

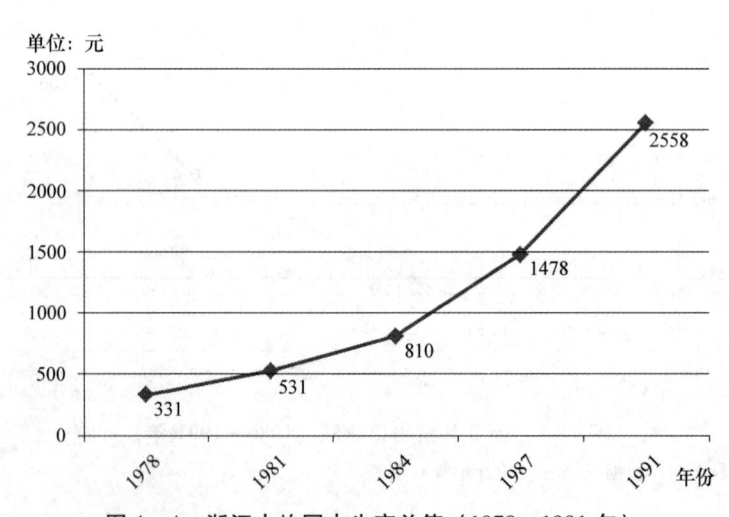

图 4-4 浙江人均国内生产总值（1978—1991 年）

资料来源：根据《浙江省统计年鉴》整理。

浙江对外贸易的顺利起步与快速发展也带动了技术引进，为浙江创新能力积累奠定了基础。这一时期，浙江省技术改造引进项目共计超千项，总成交额超5亿美元。1984—1988年的702项技术改造引进项目调查结果显示，到1988年年底投产的技术改造引进项目共计517项，实际形成新增年产值31.5亿元，新增年税利5.3亿元，新增年创汇1.36亿美元；平均每投入1美元，新增产值9.56元，新增利税1.61元，新增创汇0.41美元。

二 二次创新谋取全球分工中的浙江优势

1992—2001年，浙江广大企业在技术引进的基础上积极推进实施模仿创新、创造性模仿、改进性创新等二次创新战略，与此同时，形成、强化并应用市场机制优势、比较成本优势、块状经济（产业集群）优势、企业家优势等积极应对经济全球化和供求大变化等挑战，深入推进和实施改革开放战略，积极融入并参与全球经济分工，较快实现了由资源小省向经济大省的历史性跨越，较大程度上实现了由农业社会到工业社会的历史性转变。

表4-1　　　　　　浙江参与全球经济分工的优势

优势的类型	优势的含义
市场机制优势	改革开放以来浙江形成的占经济主导地位的民营经济，具有产权清晰、机制灵活、离市场最近等机制优势。早在其他地方限制甚至禁止兴办民营企业之时，浙江许多地方就已降低准入门槛，城乡居民均可申请创办企业。对于民间的经济创新活动，浙江各级党委、政府在特定历史条件下通过"先放开后引导、先搞活后规范、先发展后提高"，有效促进了市场主体成长和市场机制发育
比较成本优势	浙江在发展资源和市场"两头在外"的劳动密集型产业方面具有显著的比较优势和成本优势。例如在1995年，浙江的劳动相对价格和资本相对价格的比例是1:2.27，低于美国的1:0.47和我国台湾地区的1:1.08。加之，众多相关中小企业的产业集群所带来的整体规模经济和外部经济效应，使浙江众多产品质优价廉，紧跟市场需求，在全国和国际上具有一定的成本竞争优势
块状经济优势	浙江区域块状经济（产业集群）迅猛发展，形成了专业化竞争优势和特色优势。以嵊州领带、永康小五金、乐清低压电器、绍兴纺织、温州鞋革、温岭汽摩配、义乌小商品等为代表，截至2000年，浙江已有500多个产值超亿元的块状经济（产业集群）区域，广泛分布在全省工商业中的175个大小行业和经营性农副产品方面，涉及的生产厂家多达23.7万余家

续表

优势的类型	优势的含义
企业家优势	改革开放以来在市场中闯荡而成长起来的大批具有较强创新思维、创业精神、风险观念和经商能力的企业家队伍，不仅是浙江经济迅速发展的重要原因之一，也是浙江实施"走出去"战略的资源优势之一。浙江众多的企业为企业家的培育和成长提供了广阔的舞台，不仅涌现出鲁冠球、冯根生、宗庆后等全国知名大企业家，而且涌现出众多非常有发展潜力的新生力量

资料来源：根据朱淼和郑刚（2003），陈建军（2002），唐根年、徐维祥和罗民超（2003）整理而得。

这一时期，浙江全球化发展和外向型经济得到了显著提升。从总量上看，到1997年，浙江外贸出口总额超百亿美元，达到101.11亿美元，实现了历史性的突破。在此之后，浙江外贸出口规模进一步快速扩大。到2001年，浙江进出口贸易总额突破300亿美元，其中外贸出口总额突破200亿美元、达到229.77亿美元（如图4-5所示）。

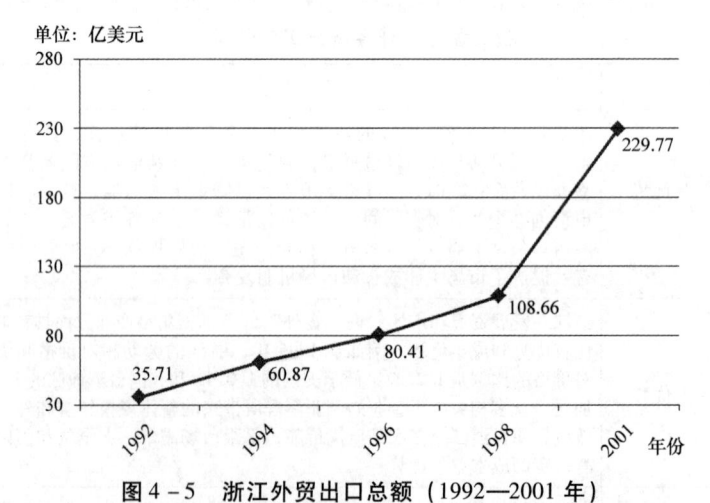

图4-5 浙江外贸出口总额（1992—2001年）

资料来源：根据《浙江省统计年鉴》整理。

从速度上看，2001年相较1986年，全省外贸出口总额增长了21倍。其中："八五"时期（1991—1995年），全省外贸出口总额年均增长28.59%；"九五"时期（1996—2000年），全省外贸出口总额年均增长20.35%。尽管受亚洲金融危机影响，1998年全省外贸出口总额增速下降到7.47%，但2000年又迅速回升到51.06%。

从结构上看，出口商品结构持续改善，机电产品和高技术产品出口比重持续上升。2001年，工业制成品出口比重上升到91.6%，而初级产品出口比重仅为8.4%。全年机电产品出口72.59亿美元，比上年增长21.7%，占出口总额的比重提高到31.6%。高新技术产品出口9.5亿美元，增长46.0%。纺织品及服装等传统产品的出口保持稳定增长。与此同时，出口市场多元化趋势明显，对非洲、拉丁美洲等新兴市场出口快速增长，对美国、欧盟、日本等主要出口市场平稳增长。

从贡献上看，随着浙江出口贸易迅速增长，特别是20世纪90年代中后期海外市场取代省外市场，外向型经济的发展成为浙江经济发展的一个增长点，对外贸易成为浙江经济最大的牵引机。浙江出口对经济增长的贡献率迅速上升，1993年，浙江净出口对国民经济的贡献度（净出口增量与GDP增量的比率）为0.39%，1995年，净出口贡献度升至11.53%，2000年达到44.65%，也就是说，浙江经济增长的近一半来自净出口的推动。图4-6、图4-7显示了1992—2001年浙江国民经济总量增长情况。可以看出，浙江国内生产总值、人均国内生产总值随外贸出口总额快速增长而增长。

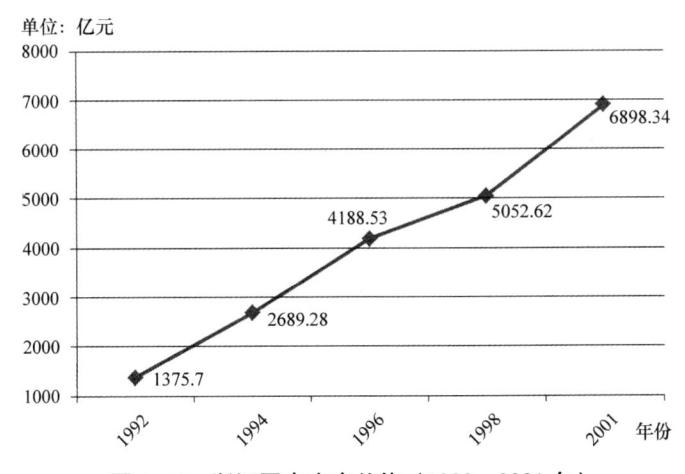

单位：亿元

年份	国内生产总值
1992	1375.7
1994	2689.28
1996	4188.53
1998	5052.62
2001	6898.34

图4-6 浙江国内生产总值（1992—2001年）

资料来源：根据《浙江省统计年鉴》整理。

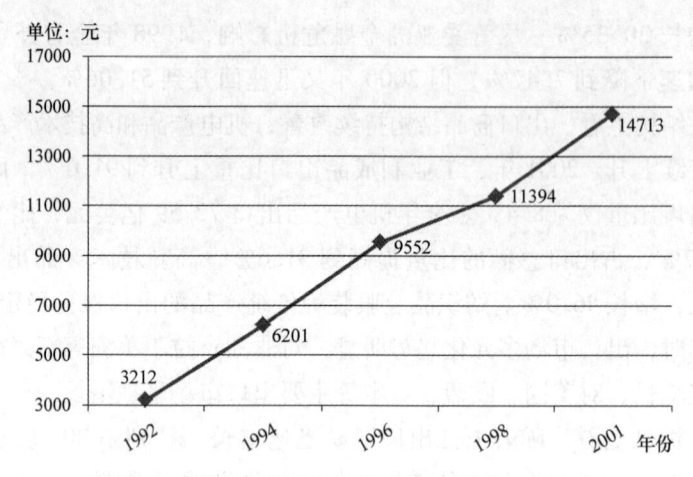

图4-7 浙江人均国内生产总值（1992—2001年）

资料来源：根据《浙江省统计年鉴》整理。

三 创新升级与全球分工中的浙江优势嬗变

进入21世纪以后，出口贸易继续充当着浙江经济持续、快速增长的重要引擎。然而，从2004年下半年开始，浙江主要工业经济指标在全国的位次明显后移，增长速度也在全国靠后。正如时任浙江省委书记习近平同志在2004年年底浙江省经济工作会议上指出："去年以来，我省经济在快速发展中，遇到了成长的烦恼。""烦恼"主要来自和体现于以下方面：

从发展优势来看，浙江所具有的比较成本优势随着新兴低成本国家和地区的兴起而逐渐削弱。而且，建立在比较成本优势基础之上的低价格、低质量商品具有竞争激烈、进口国敏感度高的特点，极易引发贸易摩擦。浙江已成为我国遭受反倾销的第一重灾区。诸如反倾销、贸易壁垒、暴力威胁，使得浙江企业难以招架。进一步地，浙江产业技术水平较低，自主创新能力不足，出口商品缺乏核心技术、自主知识产权和自主品牌，大多处于全球分工和价值链的低端，附加价值和利润普遍偏低。例如，在国际市场上占据绝对优势的浙江纺织服装业的出口自有品牌占有率不到10%。此外，体制创新的先发优势已经难以快速牵动越来越庞大的浙江经济列车。

从发展方式来看,浙江面临能源、土地等资源供给、生态保护、环境容量以及要素成本上升的约束,经济增长主要依靠物质资源消耗支撑的格局没有根本改变,粗放型的发展方式难以为继。例如,浙江已是中国缺电最严重的地区,全国电力缺口的一半在浙江;土地的制约进一步加大,可用耕地最多只能再支撑10年;环境污染十分严重,污染物排放总量居高不下,生态环境承载力已基本达到饱和。例如,据《浙江GDP增长过程中的代价分析》报告显示,2003年浙江省每生产1亿元GDP排放28.8万吨废水,生产1亿元工业增加值排放2.38亿标准立方米工业废气,产生0.45万吨工业固体废物。这几个指标分别比1990年增长了84.8%、300%和130%。

创新是重塑发展优势和破解资源环境约束的根本之策。一个国家或地区只有拥有强大的自主创新能力,才能在激烈的国际竞争中把握先机,赢得主动。特别是在关系国民经济命脉和国家安全的关键领域,真正的核心技术、关键技术必须依靠自主创新。改革开放之后浙江二十多年来的高速增长,主要是依靠劳动力、资本、资源等要素投入的不断增加实现的,总体上是一种投资驱动型的增长方式。这种粗放型的增长方式,已经遇到严峻的挑战,资源要素紧缺,环境压力加大,低成本竞争、数量型扩张的产业和企业发展越来越难以为继。例如,纺织业是浙江出口的拳头产品,但大部分是贴牌生产,80%的利润让别人拿走了。这样的例子并非鲜见,主要原因就是没有核心技术。这说明,缺乏具有自主知识产权的技术和产品已成为转变增长方式的主要制约因素,提高自主创新能力是迫在眉睫的任务。

2006年,时任浙江省委书记习近平同志睿智地提出浙江进入了由投资驱动向创新驱动转变的重要时期,加快提高自主创新能力,推进创新型省份和科技强省建设,显得尤为重要和紧迫。事实上,习近平同志在浙江工作期间多次强调提高自主创新能力、推进创新型省份建设。例如,2005年3月,习近平同志在杭州调研时,指出提高自主创新能力,推进科技进步和创新,既要靠自己,积极构建以企业为主体、"政、产、学、研、资"相结合的产业创新体系;又要靠引进,加快建立政府、教育、科研机构和企业间多层次的国际合作体系,在引进的同时不断消化吸收,紧跟国际先进技术进步和创新的步伐。2006年2月,习近平同志在宁波调研时,指出从浙江实际出发,发挥优势、突出重点，积极探索浙江特色的自主创新路子，扎实推进创新型省份建设，努力建设科技强省；积极探索浙江特色的自主创新路子，要以深化改革和开放集成为途径，继续抓好体制机制创新，大力加强对外科技交流与合作，不断增强自主创新的活力和动力。2006年，习近平同志就浙江加快创新型省份建设做出重要指示，强调以开放的思路、市场的办法集聚和配置创新要素，推动科技进步与创新，是浙江科技工作的一大特点和优势。要充分发挥市场在科技资源配置中的基础性作用，进一步解决好科技与经济"两张皮"的问题。要在全国乃至全球范围配置创新资源，为我所用。积极整合现有技术，推进集成创新，鼓励企业在引进国外先进技术的同时，切实抓好消化、吸收和再创新工作。

进入 21 世纪以后，特别是习近平同志在浙江工作期间，得益于探索具有浙江特色的自主创新模式，浙江外向型经济连上新的台阶。如图 4-8 所示，2002 年，全省外贸出口总额不足 300 亿美元；2004 年，全省外贸出口总额超过了 500 亿美元；2006 年，全省外贸出口总额更是超过了 1000 亿美元。

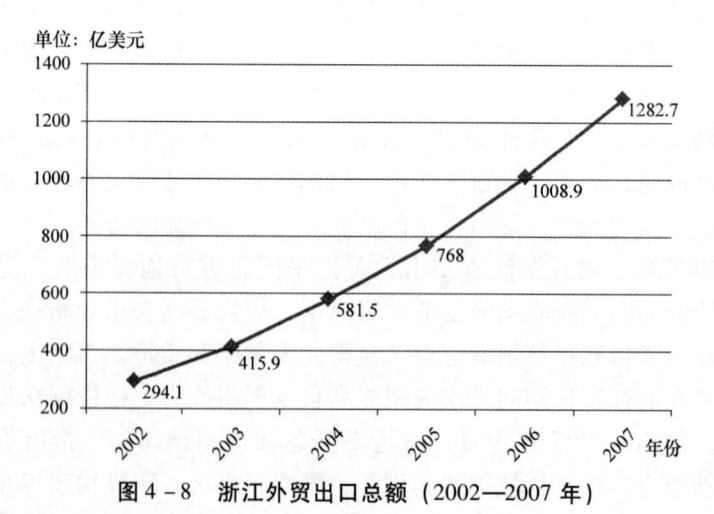

图 4-8 浙江外贸出口总额（2002—2007 年）

资料来源：根据《浙江省统计年鉴》整理。

这一时期，出口商品结构进一步优化，高新技术产品出口增势强劲。2001 年，全省机电产品出口 72.6 亿美元，占出口总额的比重为

31.6%。到了2007年，全省机电产品出口达到了555.8亿美元，占出口总额的比重达到了43.3%，如图4-9所示。2001年，全省高新技术产品出口9.5亿美元，占出口总额的比重为4.1%。到了2007年，全省高新技术产品出口达到了101.8亿美元，占出口总额的比重达到了7.9%，如图4-10所示。

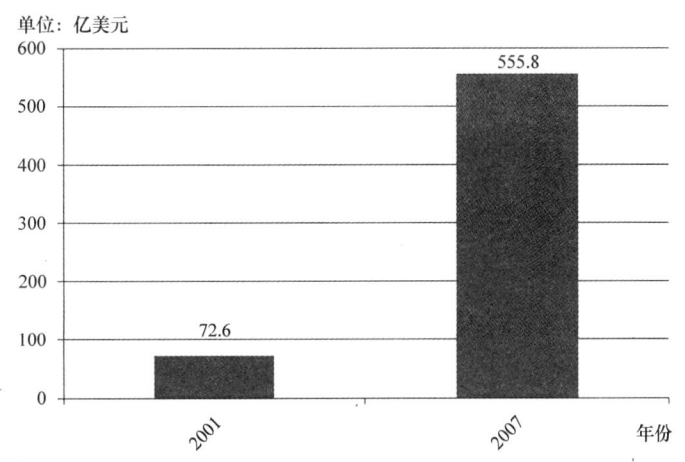

图4-9 浙江2007年与2001年机电产品出口总额对比

资料来源：根据《浙江省统计年鉴》整理。

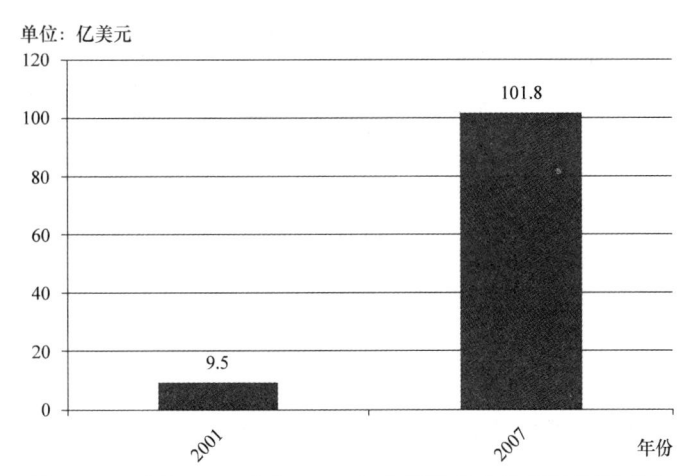

图4-10 浙江2007年与2001年高新技术产品出口总额对比

资料来源：根据《浙江省统计年鉴》整理。

142 创新发展：浙江的探索与实践

这一时期，全省经济社会也保持了良好的发展势头，呈现出增长速度较快、运行质量较好、结构继续优化、创新能力增强、统筹和谐发展水平提高、民生得到进一步改善的良好局面，在全面建设小康社会的道路上又迈出了坚实的一步。2002—2007 年，浙江国内生产总值、人均国内生产总值情况如图 4-11、图 4-12 图所示。2002 年，全省实现国内生产总值 8003.67 亿元，人均国内生产总值 16841 元。2005 年，全省实现国内生产总值 13417.68 亿元，人均国内生产总值首次超过 3000 美元，成为全国第一个人均国内生产总值超过 3000 美元的省份，跨进了中上收入水平地区的行列，标志着全面小康进程取得了重大突破。2007 年，全省实现国内生产总值 18753.73 亿元，人均国内生产总值 36676 元。

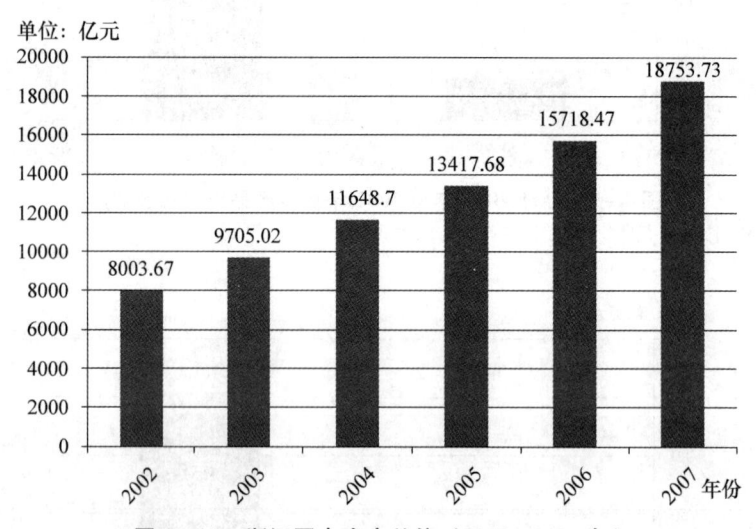

图 4-11 浙江国内生产总值（2002—2007 年）
资料来源：根据《浙江省统计年鉴》整理。

四 创新驱动全球分工中的浙江位势跃升

2008 年国际金融危机爆发以后，在国际经济不确定不稳定因素增多的大背景下，浙江深入实施"创业富民、创新强省"总战略，加快推进产业结构、增长模式、体制机制、开放格局、区域发展等方

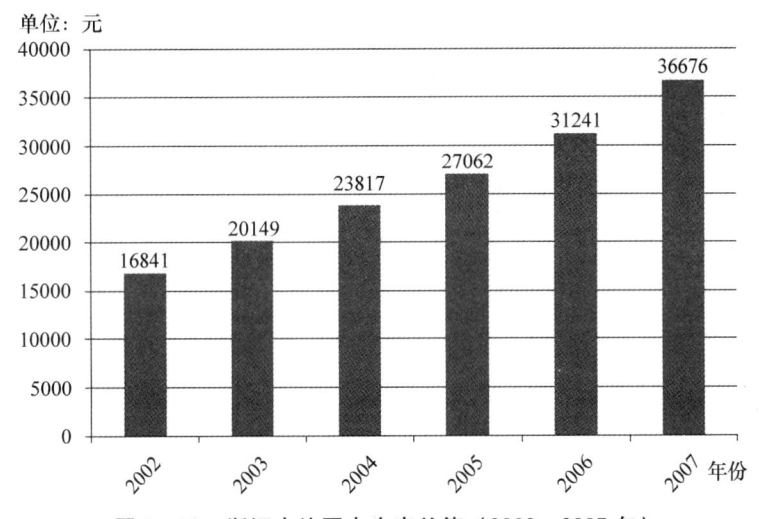

图4-12 浙江人均国内生产总值（2002—2007年）

资料来源：根据《浙江省统计年鉴》整理。

面的转型升级，推动经济"爬坡过坎"。"两创"总战略是科学发展观在浙江的生动具体实践，体现了浙江改革开放的基本经验，体现了"八八战略"的内核精华。它抓住了"科学发展观"在浙江实践的关键性环节，"科学发展观"实践的本质就在于创新，而创新的基本载体就在于产业，浙江发展最鲜明的特征就是创业创新。它凸显了人民群众在浙江发展中的主体地位，把富民强省目标和创业创新路径统一到一起，把奋斗目标与群众根本利益紧紧联系在一起。它是一个目标，是一个方向，是一个引领，对浙江发展起到很好的呼唤、指引、凝聚的作用。它是一种号角，是一种精神，是一种力量，为浙江人民奋力前行提供了坚实的基础。

在"两创"总战略的引领下，浙江的科学发展取得了重大成就：一是自主创新能力显著提高。以2010年为例，全省自主创新能力指数比2005年提高了61%，科技进步对经济增长的贡献率达53%，提高近5个百分点。全省通过着力营造创新环境，大力开展科技合作，精心组织科技攻关，走出了一条依靠科技再造新优势、实现科学发展的新路，全省科技综合实力和自主创新能力跃上一个新台阶。二是转变经济发展方式取得了显著进展。大力发展绿色经济、生态经济、低碳经济与循环经济，更加注重经济增长的质量和效益。重点支持和培育生物、新能源、高端装备制造、节能环保、新能源汽车、物联网、新材料、海洋以及核电关联产业九大新兴产业。原先层次低、结构散、创新弱、品牌少的传统产业正在转型升级之中，一大批科技含量高、规模大、品牌强的先进制造业正在浙江崛起。现代服务业和现代农业的发展更显生机勃勃。三是保持经济平稳较快发展（如图4-13、图4-14、图4-15所示）。2011年，浙江国内生产总值突破32000亿元，成为全国第四个突破3万亿元的省区市。全省进出口总额和出口总额分别突破3000亿美元和2000亿美元。2012年，全省国内生产总值突破34000亿元、人均国内生产总值突破1万美元，外贸出口总额突破2200亿美元。四是越来越多的浙江企业开始"走出去"（如图4-16、图4-17所示），以技术、品牌等战略资产寻求为主要目标，通过跨国并购、中外合资、自建研发中心、购买海外专利等多种方式，争取转型升级，攀登全球价值链。

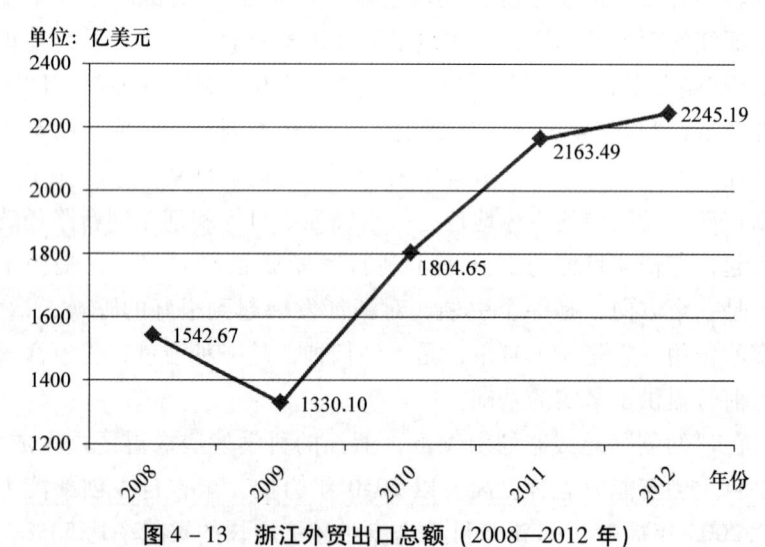

图4-13 浙江外贸出口总额（2008—2012年）

资料来源：根据《浙江省统计年鉴》整理。

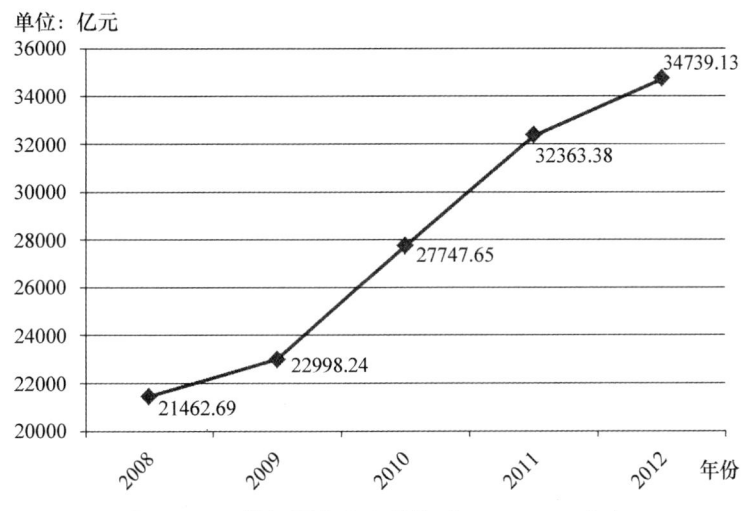

图 4-14　浙江国内生产总值（2008—2012 年）

资料来源：根据《浙江省统计年鉴》整理。

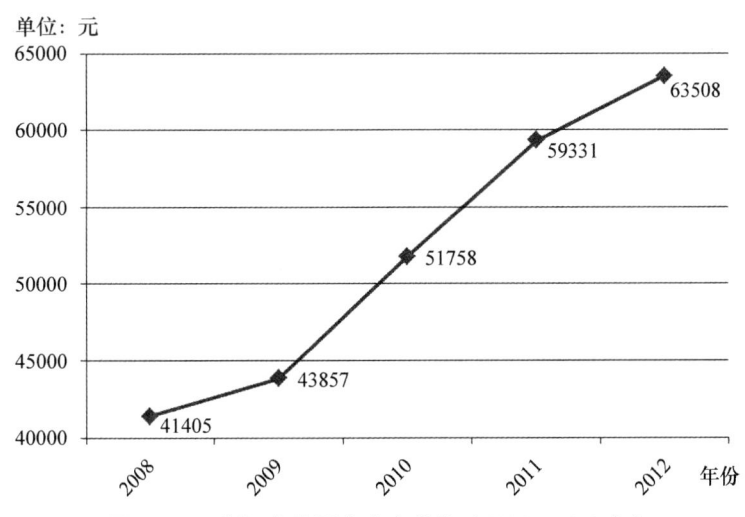

图 4-15　浙江人均国内生产总值（2008—2012 年）

资料来源：根据《浙江省统计年鉴》整理。

单位：亿美元

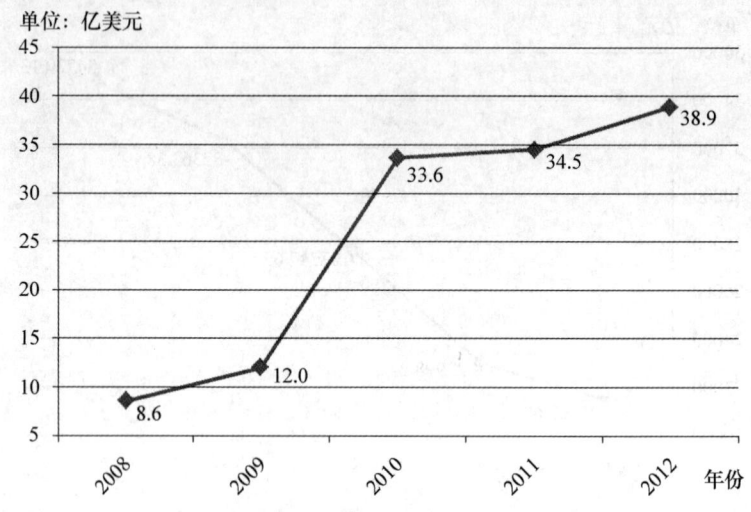

图 4-16 浙江对外直接投资总额（2008—2012 年）

资料来源：根据《2016 浙江全球化发展报告》整理。

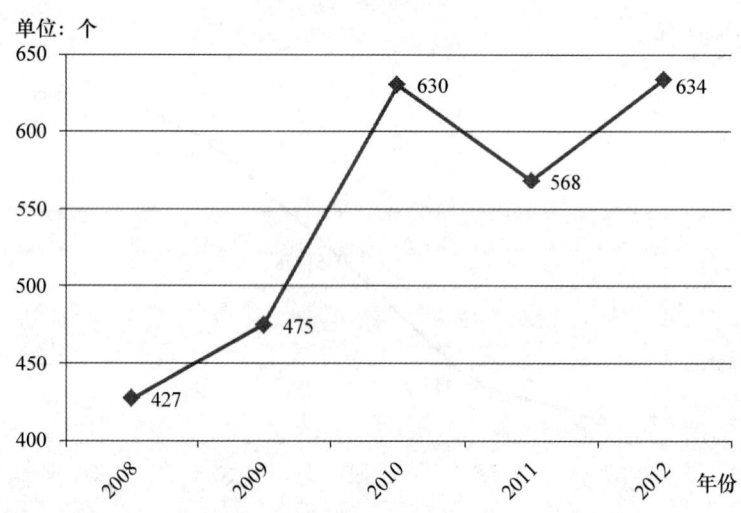

单位：个

图 4-17 浙江对外投资企业（机构）数（2008—2012 年）

资料来源：根据《2016 浙江全球化发展报告》整理。

2013 年 5 月 31 日，浙江省委十三届三次全会通过《中共浙江省委关于全面实施创新驱动发展战略加快建设创新型省份的决定》，把创新驱动发展摆在核心战略位置。全面实施创新驱动发展战略、加快建设创新型省份，是浙江立足全局、面向未来的重大战略抉择，是深入实施"八八战略"和"创业富民、创新强省"总战略的重要举措，是建设经济强省、文化强省、科教人才强省和平安浙江、法治浙江、生态浙江的有力支撑，是干好"一三五"、实现"四翻番"，建设物质富裕精神富有现代化浙江的重要保证。

全面实施创新驱动发展战略，要求紧紧抓住科技与经济紧密结合这一核心问题，更加注重创新实效评价导向，更加注重教育、科技、人才工作协调发展，更加注重发挥市场导向、企业主体、政府引导作用，更加注重大产业引领、大平台集聚、大企业带动、大项目支撑，切实把创新贯穿到实施"四大国家战略举措"和省委、省政府一系列重大决策部署之中，不断完善区域创新体系，大力发展创新型经济，为现代化浙江建设提供强大动力。

全面实施创新驱动发展战略，浙江坚持以优化产业结构为主攻方向，着力打造经济"升级版"；坚持以企业为主体，着力推进产学研协同创新；坚持以市场为导向，着力从需求端推动科技成果产业化；坚持以创新平台为载体，着力拓展转型升级和创新发展空间；坚持以人才为根本，着力加强创新团队和创新人才队伍建设；坚持以深化改革开放促创新，着力激发创新活力和提升创新效率；坚持以优化环境为保障，着力形成党委领导、政府引导、各方参与、社会协同的创新驱动发展格局。

全面实施创新驱动发展战略，浙江科技创新能力取得了长足进步。2015年，浙江区域创新能力居全国第5位，企业技术创新能力居第3位，知识产权综合实力居全国第2位，专利综合实力居全国第4位，科技进步贡献率达56%，全社会研发经费支出首次突破千亿元大关，R&D经费支出占GDP比重达2.3%，被列为全国首批创新型试点省份、全国农村信息化建设示范省、全国科研设备与仪器向社会开放试点省。

全面实施创新驱动发展战略，浙江在全球分工体系中的位势不断提升。从总量上来看，外贸大省的地位进一步巩固，全球市场的份额也有所攀升。浙江外贸出口逆势前行，稳中有进，从2013年的2487.46亿美元增长到2016年的2846.22亿美元，如图4-18所示。

出口主体不断壮大，民营企业贡献了全省3/4的出口量，形成"千军万马"拓市场的局面。出口产品结构优化调整步伐也稳步推进，机电产品出口、高新技术产品出口一直保持较好的增长态势。从方式上来看，浙江实现了从单个环节投资到价值链全球布局转型，正在向产业链、价值链中高端迈进。浙江对外投资积极适应经济全球化新形势（如图4-19、图4-20所示），支持企业"走出去"参与国际经济合作，开拓国际市场空间，通过跨国并购配置全球要素资源，加强内外联动发展，推动产业向价值链中高端跃升，着力提升在国际分工中的地位和价值。2016年，全省经备案、核准的境外企业和机构共计803家，境外直接投资备案额168.9亿美元。至2016年年底，浙江经审批核准或备案的境外企业和机构共计8654家，累计投资备案额610.3亿美元。一批浙江本土企业经过国际市场的洗礼，正成长为国际化经营的跨国公司。一批浙江本土民营跨国企业崛起。

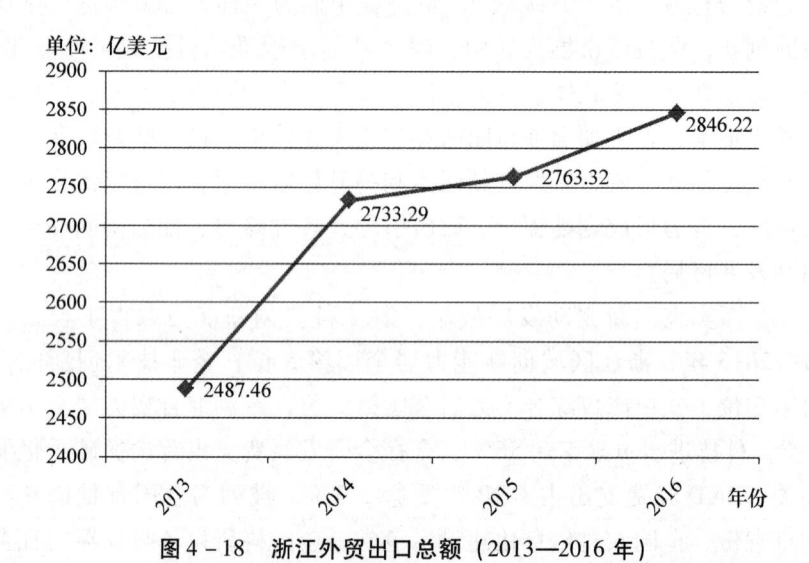

图4-18　浙江外贸出口总额（2013—2016年）

资料来源：根据《浙江省统计年鉴》整理。

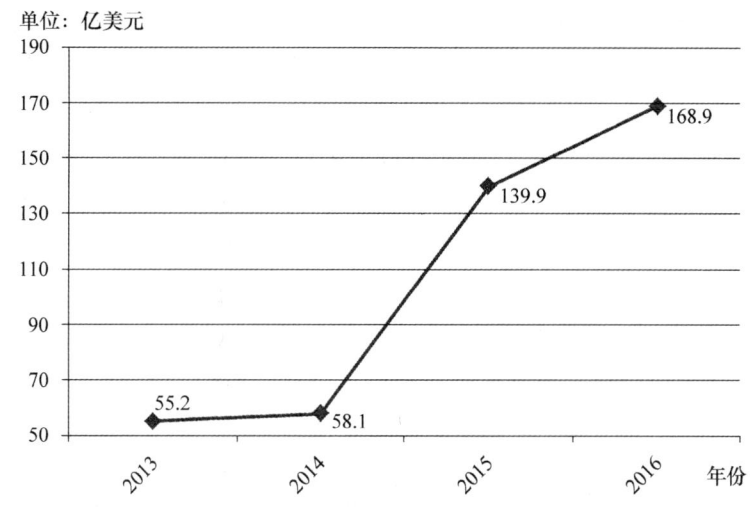

图 4-19　浙江对外直接投资总额（2013—2016 年）

资料来源：根据《2016 浙江全球化发展报告》整理。

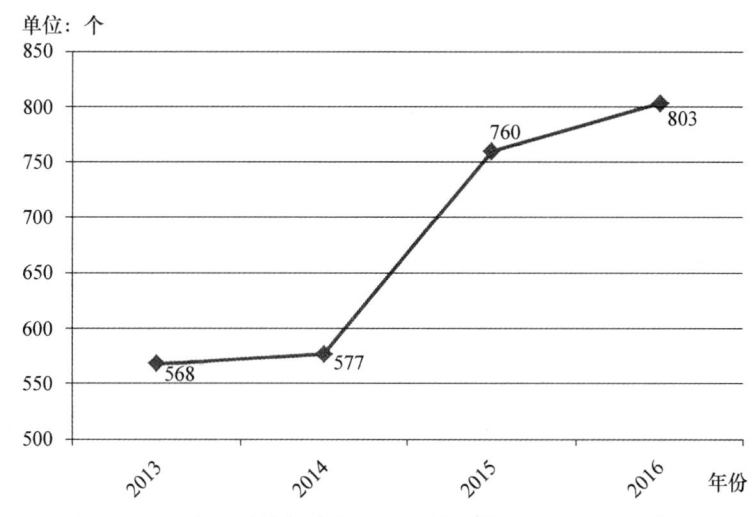

图 4-20　浙江对外投资企业（机构）数（2013—2016 年）

资料来源：根据《2016 浙江全球化发展报告》整理。

2016 年的 G20 杭州峰会，浙江以蓬勃向上的创新活力、造福人民的经济成就、独具韵味的深厚文化、美丽绝伦的城市风光，彰显了创新驱动发展在中国最生动的实践。正因为此，习近平总书记在峰会前后多个场合，不吝以满怀深情的言辞，多次赞叹浙江和杭州。这次峰会，让世界了解浙江有杭州、宁波、温州、义乌这些各具特色的城市，有阿里巴巴、海康威视这样的创新型企业，有优美的风光，有悠久的历史和文化底蕴，一下子拉近了浙江与世界的距离，提高了浙江、浙商、浙企的知名度，浙江已经成为中国的又一张名片，浙江的国际知名度、美誉度空前提升，浙江的国际化、全球化又迈出了一大步。习近平总书记在 G20 杭州峰会的重要讲话，围绕"构建创新、活力、联动、包容的世界经济"的主题，开出一剂标本兼治、综合施策的"中国药方"，为世界经济指明了方向，提供了行动方案。"一个行动胜过一沓纲领"，作为会议举办地的浙江，在中国经济进入新常态后继续走在前列，以创新、活力、联动、包容的行动与成效，诠释着习近平总书记讲话的理念与主张。G20 杭州峰会取得了丰硕成果，为构建创新、活力、联动、包容的世界经济描绘了愿景，也为浙江发展带来了巨大的机遇与动力。作为开放大省的浙江，正在抓住峰会机遇，进一步扩大开放，率先实践峰会理念，全面提高国际竞争力，打造出更好中国方案样板。

进入 2017 年，浙江立足优势提出对外开放的新战略：坚定不移沿着"八八战略"指引的路子走下去，牢固树立开放强省鲜明导向，把握机遇、发挥优势，以"一带一路"统领浙江新一轮对外开放，打造"一带一路"战略枢纽，勇当"一带一路"建设排头兵。坚持以"一带一路"统领浙江新一轮对外开放，把"一带一路"建设作为提升浙江开放型经济水平的主抓手、产业发展的大平台、创新驱动的助推器、重大改革突破的牵引机，带动浙江新一轮高水平发展。找准位置，发挥优势，全力打造"一带一路"战略枢纽。一要努力在构建海上大通道、陆上大通道、天上大通道、网上大通道上实现新突破，着力打造国际港航物流枢纽。二要继续做强一般贸易，优化发展加工贸易，大力发展新型贸易，不断巩固和扩大全球市场份额，力争在一些领域掌握制度性话语权，着力打造国际贸易枢纽。三要"走出去"办好境外经贸合作区，"引进来"建好国际产业合作园，积极谋划建设"一带一路"综合试验区，大力培育本土跨国公司，着力打造国际产能合作枢纽。四要突出培育具有全球竞争力的新金融组织、以民间财富管理为特色的新金融业态、具有强大资本集聚转化能力的新金融平台，着力打造国际新金融服务枢纽。五要扩大人文交流，用好会展平台，强化科教合作，着力打造国际人文科教交流枢纽。

全面实施创新驱动发展战略，浙江经济实现动能转换、适应新常态。科技创新引领转型升级系列组合拳，浙江不仅打好"五水共治""三改一拆""四边三化""一打三整治"等倒逼推动"排毒健体"的"外形拳"，而且打好创新驱动、浙商回归、"四换三名"、市场主体升级、小微企业三年成长计划、万亿产业培育、特色小镇建设等正向引导"固本强身"的"内形拳"。2016年，新产业、新业态、新模式"三新"经济的增加值对浙江国内生产总值增长的贡献超过四成。高新技术产业增加值占规模以上工业的40.1%，对规模以上工业增长的贡献率达68.5%。与此同时，浙江经济进入新的稳定增长阶段，如图4-21、图4-22所示。

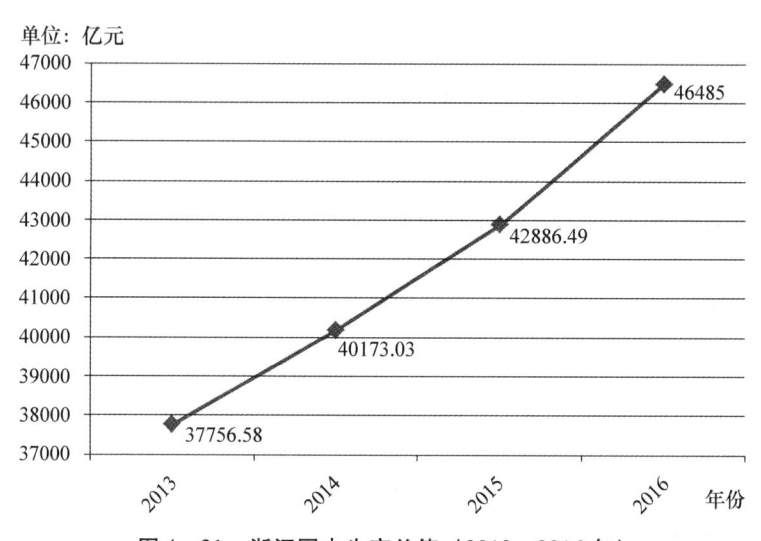

图4-21 浙江国内生产总值（2013—2016年）

资料来源：根据《浙江省统计年鉴》整理。

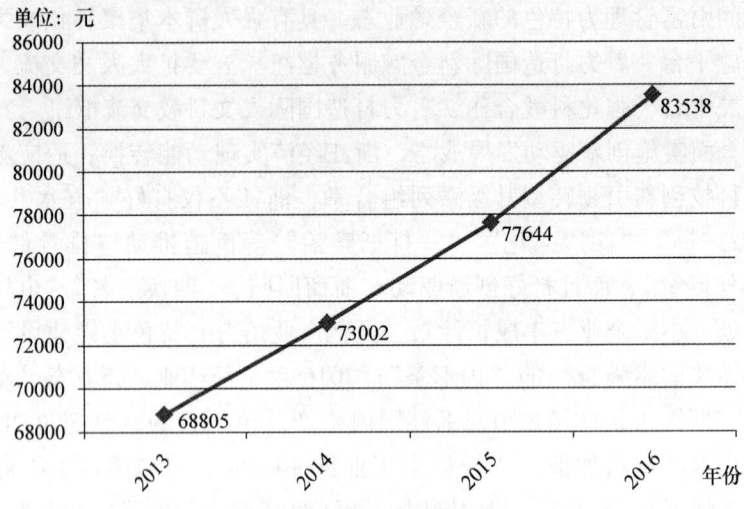

图 4-22　浙江人均国内生产总值（2013—2016 年）

资料来源：根据《浙江省统计年鉴》整理。

第二节　浙江创新全球化的关键举措

一　充分利用全球市场和全球资源

开放带来进步，封闭导致落后；创新带来活力，守旧导致腐朽。党的十八届五中全会提出创新、协调、绿色、开放、共享五大发展新理念。对正走在复兴之路上的中国来说，开放和创新都永远在路上，只有进行时，没有完成时。习近平同志指出："我们强调自主创新，绝不是要关起门来搞创新。在经济全球化深入发展的大背景下，创新资源在世界范围内加快流动，各国经济科技联系更加紧密，任何一个国家都不可能孤立依靠自己力量解决所有创新难题。要深化国际交流合作，充分利用全球创新资源，在更高起点上推进自主创新，并同国际科技界携手努力，为应对全球共同挑战做出应有贡献。"

改革开放特别是进入 21 世纪以来，面对全球化、信息化、网络化深入发展，浙江充分利用创新要素更具开放性、流动性的特点，在对外开放战略上坚持自主创新和开放创新的辩证统一，坚持"引进来"和"走出去"相结合，积极融入全球创新网络，走出一条创新发展之路，在自主创新过程中进一步开放，在开放创新中实现更高层次的自主创新。

在浙江工作期间，习近平同志多次对浙江开放创新提出明确的要求。一是多次强调浙江必须深刻认识对外开放工作的"极端重要性"。必须进一步增强责任感、主动性和创造性，把扩大对外开放上升到全局的战略高度。全国各地特别是一些周边地区对外开放力度的不断扩大已经对浙江形成了倒逼之势。机遇稍纵即逝，浙江必须牢固树立强烈的竞争意识，决不能有丝毫懈怠，决不能安于现状，要主动迎接世界科技革命的挑战，不断适应对外开放的新形势。二是坚持扩大开放与深化改革相结合。以开放促改革，深入学习先进国家、地区的经济、科技管理体制中的可取之处，为我所用；以改革促开放，进一步打破涉外体制中的思想障碍和制度藩篱，来推动开放创新的进行。通过确立新的开放观、实施新的开放战略来开创新的开放格局，进而提高对外开放的质量和水平。三是充分利用全球优质创新资源。在2006年3月的全省自主创新大会上，习近平同志提出了浙江要大力加强对外科技交流与合作，在全国乃至全球范围配置创新资源的要求。此外，习近平同志多次指示浙江要加大引进高层次、高素质创新人才的力度，充分利用国际国内两个市场、两种资源，发展浙江成为国际化的区域性科技中心，努力打造更多具有国际竞争力的企业和品牌，不断提高浙江经济的国际竞争力。

近些年来，浙江始终按照习近平同志的指示，站在全球视野与时代发展的高度，抓住全球新一轮科技革命和产业变革的重大机遇，积极开展国际交流合作，不断拓展合作领域和空间，用好国际国内两种科技资源，谋划和推动浙江科技事业发展与创新驱动发展战略的实施。

2007年，浙江省委十二届二次全会通过《中共浙江省委关于认真贯彻党的十七大精神 扎实推进创业富民创新强省的决定》，强调全面推进创业创新，必须充分利用国际国内两个市场、两种资源，形成对内对外开放新格局。要加快转变外贸增长方式，全面创新利用外资方式和对外投资方式，拓展对外开放广度和深度，推动外贸出口从注重扩大规模向更加注重提高质量转变，引进外资从注重资金向更加注重引进先进技术、管理和人才转变，对外投资从注重带动产品和劳务输出向更加注重支持企业走出去开展国际化经营转变，积极培育浙江的跨国公司和国际品牌，积极承接国际服务外包，全面提高开放型经济发展水平。积极拓展对外交流渠道，重视国际友城工作，加强境外交流与合作。积极创新区域合作方式，更加注重全面落实国家区域发展总体战略，推动长三角一体化发展，共同打造全球重要的先进制造业基地、具有较强国际竞争力的世界级城市群和亚太地区重要的国际门户；积极参与西部大开发、东北等老工业基地振兴和中部崛起，做好对口帮扶工作；加强与港澳台的合作与交流。

2010年，《浙江省人民政府关于进一步做好利用外资工作的若干意见》出台，强调坚持"引资"与"引智"并举。既要重视引进资金，更要高度重视引进先进技术、管理经验和高端人才，推动产业结构优化升级，提高企业自主创新能力。该意见引导和鼓励外资投向高端制造业、高新技术产业、现代服务业、新能源和节能环保产业，严格限制"两高一资"和低水平、过剩产能扩张类项目，鼓励跨国公司来浙设立地区总部、研发中心、采购中心、财务管理中心、结算中心以及成本和利润核算中心等功能性机构。该意见鼓励支持外资高新技术企业发展。鼓励支持符合条件的外商投资企业申报认定高新技术企业。大力引导外商投资企业引进海外先进技术、管理经验和高层次人才。积极支持外商投资企业申请自主创新产品、设立企业技术中心和博士后科研工作站。鼓励中外企业加强研发合作，支持符合条件的外商投资企业与内资企业、研究机构合作申请科技开发项目、创新能力建设项目等，提高企业创新能力。

2013年5月31日，浙江省委十三届三次会议通过《中共浙江省委关于全面实施创新驱动发展战略　加快建设创新型省份的决定》，强调鼓励和促进企业更好利用国内外创新资源。鼓励企业"引进来、走出去"，成为科技合作与交流的主力军。鼓励企业与国内外科技创新大院名校开展产学研合作，引进或共建创新载体，促进科技成果产业化。鼓励企业通过各种方式到海外设立、兼并和收购研发机构，加强技术引进、消化、吸收再创新。对收购国外研发机构、品牌营销网络的省内企业，按收购实际金额一定比例给予一次性奖励。积极引进国内外一流大学、科研院所和世界500强研发中心来浙设立分支机构和科技成果转化基地。支持中国科学院宁波材料所、浙江清华长三角研究院、浙江大学国际校区、国家海洋科技国际创新园、香港大学浙江研究院等创新载体的建设和发展，充分发挥其承接大院名校科技人才优势、服务浙江经济社会发展的作用。及时协调解决共建载体在基本建设、人才引进、试验条件和研究开发、成果转化等方面遇到的问题。支持共建载体与企业合作，转移转化科技成果。

2016年，《浙江省开放型经济发展"十三五"规划》颁布，指出要深化国际科技与人才合作。率先建设国际技术转移和专利交易平台，提升技术交易市场发展水平，建立国际技术交易数据库。布局和建设一批国际科技合作基地和国际技术转移中心。加强国际知识产权合作，支持企业开展商标和专利的国外注册保护，进入国际技术联盟、标准论坛及专利联盟，参与国际技术标准制定和国内技术标准海外推广，获得相关的安全、环保等方面的认证。加大引进国际重要科研机构力度，着力推进与美国、加拿大、芬兰、以色列、葡萄牙和捷克等国的联合产业研发。加强海洋科技、海洋渔业、海水养殖等海洋领域国际科技合作，建设好中泰海洋技术联合实验室。创新人才国际化促进机制。加强人才引进及本土企业家培训，吸引海外高层次人才到浙江创业，建好一批海外高层次人才创业园，推动高端人才往来签证便利化，建立外籍高层次人才签证便利制度。充分利用国际人才中介机构，引进一批国际化高端创新人才。

2017年6月12日，在中共浙江省第十四次代表大会上，省委书记车俊向大会做题为"坚定不移沿着'八八战略'指引的路子走下去　高水平谱写实现'两个一百年'奋斗目标的浙江篇章"的报告，突出创新强省建设，增创发展动能新优势。报告指出谋创新就是谋未来，抓创新就是抓发展。创新是转型升级的最大推动力。要着眼于全面创新，紧紧抓住科技创新这个牛鼻子，把产业创新作为主战场，推进包括理念创新、方法创新、工作创新、机制创新、模式创新、组织体系创新等全方位、多层次、宽领域的大创新，谋划实施一批最具比较优势、最能带动全局的重大创新举措，让创新的活力竞相迸发，让创新的源泉充分涌流，使创新真正成为浙江发展最鲜明的时代特征。

报告突出开放强省建设，增创国际竞争新优势。G20 杭州峰会向世界全方位展示了浙江，把浙江带到了国际化新高度，浙江对外开放进入了崭新阶段。要以国际化为导向，以"一带一路"统领新一轮对外开放，谋划实施一批最体现浙江资源禀赋、最契合国家战略使命的重大开放举措，加快城市国际化、企业国际化、人才国际化，努力成为参与"一带一路"建设的排头兵，不断增强统筹利用国际国内两个市场、两种资源的能力。坚持"走出去"和"引进来"相结合，支持企业开展国际化经营，鼓励企业到境外收购专利技术、设立研发机构、建设营销网络和生产物流基地，培育本土跨国公司。加强与国际经济组织的合作对接，引进高端资源，支持浙江开放型经济新发展。

如今，浙江开放创新事业取得了明显成效。一是国际合作渠道已经建立健全。结合对方优势以及浙江产业特色，浙江确定以色列、芬兰、加拿大、白俄罗斯和俄罗斯等国家为重点合作国家，在信息通信、海洋造船、环境保护、生物医药、节能环保、清洁能源和食品安全等领域开展重点合作。浙江已与以色列、加拿大、白俄罗斯、俄罗斯和葡萄牙签订了合作协议或备忘录，支持联合产业研发计划，共建科技合作中心，支持共建以企业、院所和大学为主体的创新平台。浙江多次组织电子信息、生物医药、环保技术、机械装备、清洁能源等领域的企业分赴芬兰、加拿大、日本等国家进行对接交流，帮助企业搭建了更高的交流平台，同时在杭州、湖州、舟山等地组织专场国际技术对接活动，促进技术引进与联合创新。二是国际合作载体建设取得突破。国际科技合作基地是浙江利用全球科技资源、参与国际科技竞争与合作的骨干和中坚力量。浙江现有 16 个国家级国际科技合作基地和 20 个省级国际科技合作基地（不含宁波地区）。香港大学浙江科学技术研究院、中葡先进材料联合创新中心、中意纺织及新材料研发中心等引进海外创新资源共建的创新载体，在科技创新中发挥了重要作用。三是企业研发国际化得到深入推进。浙江积极鼓励创新要素跨境流动，海外并购、参股或成立研发部门已经成为浙江领军企业的重要发展举措。例如，万向集团通过与美国企业成立合资公司，将自身的电动车零部件技术与对方专利设计结合，共同开发、生产电动车；通过收购美国最大的新能源锂电池制造企业，万向集团获取了动力电池、启动电源以及电网储能领域的核心技术和专业人才，为推动新能源汽车业务发展夯实了基础。鼓励民营企业、科研机构走出去，到海外设立、并购研发机构，就地利用高科技人才，"带土移植"引进技术与产业化项目。鼓励省级重点企业研究院引进"海外工程师"，2014年对首批35名"海外工程师"实行每人次10万元的年薪资助。四是引进和培养一支国际化的科技人才队伍。浙江《关于全面实施创新驱动发展战略　加快建设创新型省份的决定》中，提出实施领军型创新创业团队引进培育计划。力争到2017年，建设100个左右符合全省产业发展导向，创新路径清晰，创业成果显著，预期效益明确的领军型创新创业团队。对由国际一流专家领衔，标志性成果属世界首创并达到国际顶尖水平，能直接驱动产业发展的顶尖团队，在支持措施上实行"一事一议"。创新团队建设管理的体制机制，支持团队在经费使用、资源投向、要素分配等方面先行先试。

专栏4-1　像吉利这样的企业不扶持，还扶持谁[①]

2017年6月28日，在瑞典首相斯特凡·勒文的见证下，吉利和瑞典政府签署筹建吉利欧洲创新中心的合约，中心研究重点将聚焦在主动安全、自动驾驶、互联互通等领域。实际上，在2013年，吉利在哥德堡已经建立了欧洲研发中心（CEVT）。此次将在哥德堡筹建的吉利欧洲创新中心，建成后将容纳吉利原有的欧洲研发中心（CEVT）、动力系统研发中心、吉利设计造型中心哥德堡工作室和领克欧洲销售和市场团队等，主要包含四部分内容，等于是现有吉利欧洲研发中心的全面扩建与升级。

每年吉利控股集团研发的投入几乎都超过100亿元，同时吉利仍在加大对创新研发方面的投入。2013年，吉利在哥德堡建立欧洲研发中心（CEVT），打造CMA平台。沃尔沃与吉利共享其平台，并研发各自全新车型。如今，领克品牌便是吉利基于CMA平台的第一个产品系列，可以说CMA平台要收割市场了。现在欧洲研发中心分散

---

① 参见http://www.people.com.cn/GB/jinji/222/2174/2956/20030108/904079.html 和 http://auto.163.com/17/0629/09/CO3C31IP000884MM.html。

在哥德堡的各个地方，这次建设的欧洲创新中心，就是把分散的研发职能汇聚起来，并扩展更多的研发、造型、设计等职能。同时，对建成后的欧洲创新中心，李书福强调将聚焦在主动安全、自动驾驶、互联互通等领域，也为吉利未来发展战略指明了道路。

时间回溯到 2003 年，时任浙江省委书记习近平同志上任伊始，在百忙之中还特意抽空视察了吉利的临海汽车基地。在听取了吉利集团董事局主席李书福和 CEO 徐刚的汇报后，习近平同志对吉利汽车在短短 4 年时间内取得的成就表示了充分的肯定，并对吉利在人才培育、技术创新、独立开发和坚持为老百姓造买得起的好车的战略理念等方面大加赞赏。习近平同志指出，吉利作为浙江唯一的汽车企业，2002 年能够在中国激烈的竞争中成为"3+6"成员，并取得了阶段性的成就，十分的难得，省委省政府向来十分关心吉利的发展，今后，更要继续加大对民族汽车企业的政策性支持，为民营企业创造一个良好的投资环境。在参观完吉利汽车研究院后，习近平同志抑制不住心中的喜悦，说道："像吉利这样的企业，如果我们不加以大力扶持，那我们还去扶持谁呢？"

有了坚强后盾，吉利走上了一条开放创新驱动发展的快车道，从收购伦敦出租车，到收购澳大利亚自动变速器公司，到收购沃尔沃，再到收购宝腾汽车及控股路特斯，以及确认收购美国飞行汽车公司，使产品战略得到进一步补充和完善，为吉利的资源优化配置和创新能力提升开辟出巨大的空间。目前，吉利成立了杭州、宁波、哥德堡和考文垂四个研发中心，以及上海、哥德堡、巴塞罗那、加利福尼亚四大造型中心的研发体系。此次签约的欧洲创新中心，是吉利开放创新体系第二阶段的布局，也是为其全球化战略进一步布局，为汽车的"下一时代"铺路。

二　推动从二次创新到一次创新的超越追赶

改革开放特别是进入 21 世纪以来，浙江在全球化大背景下的创新能力大幅提升，科技综合实力明显增强，科技对经济社会发展的支撑和引领作用日益显现，以企业为主体、市场为导向、产学研结合的自主创新体系初步形成，走出了一条具有浙江特色的自主创新路子。2006年2月，时任浙江省委书记习近平同志在宁波调研时强调，要从浙江实际出发、发挥优势、突出重点，积极探索浙江特色的自主创新路子，扎实推进创新型省份建设，努力建设科技强省。

综观浙江从实际出发、发挥优势、突出重点，探索出的浙江特色自主创新路子的主要特征，就是从二次创新到一次创新的超越追赶。关于创新，当下人们可能更多关注和了解的是原始创新，即把它看成一个基础研究的新突破、一项新科技的发明，或者是一种颠覆整个行业格局的新产品等。事实上，还有一种创新能力也不可忽视，那就是二次创新，即在完全掌握、消化吸收一门技术的基础上，对其进行创造性的发展。

二次创新的过程是一个积累进化的过程，大致可细分为三个阶段：第一阶段是简单地模仿，即引进本国或本地区尚不存在的技术，通过模仿、学习，逐渐掌握这门新技术，并达到提高产品质量、降低产品成本的目的。第二阶段是改进型的创新，即通过前一阶段的学习、积累和消化吸收后，开始结合本国市场的特点，对引进技术进行一定程度的国产化创新。第三阶段是创造型的模仿，即真正意义的二次创新。此时，引进技术的一方应完全掌握新技术的原理和使用要求，并达到消化吸收的程度，在此基础上，结合自身的研发能力和目标市场的需要，对引进的技术进行较重大的再创新。

世界上很多国家在快速追赶阶段，都曾经借助二次创新取得快速发展。航空母舰算是继20世纪美国莱特兄弟飞机首次创新之后，最成功的二次创新之一，实现了飞机与大型战舰完美的结合。还有，日本也是一个非常善于学习和模仿他国技术的国家，擅长利用二次创新来进行技术反超。我国在这方面也有许多成功的案例，比如，百度公司从界面到搜索引擎内核都借鉴了谷歌，但是却根据自身的中文处理能力，建立了基于中国市场的产品等。

改革开放以来，浙江经济一直保持高速增长。然而，高速增长的背后也存在隐忧，大量引进国外技术、处于全球产业价值链低端是浙江需要解决的重要问题。创新能力不强决定了浙江很难走原始创新或一次创新之路。但浙江很多企业能够在国外技术的基础上做改善、应用和商业化。世界某个地方发明新产品并推向市场之后，浙江企业总能非常迅速地推出含有该技术或者产品的新版本产品，而且通常都更简洁、更便宜、更节能。这种能力不仅使浙江经济取得快速增长，更是浙江能在制造环节上保持长久优势的动力。

相对于原始创新，二次创新确实有其自身的优势。首先，二次创新能够大幅度降低高新技术的攻关难度，明显减少人力、物力的投入。一般来说，二次创新往往不需要像首次创新那样，需要10年左右甚至更长时间的设计、研发，必须取得关键技术或核心技术的突破和反复试验，它更多的是侧重于几项现有技术重新组合，从而衍生结合出一种新的技术。所以二次创新的研发与生产，时间更短，成本更低。其次，二次创新所涉及的对象，其针对性、现实性都更强。最后，二次创新常常能收到 1＋1＞2 的效果。两种或两种以上的技术、平台或机器的重新组合创新，绝非简单的累加，而是在合理设计基础上的组合增强，可做到优势互补、缺点相消，从而能发挥出更大的性能。

浙江历来十分重视发挥比较优势与后发优势，积极推动二次创新。当然，二次创新并不会自动演化成原始创新，针对重点科技领域、产业链关键环节的突破性创新能力仍然是浙江培育自主创新能力的重要手段。由此，浙江走出了一条二次创新与一次创新并重，从二次创新到一次创新的具有浙江特色的自主创新路子。2006年3月，在浙江省自主创新大会上，时任浙江省委书记习近平同志强调坚持科技与经济社会发展紧密结合，市场导向与政府扶持紧密结合，原始创新、集成创新与引进消化吸收再创新紧密结合，发展高新技术产业与改造提升传统产业紧密结合，科技创新与体制创新紧密结合，充分发挥企业的自主创新主体作用，集聚创新要素、激活创新资源、转化创新成果，加快建设创新型省份和科技强省，为浙江省全面建设小康社会、提前基本实现现代化提供强大的科技支持。

2007年，浙江省委十二届二次全会通过《中共浙江省委关于认真贯彻党的十七大精神　扎实推进创业富民创新强省的决定》，提出坚持原始创新、集成创新和引进消化吸收再创新相结合，联动推进技术跨越战略、知识产权战略、标准化战略和品牌战略，加快提高自主创新能力，促进科技成果向现实生产力转化，把转变经济发展方式作为创业富民、创新强省的主攻方向，促进经济又好又快发展。

2008年，浙江出台《自主创新能力提升行动计划》，强调大幅提升原始创新、集成创新、引进消化吸收再创新能力。首先，加强引进消化吸收再创新。鼓励企业积极引进国外先进技术，扩大引进规模，提高引进水平，专有技术和专利许可合同额占技术引进合同总额的比重提高到40%以上。鼓励企业与跨国公司及同行业高端企业的合资合作。鼓励和支持以企业为主体，建立引进、消化、吸收再创新战略联盟，主动设计和组织实施一批引进、消化、吸收再创新的重大重点项目，提高消化吸收再创新能力。其次，加强集成创新。鼓励产学研合作和多学科交叉研究，充分利用国内外现有单项和分散技术，加强综合集成，加速创新成果的转化和产业化，实现技术创新、工艺创新、产品创新。重点支持信息技术、生物技术、纳米技术在制造业和农业及节能节水技术在建筑业中的广泛应用。大力推进光机电一体化、制造业信息化、服务业电子化及嵌入式软件、生物医药、生物农业、精准农业的发展。提高科技项目的集成度和关联度。最后，加强基础研究和竞争前技术研究，增强源头创新能力和技术储备。强化收入分配激励，鼓励和支持科研人员自由探索、潜心研究，争取承担更多国家重点科学研究项目，着力培养中青年科技人才。

2013年，浙江省委十三届三次会议通过《中共浙江省委关于全面实施创新驱动发展战略　加快建设创新型省份的决定》，鼓励企业通过各种方式到海外设立、兼并和收购研发机构，加强技术引进、消化、吸收再创新。与此同时，积极推动一次创新推动新兴产业跨越发展。坚持有所为有所不为，加快完善新兴产业布局，鼓励和引导各地明确主攻方向，实施重点突破，培育各具特色的产业新优势。深入推进新兴产业技术创新综合试点，积极规划建设一批省级重点企业研究院，实施一批产业技术重大攻关专项，培养一批青年科学家，研制一批具有自主知识产权和市场竞争力的重大战略产品，努力突破技术瓶颈制约，掌握核心关键技术，推动新一代信息技术、新能源、新材料、节能环保、生物与现代医药、智能装备制造、海洋开发和新能源汽车等产业加快发展，培育形成新兴产业高地和高技术产业集群。大力培育创新型企业。采取针对性政策，鼓励领军大企业加大核心技术和关键技术攻关力度，加快形成自主知识产权和核心竞争力。支持杭州完善区域创新体系，明确主导产业和主攻方向，争创国家自主创新示范区。

2016年，浙江发布《浙江省科技创新"十三五"规划》，提出提升原始创新能力。瞄准世界科学前沿方向，围绕涉及长远发展和国家安全"卡脖子"的科学问题，加强基础研究前瞻布局，加大战略高技术攻关，明确阶段性目标，集成跨学科、跨领域的优势力量，加快重点突破，为产业技术进步积累原创资源。在信息技术领域的网络空间安全、重大基础设施安全、工业控制系统安全的主动防御、大数据计算，材料科学领域的传感材料与器件、材料显微结构与性能表征研究，生命科学领域的脑认知与脑机交互研究、干细胞与再生医学研究、作物品质形成和抗病毒研究等科学前沿领域安排科技基础研究专项，突破一批重大科学问题，取得一批重大原始创新成果，抢占基础研究和前沿技术发展的制高点。围绕支撑关键技术突破，推进变革性研究，在新思想、新发现、新知识、新原理、新方法上积极进取，强化源头储备。积极探索"非共识"和交叉融合项目的资助机制，引导科研人员进行变革性和颠覆性创新。完善学科布局，稳定支持重点学科方向的自由探索，培育新兴学科，加强重大交叉前沿领域的前瞻部署，强化自主创新的源头供给。优化实验室布局，建立梯度培育机制，新建省级重点实验室（工程技术研究中心）50家，在此基础上，择优培育并重点支持若干高水平实验室。积极谋划创建以网络大数据协同创新为主题的国家实验室，推进省部共建国家重点实验室、重大科技基础设施，参与国际国内重大科学计划和大科学工程。加大省自然科学基金投入力度，充分发挥国家自然科学基金委员会—浙江省政府"两化"融合联合基金作用，吸引国内基础研究领域的一流科学家。探索对杰出青年人才竞争性支持与稳定支持相结合的培养模式，培养一支高水平基础研究队伍，造就一批具有全国影响力的杰出青年科学家和知识创新团队，显著提升浙江省基础研究总体水平与竞争力。打通基础研究与应用基础研究的通道，完善全创新链衔接设计和一体化组织实施，鼓励支持高等学校、科研院所、行业龙头企业在重要领域加强应用基础研究，加快基础研究成果向应用技术、向产品研发转化的速度。

三 全面对接"一带一路"

习近平总书记在2013年首提、2014年逐渐明晰的"一带一路"倡议是着眼全球、面向世界而提出的重大构想，不仅有助于深化区域合作、促进亚太繁荣，更有助于解决中国当前及未来经济发展过程中，面临的要素稀缺、产能过剩、市场容量不足等"短板"问题，有利于我国更好地参与国际合作与全球治理，融入国际市场，获取国际资源，更好地促进合作共赢与可持续发展，是我国统筹内外、兼顾现实与未来、全面布局新一轮对外开放的大战略。浙江作为我国率先发展的东部沿海经济大省和开放大省，承担着"干在实处永无止境、走在前列要谋新篇"的重任，在国家"一带一路"构想布局的实施过程中，主动融入"一带一路"建设，机遇难得、意义重大：第一，"一带一路"是浙江扩大对外开放、深化国际合作、开创对外开放新格局的重要载体；第二，"一带一路"是浙江实现经济转型升级、培育新经济增长点、拓展经济发展空间的重要途径；第三，"一带一路"是浙江主动参与国家层面相关规划、政策的制定和落实，完善与中央、省区的对接交流机制，促进体制机制创新的重要契机。

历史上，浙江就是古丝绸之路上重要的商品生产地和集散地，也是海上丝绸之路的重要组成部分，宁波港、舟山港都是始发港之一，浙江的丝绸、茶叶、瓷器等通过丝绸之路远销海外。如今，浙江已经就参与"一带一路"建设做了初步探索，与"一带一路"沿线国家的关系紧密、经贸往来频繁，具备了深度参与"一带一路"建设的深厚基础与独特优势，完全有机会，也有能力成为"一带一路"建设中的"门户省"与"中坚省"，在新丝绸之路经济带建设中扮演着不可或缺的角色，进而带动全省经济的全面开放与快速发展。

第一，浙江具有深度参与"一带一路"建设的陆海开放通道与区位优势。浙江处于长江黄金水道和南北海运大通道的交汇处，大陆海岸线和海岛岸线资源居全国首位，向东与"海上丝绸之路"沿线地区和国家互联互通，向西通过"长江经济带"连接"丝绸之路经济带",辐射中西部,具有"一带一路"货物中转、集散的独特区位优势。浙江正在全力打造的义甬舟开放大通道,更是联通"21世纪海上丝绸之路"和"丝绸之路经济带"的大平台。全球吞吐量最大的宁波—舟山港与世界上200多个国家和地区的600多个港口开通了235条航线,是我国主要的集装箱、矿石、原油、液体化工产品等中转储存基地,拥有发达的江海联运、海铁联运网络。浙江还开通了"义新欧""甬新欧"2条丝路专线,其中"义新欧"是行程最长、途经城市和国家最多的中欧班列。以上良好的条件,为浙江推进东西双向开放、打造连接陆上与海上丝绸之路的战略大通道,提供了坚实的支撑。

第二,浙江具有深度参与"一带一路"建设的经贸与投资合作基础。2014—2016年,浙江与"一带一路"沿线国家贸易总额达3195亿美元,占全国比重从2014年的9.6%上升到2016年11.1%。2017年前四个月,浙江对"一带一路"沿线国家的进出口达2380.7亿美元,占全国与"一带一路"沿线国家贸易总额的1/10。截至2017年,浙江企业已在包括俄罗斯、泰国等"一带一路"沿线国家在内的90多个国家和地区设立了境外营销网络。除了货物贸易,在"一带一路"沿线国家和地区,浙江的服务外包、文化、教育等服务贸易产品也迎来了新市场。当前,对"一带一路"沿线国家和地区文化服务出口已占浙江文化服务出口的34%。2014—2016年,浙江对"一带一路"沿线国家的投资累计达128亿美元,占全省对外投资的比重从2014年的15.8%上升到2016年的44.4%。2016年,浙江在"一带一路"沿线国家投资项目144个,对外直接投资备案额为74.7亿美元,同比增长约70%。目前,浙江企业牵头实施的3家国家级境外经贸合作区以及2家省级境外经贸合作区,均设在"一带一路"沿线国家。

第三,浙江具有深度参与"一带一路"建设的主体与人文交流支撑。浙江民营经济发达,具有境内外丰富的民营企业家资源以及较强的资本实力,是浙江参与"一带一路"建设的重要支撑。据统计,浙江有超过640万人在省外投资创业,创办企业超过26万家,投资总额近4万亿。近年来,具备机制活、理念新、合作意识强、战略投资方式调整快等优势的浙江民营企业在"一带一路"建设中大放异彩。国际人文交流频繁是浙江参与"一带一路"建设的另一重要支撑。浙江由于地处东部沿海的天然区位优势，对外人文交流历史悠久，杭州、宁波、温州等自古以来就是中国重要的对外贸易通商口岸。近年来，全省各市、县、区充分发挥自身在生态旅游、商贸流通等各领域的特色和优势，吸引境外游客、客商、高层次人才等来浙江旅游和经商、投资、创业、从教、从医等，形成了新老中外浙江人和谐共处、携手创业的良好局面。尤其是义乌、柯桥等地，自20世纪90年代末开始，便有巴基斯坦、阿富汗、印度、伊朗、伊拉克、阿联酋、也门、约旦、叙利亚、埃及等"一带一路"沿线国家和地区的商人陆续入驻。

第四，浙江具有深度参与"一带一路"建设的来自科技创新的底气与动能。近年来，浙江自主创新能力、科技综合实力和竞争力持续增强，创新型省份建设步伐加快，创新驱动发展格局加快形成，为参与"一带一路"建设提供了底气和动能。区域创新能力居全国第5位，综合科技进步水平指数居全国第6位，企业技术创新能力居全国第3位，全社会研发经费支出超千亿元，专利申请量、授权量均保持全国前列。在高端装备制造、信息网络、新能源、生物医药、节能环保、农业农村等方面突破了一批核心关键技术，取得了一批标志性成果。科技创新基地建设不断加快，青山湖科技城逐步成为浙江重要研发平台，未来科技城成为集聚创新资源的新高地，杭州国家自主创新示范区、中国（杭州）跨境电子商务综合试验区建设积极推进。被列为全国首批创新型试点省份，国家高新区达到8个，建设了近200家省级重点企业研究院。新型研发机构加快建设，中国科学院宁波材料所、浙江清华长三角研究院等创新载体集聚优质资源，转化创新成果，有效支撑了区域创新体系建设。

利用以上业已形成的优势、基础、支撑、动能与底气，浙江近来进一步丰富和完善了深度参与"一带一路"建设的一系列重大决策部署——以"一带一路"统领浙江新一轮对外开放，把"一带一路"建设作为提升浙江开放型经济水平的主抓手、产业发展的大平台、创新驱动的助推器、重大改革突破的牵引机，带动浙江新一轮高水平发展。

《浙江省国民经济和社会发展第十三个五年（2016—2020年）规划纲要》明确指出浙江要努力争当"一带一路"建设排头兵。要深入实施更加主动的"走出去"战略。落实中央"一带一路"建设规划和浙江实施方案，打造国际商贸物流枢纽、国际产能合作示范区和跨境电子商务引领区。发展浙江人经济，建设"海外浙江"。扩大国际优势产能和装备制造合作，以"一带一路"沿线国家为重点，布局建设境外经贸合作区和境外产业集聚区，推动优势产能在境外集群发展。积极培育本土跨国企业，支持企业尤其是上市公司开展跨国并购重组。鼓励大企业到境外建立生产基地、研发机构、设计中心、展销中心，实现资源全球配置和产业链、价值链全球布局。大力发展对外承包工程，努力承揽附加值较高、影响力较大的交通、能源、通信等基础设施项目，带动成套设备、技术、标准、服务和品牌走出去。引导企业用好国家金融政策工具，发挥财政资金和政府产业基金引导作用，推动设立浙江参与"一带一路"建设投资基金，为重大项目建设和企业"走出去"提供金融支撑。建立健全参与"一带一路"建设工作机制和风险防控机制。

《浙江省开放型经济发展"十三五"规划》指出浙江将主动对接国家"一带一路"倡议，发挥民营企业率先"走出去"的优势，积极推动企业开展境外投资，提升企业跨国经营能力。一是鼓励企业开发海外战略资源。支持有实力的浙江企业参与东盟、中亚、西亚等油气资源开发。支持扩大与东南亚、拉美等地在铁、铬、钾盐及铝矾土等矿产资源等方面的合作开发。建设一批"一带一路"沿线国家的农林渔合作开发基地。加强与俄罗斯、中亚地区在大豆、小麦、棉花等种植、加工领域合作，推进与东南亚国家在橡胶、大米、木薯等种植加工业领域的合作。二是加快推动优势产能高水平海外布局。积极扩大国际装备制造合作，发挥核电、高铁等产业优势，参与国际核电基地和高速铁路建设。对接"一带一路"沿线国家基础设施建设和市场消费需求，围绕浙江国际竞争优势明显的重点产业和企业，统筹谋划产业升级和有序转移，实现省内境外联动发展，支持实施一批电力、水泥、玻璃、纺织、光伏、钢铁、冶金、有色金属、化工等产业投资项目，建立境外生产加工基地。积极承揽附加值较高、影响力较大的交通、能源、通信等基础设施项目。三是大力培育本土民营跨国公司。依托浙江龙头骨干企业和上市公司雄厚实力，大力开展国际化经营，在全球范围广泛建立技术、品牌、销售网络和战略资源渠道，通过直接投资、收购兼并等方式建立国际化生产基地、研发设计基地、海外孵化器，拓展海外分支机构，提高海外雇员比例，增加海外销售收入，提升跨国公司在进出口贸易中的主体地位，构建以本土功能总部为主的全球产业链，引导企业将高端产业环节回归浙江，打造一批具有国际竞争力的本土民营跨国公司。四是支持境外经贸合作区建设。以"一带一路"沿线国家主要节点城市和港口为重点，推动浙江企业依托大型投资项目在境外布局建设一批经贸合作区。巩固发展泰中罗勇、越南龙江、俄罗斯乌苏里斯克等国家级境外园区，支持乌兹别克斯坦鹏盛工业园、塞尔维亚贝尔麦克商贸物流园等省级园区提升创建国家级境外经贸合作区，新设墨西哥等园区，推动与欧美等发达国家共建一批科技园。在境外建设一批国际产业合作园，实现境内外联动。

中共浙江省第十四次代表大会强调坚持以"一带一路"统领浙江新一轮对外开放，全力打造"一带一路"倡议枢纽，加快培育参与国际竞争与合作的新优势。围绕政策沟通、设施联通、贸易畅通、资金融通、民心相通，统筹整合相关国家战略举措和重大平台载体，联动推进海港、陆港、空港、信息港建设，高水平构筑义甬舟开放大通道，推动自贸试验区、江海联运服务中心、跨境电商综合试验区等开放大平台建设取得突破性进展，全力创建宁波"一带一路"建设综合试验区，加快推进全球电子商务平台建设，继续办好世界互联网大会、中国—中东欧国家投资贸易博览会、中国国际茶叶博览会，提升义新欧、甬新欧通道运输能力和作用，加快建设国际港航物流枢纽、贸易枢纽、产能合作枢纽、新金融服务枢纽和人文科教交流枢纽。坚持"走出去"和"引进来"相结合，支持企业开展国际化经营，鼓励企业到境外收购专利技术、设立研发机构、建设营销网络和生产物流基地，培育本土跨国公司。加强与国际经济组织的合作对接，引进高端资源，支持浙江开放型经济的新发展。

2017年，浙江出台《浙江省参与"一带一路"建设和推动国际产能合作三年行动计划（2017—2019年）》，立足于区位优势，将以宁波—舟山为核心，打造海上丝绸之路沿海港口的主枢纽港，以金华—义乌为重点，打造连接"一带一路"的支点。立足于外贸大省优势，实施"一带一路"展会拓市场行动计划，加快构建跨境电商物流大通道，建设网上丝绸之路。立足于平台建设优势，在境外，将以"一带一路"沿线国家主要节点城市和港口为重点，推动浙江中小企业抱团合作、产业集聚，引导企业在美国、以色列、墨西哥、印度尼西亚等国家合作新建一批境外经贸合作区，并重点在美国、以色列等国家探索建设境外科技研发型园区；在省内，则积极探索跨国联合、引入战略投资者等双边合作开发机制，打造一批主体功能突出、外资来源地相对集中的国际产业合作园。到2019年，浙江与"一带一路"沿线国家贸易进出口总额将达到1240亿美元，对沿线国家的境外投资达到60亿美元；将与经贸合作关系紧密的"一带一路"沿线国家建立一批地方经贸合作机制；同时，还将围绕轻工、纺织服装、医药为主的传统优势产业，电力设备、光伏、安防等装备制造产业，水泥、钢铁、氧化铝等产能富余行业，采取投资建厂、合作开发、营销网络建设、承包工程以及建营一体化等多种方式分类推进国际产能合作，每年新增各类境外营销机构500家。

专栏4-2　技术创新支撑正泰在"一带一路"上不断扩大"朋友圈"[①]

"一带一路"给正泰发展带来了新机遇。公司出口额从2003年到2016年增长了近40倍，国际业务遍及中东非洲、欧洲、亚太、中东亚洲、美洲等区域，已为130多个国家和地区的用户提供解决方案和服务，并进入90多个国家电力公司，工程总包项目已在全球超过30个国家成功运行。正泰生产的新能源与电力设备已进入"一带一路"沿线80%的国家。

1. "一带一路"朋友圈不断扩大

埃及是四大文明古国之一，也是"一带一路"建设的重要纽带。

---

① 参见http：//news.cctv.com/2017/04/17/ARTIFRUqSqBPg7ooPKIkgs5j170417.shtml。

2017年2月19日，正泰埃及低压开关柜合资工厂开业仪式在埃及首都开罗举行。正泰进驻非洲的首家区域工厂落地，也打响了2017年正泰全球化海外布局的"第一枪"，再次扩大了在"一带一路"上的"朋友圈"。

在正泰集团董事长南存辉看来，"一带一路"是一个包容性发展的平台，越来越多的沿线国家分享到中国改革红利，也为中国企业走出去创造了机遇。坚持这样的理念，正泰在欧美及"一带一路"沿线多个国家设立了光伏工厂、研发和营销机构，建成200多座地面光伏电站，持续输出绿色、先进产能。

在西班牙，正泰与Grabat公司合资研发生产高性能石墨烯电池，掌握移动储能电池颠覆性技术和应用的主动权；在德国，正泰收购了最大光伏企业Conergy在法兰克福（奥登）的组件工厂；在马来西亚，正泰太阳能组件工厂实现量产，厂内关键设备均为业内高端品牌；在泰国，正泰600兆瓦电池工厂正式投产；在印度，正泰与TATA、POWER等知名企业建立深度合作关系，2017年已签署光伏销售合同160兆瓦；在巴基斯坦，正泰电力变压器在巴基斯坦电力系统中占据70%份额，稳居市场占有率榜首；在柬埔寨，正泰与国企联合投资5.05亿美元建成柬埔寨达岱河水电站BOT项目，全套输配电装备都是正泰产品；在韩国，正泰已成为当地知名的太阳能产品分销商和电站开发商，累计参与建成电站超100兆瓦，其中江原道春川市鲫鱼岛9兆瓦光伏项目成为当地标志。

非洲也是正泰海外业务的重要市场。此次正泰在埃及设厂，将逐步开发周边市场，最终辐射并覆盖欧洲及整个西亚非市场。同时，正泰还参与了尼日利亚、卢旺达等40多个非洲国家的电网建设、输变电改造工程、光伏电站建设等。

2. 自身的修炼：技术创新

要实现走出去，自身的修炼必不可少。自创建以来，正泰始终重视技术研究和产品升级。为推进技术进步与技术创新，正泰集团出台了《关于加快技术进步的若干规定》，明确规定每年以不少于销售收入的3%用于科技开发，定期召开集团的科技大会，重奖技术创新有功人员。为了充分、及时地利用国内外最新科技成果，正泰集团先后在国内科技人才和科研院所比较集中的北京、上海以及美国的硅谷设立了自己的科技开发机构。一个全球化、阶梯式的研发体系正在正泰形成。在上海，正泰集团建立了企业研究院，成立6大专业研发部；在美国硅谷，正泰建立了电气前沿技术研发中心；在北美和欧洲，正泰建立了研发中心进行自主创新研究。目前，正泰参与制定和修订行业标准120多项，获国内外各种认证近1000项、专利授权2000余项，其中包括一批国内首创、世界领先的技术，例如研发的我国首台太阳能电池关键高端生产设备（PECVD），打破了西方长期垄断，自主研发的光伏背钝化ALD设备和高效异质结HIT－PECVD设备也处于国际领先水平，在光伏高端装备市场备受青睐。

第三节 浙江创新全球化的重要启示

浙江创新全球化的生动实践与宝贵经验为国内其他地区提供了以下几方面的启示。

一 在开放中升级自主创新

100多年来，世界上对经济发展起决定作用的技术几乎全部源自企业。正如习近平总书记于2016年在全国科技创新大会、两院院士大会、中国科协第九次全国代表大会上所强调："企业是科技和经济紧密结合的重要力量，应该成为技术创新决策、研发投入、科研组织、成果转化的主体。"近年来，浙江深入实施"八八战略"和"创业富民、创新强省"总战略，走创新驱动发展道路、加快创新型省份建设，始终强化企业技术创新主体地位，健全协同创新体系，明确各类创新主体在创新链不同环节的功能定位，加快建设以企业为主体的技术创新体系，系统提升企业的创新能力、创新活力、创新实力，带动创新体系整体效能提升，使创新成果转化为实实在在的产业活动，形成了创新型领军企业"顶天立地"、科技型中小企业"铺天盖地"的发展格局。

在现阶段，许多中国企业缺乏自主的核心技术、自主的知识产权和自主的创新能力，这已经极大地限制了中国的进一步发展。从"制造大国"过渡到"制造强国"，从生产产品的低附加值过渡到名牌产品的高附加值，其关键就在于自主创新。正如习近平同志在中国科技大学先进技术研究院同科技人员交谈时强调：创新居于五大新发展理念之首；我国经济发展进入新常态，必须用新动能推动新发展；要依靠创新，不断增加创新含量，把我国产业提升到中高端；我国的经济体量到了现在这个块头，科技创新完全依赖国外是不可持续的；我们毫不动摇坚持开放战略，但必须在开放中推进自主创新。在开放中推进自主创新，这既指出了推进自主创新的外部环境，也指出了自主创新中"自主"的重要性。当代世界，是彼此开放、相互交流、趋向经济一体化的世界。关起门来搞创新，不仅将失去"新"与"旧"的参照及其标准，也将失去创新的动力与目标。开放只是创新的必要环境，不等于创新本身，更不会自动得到创新结果。在开放的环境中失掉自主、拾人牙慧、靠市场换技术得到的所谓创新，只能在创新方面亦步亦趋、越拉越远。改革开放以来，浙江坚持"跳出浙江，发展浙江"与"引进来，走出去"，在开放中推进自主创新，在引进国外前沿科学理论和先进技术的基础上，学习、分析、借鉴、创造，大胆进行再创新，创造出一大批具有自主知识产权的新技术，自主创新能力大大提升，实现了在自主创新中进一步开放、在开放中进一步自主创新。

对于其他地区而言，要制定和落实鼓励企业技术创新的各项政策，强化企业创新倒逼机制，加强对中小企业技术创新支持力度，引导企业加强研发力量。要加快完善科技成果使用、处置、收益管理制度，发挥市场在资源配置中的决定性作用，让机构、人才、装置、资金、项目都充分活跃起来，形成推动科技创新强大合力。要调整现有行业和地方的科研机构，充实企业研发力量，支持依托企业建设国家技术创新中心，培育有国际影响力的行业领军企业。在坚持创新发展的过程中，不能只坚持自主创新，而忽略开放创新；也不能只坚持开放创新，而忽略自主创新。强调自主创新，不是关起门来搞研发，要坚持开放创新，要在对外开放战略上坚持自主创新和开放创新的辩证统一。在全球化、信息化、网络化深入发展的条件下，创新要素更具有开放性、流动性，要坚持"引进来"和"走出去"相结合，积极融入全球创新网络，全面提高科技创新的国际合作水平。

二　通过二次创新发挥后发优势

创新模式可以有多种选择。第一，利用新兴产业的发展机会，在新的产业技术轨道上实现跨越式创新，即在全新的创新模式中发展，实现对发达国家企业的追赶。第二，在现有的产业技术范式内快速追赶，即引进消化再创新和集成创新，这是中国企业的强项。从浙江经验来看，虽然浙江在突破性技术方面的成功案例不多，但企业能够在国外技术的基础上做改善、应用和商业化，这是现阶段浙江能抓住产业链中更多价值的关键所在。

二次创新与我国所提倡的自主创新并不矛盾。二次创新强调在发达国家已有技术的基础上进行再创新，包括集成创新、渐进式创新和工艺创新，这恰恰是自主创新的重要组成部分。如果通过二次创新可以掌握全部或部分核心技术和知识产权，同样有助于我国企业自主创新能力的提升。此外，二次创新集成已有的技术和产品以提出新的解决思路，这对于提升创新能力也具有重要借鉴意义。因此，充分利用我国企业已经积累起来的生产、设计、集成等方面的创新能力，是走向自主创新的一条可行路径。

我国企业的创新是后发的，即大量创新是在发达国家工业化的基础上实现的。这种创新模式需要大量引进和借鉴国外的技术、管理模式以及商业模式。因此，二次创新模式的优点在于，我国企业可以通过强大的学习能力实现对发达国家企业的快速追赶。这种追赶实现的理论基础是"后发优势论"。后发优势主要表现在四个方面：第一，后发企业可利用技术进步改造已有的生产模式实现追赶。第二，技术进步会降低规模生产的成本。一旦后发国家企业通过学习掌握这些技术，就可以直接用新的生产方式进行生产，进而取得相对于领先企业的成本优势。第三，后发企业在追赶中可以避免创新者的失误，降低进入新领域的风险。第四，后发企业的追赶还可以建立在新的消费模式之上。

应该指出的是，基于二次创新能力的自主创新，必然要遵循西方企业所开创的技术轨道进行再创新，这要求中国企业站在产业技术前沿，与跨国公司在一个起跑线上进行创新，因此需要我国企业付出更多的创新努力。囿于我国企业的技术水平，真正的自主创新并不多，但我国企业长期盘踞在科技前沿的竞争，有可能在特定领域培育出真正的自主创新技术和产品。另外，二次创新强调集成已有的技术和产品以提出新的解决思路，这对于提升我国企业的创新能力也具有重要借鉴意义。后发国家可以利用多种技术并行发展的机会，采取组合、集成的创新方式实现自主创新。我国已有的实践和理论研究也表明，企业通过建立开放的产品架构，可以选择和集成国内外各种技术资源以有效达到自主创新。

对于其他地区而言，一方面，应该积极推进二次创新实现快速追赶。第一，应该以创新资金作为重要的政策工具，让追求创新的企业和研究机构得到资金上的支持。尤其是应该加大面向产业需求的技术开发。第二，政府应该营造激励企业创新的氛围和制度体系，为企业创新提供稳定的环境保障。第三，政府应该努力打破大学、研究机构与企业之间的鸿沟，促进技术的转移，为企业实现二次创新创造条件。另一方面，虽然二次创新是我国企业开展自主创新并培养创新能力的有效途径，但不能由此而忽视对原始创新的重视。原始创新强调的是在科学技术突破的基础上推出创新性产品或服务。事实上，原始创新是创新中对企业能力要求更高、技术复杂度也最高的创新类型，对企业自身的创新能力、外部创新环境、政府创新政策等都提出了较大挑战，是我国企业占领科技制高点过程中一道不可跨越的鸿沟。二次创新并不会自动演化成我国企业的原始创新，因此，针对重点科技领域、产业链关键环节的突破性创新能力仍然是我国企业培育自主创新能力的重要手段。

三　转换动能中提升国际竞争力

新形势下，长期以来主要依靠资源、资本、劳动力等要素投入支撑经济增长和规模扩张的方式已不可持续，我国发展正面临着动力转换、方式转变、结构调整的繁重任务。现在，我国低成本资源和要素投入形成的驱动力明显减弱，需要依靠更多更好的科技创新为经济发展注入新动力。因此，科技创新是核心，抓住了科技创新就抓住了牵动我国发展全局的牛鼻子。改革开放以来，浙江经济连续多年保持了年均两位数的高增长。其中，1991—2008 年的 18 年中，年均增长更是高达 14.1%。但在遭遇国际金融危机的 2008 年，浙江经济增速放缓。作为资源和市场"两头在外"的省份，浙江受国际金融危机冲击最早、影响最大。2008 年后，推动经济增长的动力明显减弱，过去支撑浙江经济增长的廉价劳动力、低价土地、体制机制优势和出口拉动等红利快速减弱，而新的增长动力尚未形成。在这样的关键时刻，浙江清醒意识到，国际金融危机是外因，自身长期积累的结构性、素质性矛盾是内因，并由此拉开浙江寻求发展新动能的序幕。浙江积极实施创新驱动发展战略，发展壮大经济新动能，信息经济一马当先，"互联网＋"生产性服务业高水平发展，传统产业向中高端升级，高新区、科技城、特色小镇成为经济发展新增长极，新经济、新业态、新要素、新商业模式不断涌现，高端创业创新要素加速集聚，发展动能实现了从要素驱动、投资驱动向创新驱动转变，把传统资源和成本优势转为技术创新优势，以新动力快速增长来抵消旧动力衰减，以质量提升来对冲速度放缓，使得科技创新逐渐成为经济增长的主要动力。尽管当前世界经济仍未走出低谷，但是浙江经济正企稳向好。

在经济一体化的时代，中国经济已经融入整个世界经济体系当中。作为整个世界经济体系中的重要一环，中国经济发展以及与此相关的一切活动都不可能在封闭的环境下实现和完成。在开放环境下，中国经济乃至中国个体企业的发展，都是整个世界经济产业链的一部分，中国离不开世界——这是开放不可变的基础；世界也离不开中国——这是开放必将有利于中国的基础。一直以来，浙江注重发挥体制机制、比较成本、块状经济、企业家资源等优势，修炼好科技创新"内功"，在自主创新中推进进一步开放、在开放中推进进一步自主创新，积极参与全球经济分工与合作，外向经济强省的地位已经确立。以 2015 年为例，浙江外贸出口总额 2763 亿美元，居全国第 3 位，占全国的 12.7%，而中国出口占国际市场的份额达到 13.8%，也就意味着浙江在世界贸易中的比重达到 1.75%，相当于世界上一个中等以上国家的份额。同时，抓住机遇，积极引进外资借梯登高。浙江是利用外资大省，2015年实到外资170亿美元。另外，浙江大力支持企业扩大对外投资，推动装备、技术、标准、服务走出去，深度融入全球产业链、价值链、物流链，培育出一批有较高国际竞争力的本土跨国企业。2016年，浙江境外直接投资接近170亿美元，位居全国前列。当前，作为历史上的源头和起点之一，作为率先发展、走在前列的东部沿海发达省份，浙江正积极参与"一带一路"建设，为国际社会提供更多公共产品，积极进行产能合作，输出优势产品、企业、产能、技术、管理，并在全球范围内整合市场和资源，从而抢抓发展机遇，进一步扩大开放，显著提升开放发展水平，以及进一步提高国际竞争力。

对于其他地区而言，新常态下推动经济社会持续健康发展，必须在推动发展的内生动力和活力上来一个根本性转变，塑造更多依靠创新驱动的引领性发展。要深入实施创新驱动发展战略，着力推动科技创新，瞄准科技创新前沿，深入研究和解决经济与产业发展急需的科技问题，围绕促进转方式调结构、建设现代产业体系、培育战略性新兴产业、发展现代服务业等方面需求，推动科技成果转移转化，推动产业和产品向价值链中高端跃升；在人工智能、柔性电子、量子通信、集成电路、数字创意、增材制造、生物医药、新材料、清洁能源等领域培育一批引领未来发展的重量级产业，抢占产业发展制高点；依靠创新，全面振兴实体经济，大力发展以现代服务业为重点的第三产业，坚持先进制造业和现代服务业双轮驱动，积极稳妥淘汰落后产能，建成一批具有国际竞争力的大产业基地；要加快农业供给侧结构性改革，坚持高效生态现代农业发展方向，做大做强优势特色产业，促进农村一二三产业深度融合，提高农业综合效益和竞争力；坚持充分发挥市场在资源配置中的决定性作用和更好发挥政府的调控作用，将宝贵的资源要素向优势产业、新兴产业集中，鼓励优势产业、新兴产业做大做强。修炼好科技创新"内功"，依托优势、主动对接、积极融入，找准与"一带一路"沿线国家发展需求的最佳契合点，抢抓"一带一路"带来的基础设施建设、产业发展创新、区域发展创新与金融发展创新等机遇，重点做好推进国际产能合作、提升外贸发展水平、参与基础设施建设、推动能源资源开发、深化人文领域交流、注重安全风险防范等工作任务，更好融入全球产业链、价值链、物流链，提升国际产业分工层次、构筑全方位开放新格局。

第五章 以改革释放创新活力

一个地区的投入可分为硬投入和软投入。硬投入是经济增长的物质基础，硬投入和软投入相互作用，促进了经济的增长。在软投入中，综合政策投入、综合科技投入和劳动者积极性投入是产出的三个放大器，综合政策投入是这三者中最重要的放大器。而政府是决定社会制度的供给方向、进程、广度、深度、形式、战略的主导力量。浙江物质资源相对匮乏，在过去40年的发展过程中，软投入组合质量的不断提升起到了举足轻重的作用。浙江政府软投入的变革过程，可以看成浙江从计划经济体制向市场经济体制转变，从劳动密集型、粗放型经济增长方式向技术密集型、创新驱动发展方式转变的过程。

这一过程可以分为四个阶段：第一阶段（1978—1991年）的工作主要围绕引导科技工作面向经济发展、提高科技人员的积极性而展开，释放了长期积压的生产能力，激活了浙江创新发展的活力。第二阶段（1992—2001年）的改革主要围绕产业和创新发展的基础而展开，从第一阶段单项改革向整个制度环境的变革转变，通过与市场结合，主动回应地方经济发展的要求，进行管理模式的创新。第三阶段（2002—2007年）将创新型省份建设提高到了战略的高度，政府的软投入更加强调经济的"又好又快"发展。第四阶段（2008年至今）是在"八八战略"指引下深入推进科技强省建设的时期。这一阶段，市场机制在社会资源配置中的作用日益凸显，政府职能进一步转变，浙江政府从经济建设型政府向服务型政府转变。

第一节　浙江科技体制改革的历程

改革开放使中国发生了翻天覆地的变化,让中国成功地走出了具有中国特色的现代化之路。处于中国东南沿海的浙江,在自然资源匮乏、国家投资少、工业基础薄弱的情况下,能够在改革大潮中脱颖而出,实现跨越式发展。在发展过程中,地方政府功不可没:浙江各级政府尊重民间选择,"老百姓愿意干的不阻挡,老百姓不愿意干的不强迫",尊重群众首创精神,积极引导科技创新,不断地深入体制机制改革,为企业提供有效的公共服务,以改革释放经济活力。

一　启动科技体制改革,引导科技面向经济建设(1978—1991年)

1978年3月,邓小平同志在中共中央召开的全国科学大会上提出了"科学技术是生产力"和"知识分子是无产阶级的一部分"的著名论断。这一论断,对当代中国科学技术事业的发展起到了举足轻重的指导作用,也为浙江的经济发展指明了新的出路。为了贯彻全国科学技术大会有关"科学技术是生产力""知识分子是工人阶级的一部分""四个现代化关键是科学技术现代化"等精神,浙江省先后出台了一系列的措施来引导科技工作与经济相结合。这一时期,浙江省委、省政府在科技方面的工作主要围绕解决经费包干、搞活科研机构以及技术改造三个方面展开。

1985年3月,中共中央发布《关于科学技术体制改革的决定》,全面启动了科技体制的改革。在全国迎来科学的春天之际,浙江省委、省政府响应国家的政策号召,坚持"科学技术必须面向经济建设,经济建设必须依靠科学技术"的指导方针,进行了广泛调研,征求了有关专家的意见,邀请中央有关部门领导和专家座谈,就浙江的经济、科技发展战略形成《浙江省经济社会发展纲要》,同年9月,浙江省委、省政府发布了《关于贯彻〈中共中央关于科学技术体制改革的决定〉的若干意见》,意见结合浙江的实际情况,从改革科技拨款制度,大力开拓技术市场,强化企业的技术吸收和开发能力,合理部署科学研究的纵深配置,改革科技人员管理制度,加强对科技体制改革的领导六个方面进行了全面的阐述。

根据中共中央《关于科学技术体制改革的决定》、国务院《关于科学技术拨款管理的暂行规定》的精神和国家科委、财政部《关于做好地方科研事业费划转工作的通知》的原则，浙江省委、省政府制定了浙江省《关于改革科研事业费拨款管理办法报告》，先后颁布了《关于试行浙江省有偿科研经费管理办法》《浙江省技术开发和应用推广科研单位由事业费开支改为实行有偿合同制的改革试点意见》《浙江省科学技术研究成果奖励试行条例》等。浙江在全国率先冲破了科技三项经费无偿使用的禁区，成为我国最早实行科技贷款的地区之一，极大地提高了科研经费的利用效率，使科技人员长期受到压抑的积极性得到释放。通过拨款制度的改革，加强了浙江省对科技经费的宏观管理，从而更能够发挥科学技术在经济建设中的作用，保证了科技规划和计划的实施，使科技经费的使用更加合理和有效。同时为表彰和鼓励全省在生产第一线对科技成果推广做出优异成绩的科技人员，浙江在成果奖励工作一开始就设立推广奖，是国内成果奖励中最早奖励推广成果的省份。

为促进乡镇企业的持续发展，提高农业的生产效率和农民收入，浙江省科委根据国家科委的部署，于1985年开始试点实施"星火计划"，1986年2月，浙江省发布了《关于制订和实施"星火计划"意见的报告》，此后"星火计划"在浙江省全面铺开，当年浙江列入国家、省、市（地）的三级"星火计划"共157项，列入国家科委的"星火计划"共27项。此后浙江的"星火计划"实现了从"短、平、快"到"高、群、外"的发展。也就是实施"星火计划"的初期，主要采用周期短、投资少、见效快的先进适用技术，引导乡镇企业和扶持农业的发展，使企业和农民感受到技术的力量，从而提高依靠科技振兴经济的自觉性和积极性。之后再通过高新技术改造、推动小企业联合、建立星火产业集团、适应国外市场需求、开发新产品与国际交流和国际接轨。1986—1992年，浙江省共实施各级"星火计划"2580项（其中国家和省级项目共739项），累计新增产值207.06亿元，创利33.7亿元，创汇14亿元（根据浙江省统计年鉴整理），"星火计划"成为浙江农村规模最大、影响最大、效益最为显著的科技计划。推动了科技与农村经济发展的结合，加速了科技成果的转化，提高了农业劳动的生产率和农民经济效益。尤其是 1985—1990 年，浙江技术改造投入增长非常迅速，省计经委系统技术改造投资年均增长 56%，建成投产 3.3 万项，引进国外先进设备 6.6 万台（套），各项指标都为"七五"时期的 2 倍以上。

1988 年，根据国家科委的部署，浙江开始实施"火炬计划"。"火炬计划"是我国高新技术产业的指导性计划，其宗旨是遵循改革开放的总方针，积极引导和组织我国的科技力量为经济建设服务，推动我国高技术成果的商品化、产业化、国际化。浙江以"火炬计划"为抓手，以发展高新技术产业和改造提升传统产业为主线，一批重点实验室，包括硅材料科学国家重点实验室，化学工程联合国家重点实验室，计算机辅助设计与图形学国家重点实验室，流体传动及机电系统国家重点实验室，工业控制技术国家重点实验室，现代光学仪器国家重点实验室先后在这一期间建立起来。由此浙江开启了高新技术研究与开发的新时期，浙江的高新技术改造传统产业得到快速发展，高新技术产业不断壮大，有力推动各地产业结构的优化调整，促进经济持续快速增长。1991 年，浙江第一个国家高新技术开发区——杭州国家高新技术开发区获批，该开发区围绕技术创新、机制创新和人才开发，通过聚集科技人才，开发高新技术产品，在这一期间初步形成了以计算机软件、现代通信、生物医药、新材料、光电一体化、现代农业等为主导的产业。

为了更好地发挥"科学技术是生产力"的作用，促进产学研结合，加快科技成果转化，盘活科研成果，浙江首届科技交易会于 1982 年 3 月召开，超过 650 个单位 2008 个项目参加了交易会，交易和参观人员达 4.8 万人次，签订了 150 份技术转让合同、273 份新产品开发合同以及 95 份协作攻关合同。交易会的举办，揭开了全省有组织、大规模开展技术开发、技术转让、技术服务和技术咨询活动的序幕，推动了以"四技"服务为主业的科技中介服务机构发展和技术市场的形成。1987 年 12 月 29 日浙江省七届人民代表大会常务委员会二十九次会议通过了《浙江省技术市场条例》，这一条例是我国最早出台的地方性技术市场法规之一，对规范和发展日益繁荣的技术交易活动、促进科研技术人员进行技术服务及全省技术市场的发展产生重大影响，在全国产生较大影响，为浙江的技术交易市场提供了法律保障。图5-1显示了1985—1992年浙江省技术市场成交情况。

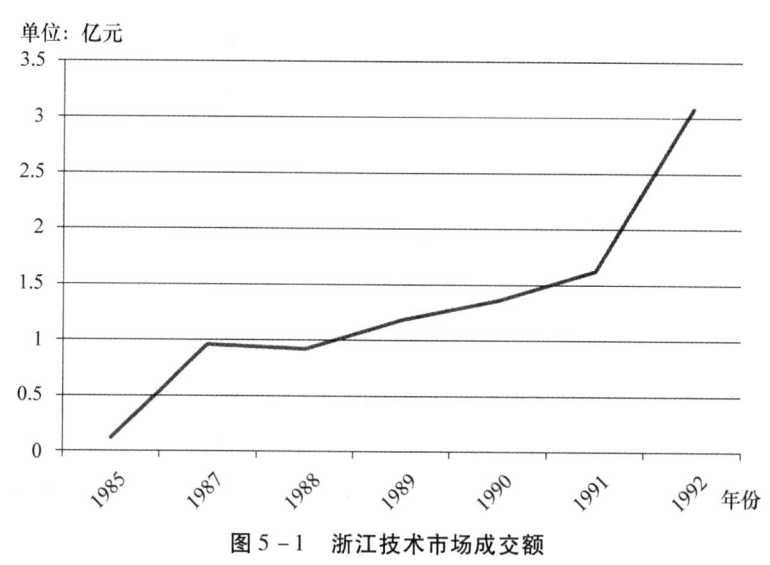

图5-1 浙江技术市场成交额

资料来源：根据《浙江统计年鉴》整理。

1990年，浙江省政府在杭州召开市长、专员会议，研究部署全省经济工作，会议确定，要大力疏理流通渠道，强化销售手段；加快调整产品结构，加强技术改造；适度扩大即期需求，合理引导消费。随着改革的推进，浙江的第一产业、第二产业、第三产业的结构得到重大调整（见图5-2），技术改造投入不断增加，技术引进步伐加快，产品技术含量开始提升，工业企业总体实力明显增强，工业发展水平明显提高，平均每年增长超过20%；传统产业竞争力得到有效增强，高新技术产业有了较快的发展；第三产业进入快速发展阶段，在国内生产总值中占的比重由1978年的18.6%提高到32.9%；商贸、交通运输、金融保险、综合技术和生产服务等服务业对经济发展的促进作用与日俱增。

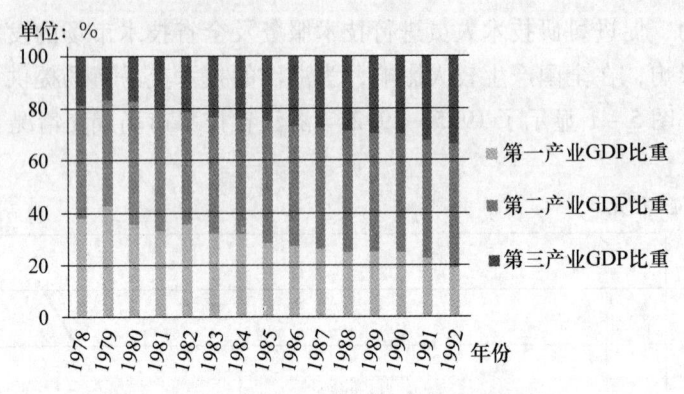

图 5-2 1978—2002 年浙江产业结构变化

资料来源：根据《浙江统计年鉴》整理。

二 实施科技兴省战略，夯实创新发展基础（1992—2001 年）

1992 年，邓小平同志视察南方，并就一系列问题发表了重要讲话，此后党的十四大明确提出了建设社会主义市场经济的总体目标。这一阶段，在中央的统一部署下，浙江省委、省政府通过加强自身建设，推进体制改革和管理方式改变，适应社会主义市场经济建设的需要，进行了积极的探索。1992 年 6 月，浙江省科技工作会议在杭州召开，时任省委书记李泽民同志在会上宣布了浙江省要实施"科技兴省"的战略，强调要真正把经济建设转移到依靠科技进步和提高劳动者素质的轨道上来。这一战略明晰了浙江依靠科技发展工业经济的宏观思路和基本路径。

1996 年 4 月，浙江省政府发布了《浙江省经济体制改革"九五"规划》，规划指出要"把经济工作的重点放在转变增长方式、提高增长质量，加快科技进步，形成规模经济。坚持科教兴国，充分发挥浙江人民勤劳的智慧结晶，培养和聚集跨世纪的优秀科技、工程、管理、经营人才，依靠科技进步和劳动者素质的提高，实现资源的高效转换"，并提出了"九五"时期的主要目标和 2010 年的愿景目标以及经济建设的主要任务和措施。1996 年，浙江省委、省政府颁布了《关于深入实施科教兴省战略加速科技进步的若干意见》，对全省科技工作进行了总体部署，提出了浙江科技工作各方面的奋斗目标和重要举措，为科技工作提供了指导思想，制定了基本原则，明确了浙江赶超措施的重心要往哪里放，经济发展从粗放型向集约型要怎么走的问题，成立了省科技领导小组，加强对全省科技进步工作的组织领导和综合协调，使科技工作得到了各级领导的高度重视。

建设科技先进县和高新技术开发区，推动区域科技进步，为区域创新体系的全面建设打下了坚实的基础。1996年8月，浙江省委、省政府在全国率先对市、县党政领导实行科技进步目标责任制，并决定开展创建科技进步先进县活动。2002年，浙江已有科技进步先进县（市、区）约50个，建成省级高新技术产业园10个，杭州国家高新技术产业开发区发展加速，杭州、宁波留学人员创业园被列为国家级试点，宁波国际软件园已成为国家级软件产业基地。培育了650多家省级高新技术企业，在人才引进，技术引进等方面都做出了积极的贡献。同时这一期间，"火炬计划"特色产业基地，高新技术产业基地，重点实验室和工程研究中心开始建设，至2002年，批准建设的特色产业基地19个，省级重点实验室30个，省级工程技术中心13个。

建设多层次、全方位的对外合作交流机制，以促进技术与经济结合、技术与贸易结合，为培育高新技术企业提供技术来源和技术储备。各级政府普遍采取"请进来""走出去""政府搭台、企业唱戏"的方式，广泛开展国际、省际科技交流与合作，大力引进国外、省外先进适用技术。到20世纪末，浙江已经同世界上45个国家和地区建立了或官方或民间的科技合作及交流关系，与超过170个的国家和地区建立了经贸关系，国内唯一以企业为主体的中外科技合作园——浙江巨化中俄科技合作园正式开园，科技部称之为中俄科技合作的突破，被誉为中俄科技合作的典范，得到了中央领导同志的批示肯定。同时，浙江省政府相继与中国科学院、中国农业科学院、中国航天机电集团等签订了科技合作协议，至2002年，浙江省有超过5000家的企业与全国500多家高校及科研院所建立了合作关系。通过技术交流、示范、产品展示等手段，大力促进技术与产品出口，其中典型的如浙江省化工研究院，在"九五"期间的出口额达1000万美元，居全国省级科研院所第1位。

加强人才引进工作，推动广大科技人员面向经济建设主战场。人才是科技进步最重要的资源，是加快科技强省建设的基础。这一期间，浙江先后颁布了《关于落实在浙的中国科学院院士、中国工程院院士有关待遇的通知》《浙江省跨世纪学术和技术带头人培养规划（1996—2010年）》（简称"151人才工程"）、《浙江省跨世纪学术和技术带头人培养规划（1996—2010年）实施意见》、《浙江省科学技术进步条例》等众多人才政策。1998年，浙江在全国率先实行技术要素参与股权收益和分配的政策，出台了《浙江省鼓励技术要素参与收益分配的若干规定》，明确了技术含量特别高的技术入股可突破35%的限制。这些政策的实施，培育了一批水平一流的学者专家、学术带头人、工程技术人才以及具有现代科技知识和经营知识的高级管理人才，极大地调动了高校院所科技和研发人员的积极性，使科学研究队伍得到持续加强，优秀青年科技人才不断涌现。

夯实基础研究，为应用研究和基础开发提供源泉。浙江从1992年开始实施"科教兴省"战略，这一战略促进了教育事业的快速发展，基础研究取得了可喜的成绩。1996年，中共浙江省委、浙江省人民政府颁布了《关于深入实施科教兴省战略 加速科技进步的若干意见》。这一意见指出要切实加强基础性研究，增强科技发展的后劲。"九五"期间，浙江省财政拨款省自然科学基金4200万元，共计资助了面上项目853项，青年科技人才50位，重点项目12项。有100多项基础性研究成果获得国家级及省部级的奖励，其中60多项为国家级和省部级二等奖以上；有些成果已应用于生产实际，并取得很好的社会经济效益。同时，浙江科技人员获国家自然科学基金各类项目资助862项，居全国第7位；经费14342.9万元，居全国第8位。

把专利工作作为科技和经济工作的重要内容来抓。1987年，浙江省政府颁布了全国第一个专利方面的地方性规章《处理专利纠纷的暂行办法》，把专利工作放到引导科技工作面向经济建设的工作当中来。这一规章的出台，增强了浙江省全社会的专利意识。"九五"期间，浙江省又先后颁布了《浙江省专利保护条例》，出台了《关于实施〈浙江省专利保护条例〉的若干意见》。在完善法律法规的同时，浙江省政府在专利管理方面也不断加强，截至2000年，浙江有10个市、25个县（市、区）设立了专利管理机构，建立了2个国家专利试点城市、6家国家专利试点企业、50家省专利示范企业，各市县也建立了一批专利试点企业。这一期间，浙江的专利事业得到蓬勃的发展。2000年，浙江的专利申请数量首次突破万件大关，达10395件，位居全国第5位；授权7495件，居全国第3位。图5-3显示了1992—2002年浙江专利申请和批准数量情况。同时，专利技术产业化得到快速发展，经济效益明显，2000年，浙江专利技术和产品的实施率为40%，高于全国25%的平均水平，其中宁波、温州、台州、绍兴等市更是高达50%以上。

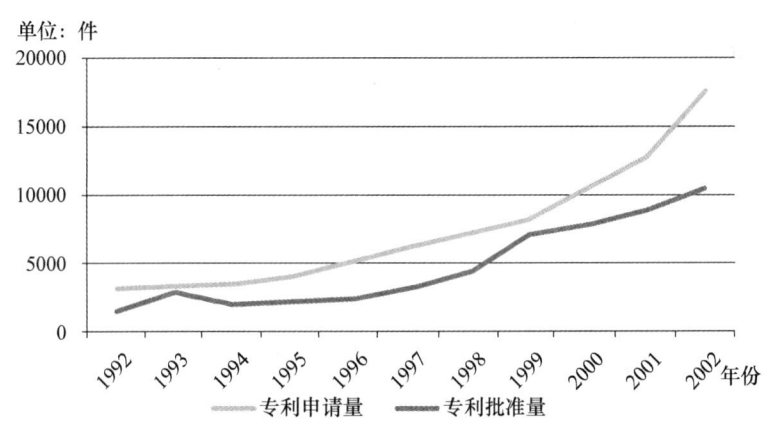

图5-3 1992—2002年浙江专利申请和批准数量

资料来源：《浙江科技统计年鉴》。

按照"稳住一头，放开一片"的方针，加快科研院所体制改革，增强科技活力。2000年年底，浙江技术开发类院所已基本实现向企业化的转制，农业和社会公益类院所内部运行机制得到完善，逐步推行企业化管理。政府的角色从管理者变成了协调服务者。同时在开放和竞争的过程中，多渠道、多层次的科技投入体系初步形成，包括三个层面：一是财政科技投入持续增加，自然科学基金、省重点实验室、实验基地等专项资金投入在2002年超过了1000万元；二是通过鼓励、引导、税收扶持等政策，鼓励企业增加技术开发投入；三是科技融资渠道更加丰富，全省科技信贷投入规模提升，科技风险基金不断涌现。同时，技术市场得到进一步完善，2002年技术市场成交合同登记额达38.9亿元，是1992年的12.6倍。

其间，适应社会主义市场经济体制和科技自身发展规律的新型科技体制初步建立，科技与经济紧密结合的运行机制和多元化的科技投入体系初步形成，农业、工业、高新技术产业和社会发展等方面的科学研究进展迅速，科技综合实力开始跻身全国前列，科技进步在经济增长中的贡献率不断增大，其中农业高达50%以上，新技术产业增加值在工业增加值中的比重达到20%。民间资本日益活跃，对科技进步的贡献逐步增加，中国社会科学院于2006年公布的《中国各地区资本自由化指数》显示，2002年浙江的资本自由度超过了广东，跃居全国第一，之后浙江的资本自由度一直保持在全国前列。

三 描绘科技强省蓝图，实施创新驱动战略（2002—2007年）

2002年11月，党的十六大确定了今后20年全面建设小康社会的宏伟目标，同时要求"有条件的地方可以发展得更快一些，在全面建设小康社会的基础上，率先基本实现现代化"。根据党的十六大精神和中共浙江省第十一次代表大会的部署，2002年12月，浙江省委十一届二次全会做出了加快全面建设小康社会、提前基本实现现代化的决定。

然而，产业结构不尽合理，产业技术层次不高、龙头企业实力不强、自主创新能力弱、产品附加值低、原材料和能源消耗大、环境污染严重等问题，导致持续发展前景不容乐观。面对浙江经济发展"成长的烦恼"，从2002年年底到2003年上半年，省委主要领导深入省直部门和市、县（市、区）进行调查研究，广泛听取各方面的意见，根据浙江改革开放以来取得的成绩和浙江的优势及现代化发展需求，结合党中央的部署逐步形成了清晰的发展思路。2003年7月，浙江省委十一届四次全会召开，习近平同志在会上完整和系统地阐述了"八八战略"。"八八战略"坚持发展的第一要义，总结了浙江的八项优势，着眼未来，提出了浙江经济发展的八项举措，以发展的思路突出了浙江整体的战略布局，为浙江率先实现全面的小康和现代化目标提供了行动指南，指明了发展的具体路径。2006年3月，习近平同志主持召开浙江省自主创新大会，会后印发了《关于提高自主创新能力，建设创新型省份和科技强省的若干意见》以及《浙江省科技强省建设"十一五"科学技术发展规划纲要》，为浙江描绘了到2020年建成创新型省份的宏伟蓝图，并做出了具体的部署。

深入科技计划改革，引导企业加强科技投入。为了激励和引导企业开展技术创新活动，浙江省政府坚持需求导向和绩效导向，全面推进4类科技计划的整合工作；实施竞争性分配、"因素分配"和政府购买服务相结合的资源配置方式，先后研究制定了《关于进一步加快民营科技企业发展的若干意见》《浙江省创新型企业试点工作方案》《落实企业技术开发经费有关财务税收政策及相应管理办法》《关于鼓励发展风险投资的若干意见》等，一方面大力推行科技项目招、投标制，提高科技经费使用效率和产出水平，另一方面通过引导和支持企业加大科研投入，激励企业积极开展创新活动。2002—2007年，全省工业企业R&D活动经费从42.58亿元增加到231.19亿元，R&D经费支出翻了两番，从54.29亿元增加到281.6亿元，在全国的位次从第9位上升到了第6位（见图5-4）；R&D经费投入强度从0.68%上升到1.5%，在全国的位次从第15位上升到第6位。大中型工业企业中有科技机构的企业占比从2002年的32%上升到2007年的37.9%，在国内的位次由第8位上升至第2位。

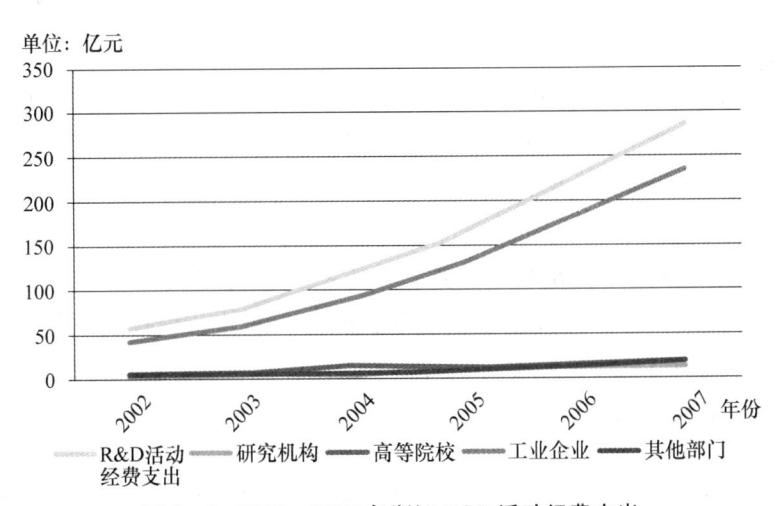

图5-4　2002—2007年浙江R&D活动经费支出

资料来源：《浙江科技统计年鉴》。

引进大院名校，补齐浙江缺乏大型科研院所、自主创新能力相对薄弱的短板。2003年11月，浙江省政府办公厅转发省科技厅、省人事厅、省教育厅、省经贸委和省财政厅联合制定的《关于引进大院名校联合共建科技创新载体的若干意见》，浙江在全国率先启动了引进大院名校联合共建创新载体战略。这一举措一经推出，便得到全省各地的积极响应，浙江出现了引进大院名校共建创新载体的热潮。2005年，浙江省科技厅和省财政厅联合发文《关于对引进大院名校共建科技创新载体实行以奖代补的意见》，进一步推动引进大院名校共建科技创新载体工作。

十多年来，浙江持续引进大院名校，鼓励各地以企业为主体，引进团队、高层次人才，与国内外大院名校共建研发机构等各种形式的创新载体；支持有条件的地区建立集聚区促进科技创新、成果转化和产业化。至2016年年底，全省引进共建包括浙江清华长三角研究院、中国机械科学研究院浙江分院、浙江加州国际纳米技术研究院、浙江香港科技大学先进制造研究所等创新载体740家。根据《2016年浙江省引进大院名校共建创新载体情况调查分析报告》，其中上报数据的440家载体的数据显示：截至2016年年底，载体建成研发中心以及实验室1757个，从业人员超过5万人，科技活动人员17258人，其中高级职称的4202人；累计投入资金88.6亿元，载体总收入89.3亿元；2016年，载体对外签订技术合同8950项，研发课题5059项，新增各类计划项目2061项，国家和省部级项目835项，当年在研横向课题1651项，开发新产品2007个，形成新工艺或新技术1535项，转移、转化技术成果1084项；开发、转移、转化成果收入达45.2亿元；载体获得专利3846项，拥有有效发明专利8131项。这一举措，聚集了创新资源，提升了企业的创新能力，加速了科技成果的转化，并且有效引导社会资金参与创新载体的建设，在提升浙江的自主创新能力，增强全省各类创新主体的科技创新能力方面起到了积极的作用。

建设先进制造业，推进高新技术产业发展。2003年，浙江省政府出台《浙江省先进制造业基地建设规划纲要》，这是我国第一部先进制造业基地建设规划纲要，它对浙江先进制造基地建设的指导思想、目标任务、发展道路和保障措施做出了明确的阐述，规划指出要以高新技术为先导，高附加值产品为主体，传统优势产业为基础，培育产业规模大、技术创新能力强、管理先进的产业集群区，并确定了到2010年和2020年的发展目标。

围绕上述纲要，浙江各地、各部门结合自身实际，出台了先进制造业基地的配套政策，掀起了先进制造业基地建设的高潮。在各级政府的积极调动下，浙江的民营经济在工业领域的投资空前高涨，在规划纲要发布的当年，工业投资超过1200亿，其中民间投资占了八成，浙江规模以上工业投资中，2006年重工业第一次超过了轻工业，标志着浙江工业从产业链末端向产业链上游迈出了第一步。同时随着各地建设先进制造业基地的步伐，海外世界500强企业也纷纷开始入驻浙江，诺基亚杭州研发中心成立后，三星在杭州设立了杭州半导体研究所，东芝笔记本在杭州建立了生产线，日本住友电工相中嘉兴，通用电气落户丽水……使浙江越来越向国际制造业的转移集聚地靠拢。同时，吉利汽车、万向、海量、西子、正泰、杭氧等一批企业快速发展。

2005年4月7日，浙江省政府和中国科学院、中国工程院共同主办的先进制造业技术合作与交流大会在杭州召开。这次大会上共签约合作项目200个，涵盖高新技术、传统产业改造、装备制造等领域，涉及众多企业、专业化服务机构、科研院所和大专院校，其中包括171个技术合作项目和涉及10个区域的技术创新服务平台。这次会议是"浙江制造"转向发展以技术创新为新动力的"浙江创造"的标志。

建设人才强省，创战略资源新优势。2003年12月，浙江省委、省政府召开了中华人民共和国成立之后的首次全省人才工作会议，传达和贯彻全国首次人才工作会议的精神，对浙江人才强省的战略进行了全面的部署，并于会后印发了《关于实施人才强省的决定》，决定共包含10个方面30条，着重从加快高层次人才、高技能人才和紧缺急需人才培养；重视发挥现有人才作用，积极做好留学和海外高层次人才引进工作；完善人才评价和激励机制；加强人才市场体系建设；优化人才环境；推进非公有制经济组织和在社会组织人才资源开发等方面提出任务要求和政策措施。2004年，中共浙江省委办公厅颁布了《关于加快推进高技能人才队伍建设的若干意见》，指出要按照"需求定向、企业主导、行业参与、条块结合、政府帮助、政策支持"的原则采取有效措施，全面实施高技能人才培养培训工程。浙江在人才培养、引进、使用的工作上面得到了全面加强。从2002年到2007年，浙江省政府发布了多达40项的人才政策，培养和吸引了大量的科技人才，为浙江的科技创新与创业提供了坚实的基础。浙江的研究与试验发展（R&D）人员增长迅速，工业企业R&D人员数从2002年的16160人增加到2007年的105550人（如图5-5所示）。同时，浙江开始推行科技特派员制度。浙江的做法得到科技部和人事部的充分肯定，2004年，两部委向全国推广这一做法；2006年，联合国教科文组织确立浙江为UNIP科技特派员实验区。科技特派员制度的推行，带动了农民创业创新，促进了科技资源转向农村基层。

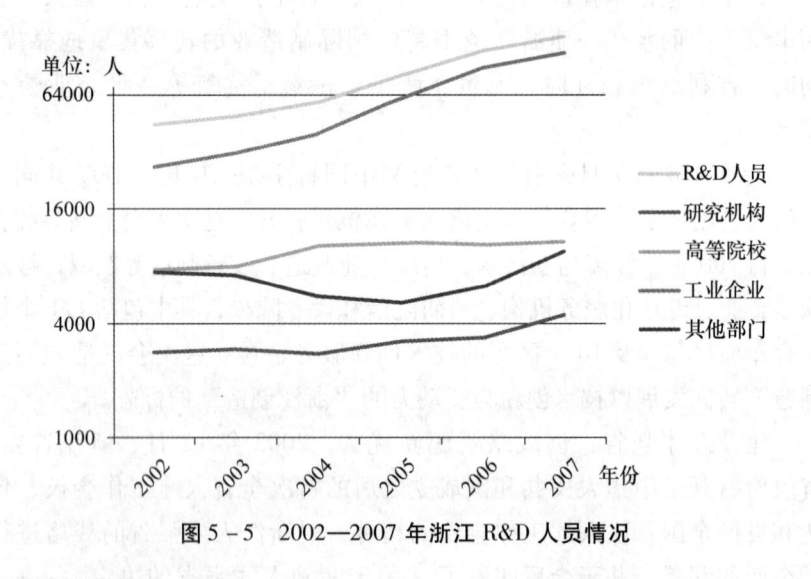

图5-5 2002—2007年浙江R&D人员情况

构建知识产权强省，优化创新活力。2002年，浙江对1997年颁布的《浙江省科学技术进步条例》进行了修正，对省、市、县（市）财政科技投入的年增长幅度等条文做了调整。之后，先后制定颁布了《浙江省促进科技成果转化条例》《浙江省专利保护条例》和《浙江省非物质文化遗产保护条例》等。各地市也制定出台了一系列政策法规，鼓励和促进科技进步与创新。在建立健全政策法规的同时，不断加强对有关科技进步法律法规执行情况的督查，使全省科技进步与创新的法制环境日趋完善。2005年，浙江省十届人民代表大会常务委员会二十次会议修订通过了《浙江省专利保护条例》，修订后的条例在营造创新环境、强化执法力度方面进行积极的探索，形成了鲜明的地方特色，有效地推动了浙江专利工作的规范发展。

2006年5月16日，浙江省政府正式发布《浙江省"十一五"知识产权发展规划纲要》，这是浙江首个将专利、商标、版权及其他领域的知识产权、知识产权优势企业培育及知识产权保护通盘考虑的规划。之后浙江省人大常委会第二十八次会议审议通过了《浙江省企业商号管理和保护规定》，省政府正式批准了与该法规配套的《浙江省知名商号认定办法》，省工商局印发了《关于加强证明商标和集体商标培育保护工作的意见》。由此进一步推进了浙江区域、行业和企业品牌"三位一体"的品牌建设。同时，浙江省知识产权局会同有关部门修订印发了《浙江省专利专项资金管理办法》，加强对专利资金使用的针对性和扶持力度，省版权局会同其他部门联合印发了《浙江省推进企业使用正版软件工作实施方案》，积极推进全省企业使用正版软件工作，完成了《浙江省著作权保护办法》的立法调研和起草工作。省质监局会同检察院、公安厅、整规办印发了《关于质量技术监督行政执法机关移送涉嫌犯罪案件的若干意见》。

习近平同志在浙江工作期间，浙江的知识产权战略通过法制得到不断强化。截至2006年，浙江累计拥有中国名牌195个，位居全国第二；共有89个产品入选中国名牌，其中2006年新增57个，为历年上榜中国名牌产品数量最多的一次。与此同时，2006年，浙江新增驰名商标55件，累计拥有量连续4年位居全国第一，全省国际商标注册跃上新台阶，以总数11369件位居全国之首。2006年，全省有12项重大成果获国家科技奖。其中国家自然科学奖1项，国家技术发明奖2项，国家科技进步奖9项。280项成果获省科技进步奖。其中一等奖23项，二等奖91项，三等奖166项。2006年，全省共获专利授权30968件，比上年增长62.5%，其中获发明专利授权1423件，比上年增长28.2%；每万人口中专利授权量由2005年的4.21件提高到 2006 年的 6.8 件。浙江省的专利申请和授权从 2003 年开始呈现出爆发式的增长，之后专利申请和授权量稳居全国前列，开启了一个新的知识产权时代（见图 5-6）。

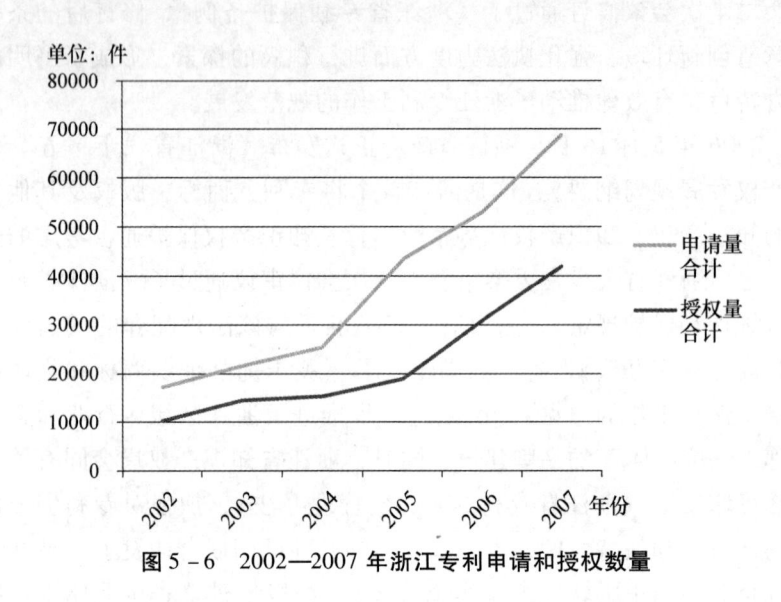

图 5-6 2002—2007 年浙江专利申请和授权数量

建设网上科技市场，促进科技成果转化。一直以来，科技资源不足是制约浙江科技创新发展的一个瓶颈。为破解这一掣肘，浙江突出"互联网+成果转化"，2002 年，由科技部、国家知识产权局和浙江省主办的中国浙江网上技术市场投入运行，至今网上技术市场形成了由省级中心、11 个市级市场、94 个县分市场和 29 个专业市场构成的体系架构。2006 年，中国浙江网上技术市场累计成交技术合同 101.39 亿元，首次突破 100 亿。截至 2016 年 9 月底，网上技术市场已累计发布技术难题 8.1 万项，征集并发布科技成果 16.2 万项，成交并签约项目 3.8 万项，成交金额 378 亿元，在线企业近 10 万家，高校、科研机构 3 万多家，中介机构 1 万家，网站访问人数达到 1450 万人次，总体规模和各项指标均保持全国领先。[①] 2012 年，网上科技

[①] 周国辉：《把科技成果转化作为"第一工程" 继续打响"浙江拍"品牌》，《浙江日报》2016 年 11 月 28 日。

市场开始接轨实体市场，建设"展示、交易、交流、合作、共享"五位一体的浙江科技大市场。浙江科技大市场于2014年建设使用，引进了43家从事技术转移、咨询评估、投资融资、知识产权等方面的科技中介机构入驻，形成一站式的创新服务链，初步实现了实体技术市场与网上技术市场功能的互补。2016年，浙江成功获批首个全省域国家科技成果转移转化示范区，今后浙江将加快打造成为全国一流的科技成果交易中心。浙江科技大市场的发展，真正实现了"浙江科技经费全国用，全国智力资源浙江用"。

四 进入新常态，全面深化创新型省份建设（2008年至今）

自2008年国际金融危机以来，全球经济和产业格局发生了深刻的变化。面对世界经济和科技创新发展的新趋势，世界主要国家纷纷调整发展战略和政策，将创新发展作为产业转型和升级、提高持续竞争力的手段。面对新的世界经济形势以及我国经济社会发展的新阶段，胡锦涛同志强调"坚持把科技摆在优先发展的战略位置，把科技创新作为经济发展的内生动力，激发全社会的创造活力，推动科技实力、经济实力、综合国力实现重大跨越"，正是在这一背景之下，浙江在全国率先进入"新常态"。

2007年6月，中共浙江省第十二次代表大会召开，会上赵洪祝同志做了题为"坚持科学发展促进社会和谐，全面建设惠及全省人民的小康社会"的工作报告。提出要坚定不移地走"创业富民、创新强省"战略，2012年12月，中共浙江省第十三次代表大会上赵洪祝同志提出了既物质富裕又精神富有的"两富"浙江建设之路，对"两创"进一步落实；2014年5月，浙江省委十三届五次全会召开，会上提出了"建设美丽浙江、创造美好生活"的战略，这一战略是对"两富"战略的深化和提升。"两创""两富""两美"三者一脉相承，是"八八战略"的具体体现，是不同时期浙江发展的不同要求。

多层次的创新平台体系初步建成。创新驱动的发展战略是加快浙江经济转型升级的重大战略部署，创新平台的建设是这一战略实施过程中的重要战略举措，是解决"科技两张皮"和"四不"现象的重要途径，从而形成了浙江发展的新模式和新优势，做到资源节约、减少污染、促进经济"又好又快"发展。在40年改革开放的基础上，浙江在创新平台建设上实现了重大突破，形成了高新园区、特色小镇、众创空间、科技城、科技孵化器以及各类研究院、研发中心、实验室等创新载体多位一体的创新体系。

为了强化企业创新主体地位，浙江从2009年开始推进省级企业研究院的建设，省级企业研究院依托大型企业设立，充分地集聚了创新要素，加强了企业内外部创新资源的有机整合，成为省科技创新资源的集聚基地，支撑了企业的持续发展，是一条典型的"企业出题、政府立题、协同破题"发展道路。为了能够更好地促进省级研究院的发展和管理，2014年，浙江省科技厅印发了《浙江省企业研究院管理办法》，2016年，浙江省科技厅、省发改委、省经信委、省财政厅联合发布了《关于进一步加强省级重点企业研究院建设和管理有关事项的通知》。截至2017年年底，全省260家省级重点企业研究院拥有在职科研人员52731人，平均每家203人，其中16家研究院科研人员超过500人，4家超过1000人。科研人员中具有硕士学位、博士学位、高级职称的人才分别为6802人、1045人和3187人。省级重点企业研究院还引进和吸纳了48位"国千"人才、41位"省千"人才和328位海外工程师。

作为创新驱动发展的主阵地、主战场，高新园区促进创新资源有效集聚。截至2017年年底，浙江共建成省级以上高新区36家，其中国家级高新区8家，2017年1—6月，浙江高新园区规模以上工业增加值对全省规模以上工业增加值增长的贡献率、高新园区高新技术产业增加值占全省高新技术产业、高新园区新产品产值占全省规模以上新产品3个高新区发展的核心指标均达到1/3以上。全省实现高新技术产业增加值3033.2亿元，同比增长10.8%，增幅高于规模以上工业3.1个百分点，继续领跑规模以上高新产业。

2015年浙江省《政府工作报告》提出，要加快规划建设一批特色小镇，以新理念、新机制、新载体推进产业集聚、产业创新和产业升级。2015年4月，浙江省政府就出台了《关于加快特色小镇规划建设的指导意见》，对特色小镇的创建程序、政策措施等做出了规划。2016年3月，浙江发布了《关于高质量加快推进特色小镇建设的通知》，车俊同志到浙江工作以来，对"小镇"成长非常关注，曾多次到特色小镇进行考察调研，提出"坚持科技创新、制度创新'两个轮子一起转'，加快建设特色小镇"工作部署的要求，在中共浙江省第十四次代表大会报告中，车俊同志明确提出，要"高标准建设特色小镇"，并亲自推动特色小镇规划建设工作。

特色小镇"非镇非区"，不是行政区划单元上的一个镇，也不是产业园区的一个区，而是按照创新、协调、绿色、开放、共享的发展理念，结合小镇所在地区的产业基础、地理、生态、人文等特点所建造的，聚焦在信息经济、环保、健康、旅游、时尚、金融、高端装备七大新兴产业，是融合产业、文化、旅游、社区功能的创新创业发展平台。2015年以来，浙江通过制定科学的政策激励机制、坚持市场化导向以及严格的规划考核机制，已形成"首批2个省级特色小镇、三批106个省级创建小镇、两批64个省级培育小镇"的建设发展格局。除此之外，全省每一个设区市都在积极培育总数在100个左右的特色小镇。2016年，认定了127个镇为第一批中国特色小镇，其中浙江省共有8个小镇入围，是全国入围数量最多的一个省。如今，特色小镇已经成为加快产业转型升级的新载体，推进项目建设、拉动有效投资的新引擎。

科技金融结合，扶持科技型中小企业的创新发展。浙江的科技项目以及科研经费管理已经逐渐形成了"四位一体"的计划体系，并进行了科技与金融结合的探索，先后发布了《关于进一步加大对科技型中小企业信贷支持的指导意见》《关于促进科技和金融结合加快实施自主创新战略的若干意见》《科技型中小企业创业投资引导基金管理暂行办法》《科技型中小企业创业投资引导基金股权投资收入收缴暂行办法》《关于加强知识产权质押融资与评估管理支持中小企业发展的通知》《新兴产业创投计划参股创业投资基金管理暂行办法》《浙江省科技计划（专项、基金）项目实施及经费管理使用监督检查办法》以及《关于进一步推广应用创新券 推动"大众创业 万众创新"若干意见》等多项政策和意见，涉及引导、风险补偿、信贷、股权和知识产权融资、创业投资基金管理等方面。2011年以来，杭州市、温州市、湖州市和宁波高新区作为首批国家级促进科技和金融结合试点区，在科技和金融结合试点方面进行了积极探索。

总体来讲，浙江在金融与科技结合的做法上可以总结为以下几点：一是设立引导基金，形成财政的放大机制。政府设立并按市场化模式动作，引导社会资金进入创业投资领域，起到"四两拨千斤"的效果。二是建立风险补偿补助，完善融资风险分担机制。浙江各地通过开展建立风险基金池、贷款保证保险等工作，建立企业融资风险分担机制，促进银行扩大对科技企业的信贷规模。三是成立信贷专营机构，实行差别化监管。科技信贷专营机构是商业银行成立的专门为科技中小企业提供融资服务的借贷中心或支行，解决了科技中小企业融资过程中的许多问题。四是完善政策性担保，降低企业融资门槛。融资性担保是增加科技型小微企业信用的有效途径，引导了金融机构加大对科技小微企业的融资支持。五是创新金融产品，完善企业融资环境。浙江省创新的科技金融产品包括专利权质押、融资周转金、集合贷款、债权融资等，为科技企业融资提供多种途径。六是对接多层次资本市场，实现资源有效配置。资本市场可以有效地对科技企业技术、人才等无形资产进行市场定价，实现资源有效配置。2012年9月，浙江成立了区域性股权交易市场——浙江股权交易中心。该中心专设创新版，鼓励科技型企业，包括未经股改的有限责任公司挂牌，为企业引进投资、并购等融资活动提供平台。

信息化带动工业化、以工业化促进信息化，实现两化深度融合。浙江的信息产业起步较早，尤其是在电子商务领域。从20世纪90年代初开始发展，到2007年，浙江已经发展成为全国电商最发达的地区。截至2007年，浙江省共有超过10万家互联网企业，电子商务成交额超过5000亿。浙江的行业网站在全国也是独树一帜，在全国3000多家行业网站中，浙江占了约20%；而在前100强行业网站中，浙江更是占据了40%，远超北京、广东、上海。因此，浙江的信息产业有着非常好的基础，浙江的信息产业是国民经济的基础与先导产业，在全面建设小康社会和国家现代化与信息化中起着举足轻重的作用。近年来，信息产业的持续快速增长，为信息化整体推进起到了强有力的支撑和保障作用。

2014年5月，浙江省政府出台《关于加快发展信息经济的指导意见》，提出到2020年，初步确立信息经济在全省经济中的主导地位，浙江成为全国信息经济发展的先行区。之后，浙江先后制定出台了促进电子商务、科技支撑、产业基金、统计标准、互联网进入等发展专项政策和实施意见。编制了《浙江省信息经济发展规划（2014—2020年）》，明确了全省信息经济发展的十大重点领域。为了支持信息经济发展，当年浙江省级财政安排3亿多元资金；积极争取国家专项补助资金2.4亿元，扶持电子信息及物联网、云计算、平板显示等产业发展；省政府专门设立信息经济创业投资基金，规模达50亿元。与此同时，全省累计在14个领域建立100多家省级重点企业研究院，组织启动了近200多项重大技术攻关计划，初步建立了以企业为主体的产业技术创新体系。至今，浙江先后有30多项国家级信息经济相关的试点示范，数量和种类居全国前列，包括智慧城市、三网融合、云计算、跨境电商等项目。

如今，信息产业已经成为浙江省快速发展的重要支柱之一。2016年，全省规模以上电子信息制造业增加值1599.9亿元，高出全省规模以上工业7.4个百分点，软件业务收入3602亿元，增长18.6%，高于全国软件增速3.7个百分点；2016年浙江实现网络零售额10306.7亿元，突破万亿大关，增长35.4%，跨境电商、农村电商等领跑全国，全国电子商务百强县浙江占49席，全国211个淘宝村中浙江占62席，均居全国第一。跨境电商快速发展，2016年全省累计实现跨境网络零售（出口）超过319.26亿元，同比增长41.69%，全省共有跨境电商6.44万家，数量居全国第二。

2014年，浙江全省启动18个"两化"深度融合示范试点区域建设，实施示范试点项目800多项，总投资426亿元，有效地推动了制造业的智能化、网络化。2012—2016年，在工业投资中，浙江以"机器换人"为重点的工业技术改造累计投资27617亿元，年均增长19.8%。在2016年制造业投资中，装备制造业投资比重为49.3%，比2012年提高2.1个百分点；高新技术产业投资比重为30.2%，比2012年提高7.0个百分点。2016年年底，浙江已创建了18个综合示范区、8个专项示范区及7个试点区，同时通过深入实施"十行百企"数字工厂示范工程，新建6个智能制造试点示范区（平台）、15

个智能制造新模式应用试点示范项目。在启动实施"机器换人"后，2013—2016年，浙江万元工业增加值用工人数分别下降9%、8.6%、7.5%、7.4%，相当于4年累计弥补普通劳动用工需求缺口250万人。企业在减少劳动用工、节约原材料和能源消耗、优化库存管理的同时，产品质量稳定性、一致性不断提高，降成本优品质效果十分明显，2013—2016年，浙江省制造业产品合格率提高了5.0个百分点。

在"八八战略""两创""两富""两美"战略的指引之下，浙江在前一阶段的基础上，全面实施重大科技专项，深入实施引进大院名校战略，进一步推进了先进制造业和科技创新工程建设，持续推进知识产权和人才战略的落实，积极推进海洋经济的发展，加强了资源、环境、健康安全等社会领域科技工作，在创新平台和载体建设取得重大突破；以"五水共治"为突破口，打出了一套漂亮的组合拳，包括"五水共治""三改一拆""四换三名""四边三化"、创新驱动、"一打三整治"、市场主体提升、小微企业成长计划、浙商回归、规划建设特色小镇，精准发力，为浙江创新型省份的建设做出了重大贡献。

第二节　浙江创新驱动发展与政府改革的主要举措

一　注重战略谋划，引领全面创新发展

一个地区要发展，就需要有一脉相承的战略构想和一以贯之的实干举措，否则就会失去方向，走很多的弯路。21世纪初，在各种"成长的烦恼"层出不穷的背景下，各级政府通过大量调研，将问题聚集到如何发挥浙江优势和补齐浙江短板两个关键方面，提出了解决浙江走什么路、怎么样率先实现现代化的问题的"八八战略"。"八八战略"提出以来，历届省委领导都把"八八战略"作为重要指导思想统揽浙江发展全局的主线、总纲。

习近平同志主政浙江期间，围绕"八八战略"，全面布局浙江的发展，围绕科技强省、人才强省、文化大省、教育强省，通过体制机制创新，推动了国企改革和民营经济的飞跃，激活了企业的创新活

力；通过加强与长三角地区政府、企业的合作交流，使浙江在科研院所建设、技术交流得到了重大突破；通过加快先进制造业基地建设，为产业升级构筑了新平台；通过全面规划和启动生态省建设，形成了绿色浙江的新氛围；通过山海协作，培育了欠发达地区的经济新增长点；通过信用浙江、法治浙江的建设，使得浙江的知识产权建设上了一个新台阶；为浙江打造创新型省份做出了全面的布局。

赵洪祝同志在浙江主政期间，在"八八战略"的引领下，对"八八战略"进行了进一步的细化，提出了"创业富民、创新强省"以及"物质富裕、精神富裕"的发展目标，并对改革进行全面深入的推进，以全面改善民生为主线，加快推进了平安浙江、法治浙江、文化大省的建设，积极推进海洋经济发展示范区、温州金融综合改革试验区等，谋划和推动大平台、大项目、大产业、大企业"四大建设"和生态浙江建设，为浙江创新型省份建设打下了坚实的基础。

夏宝龙同志在浙江主政期间，深入实施"八八战略"，全面推动"四个全面"和"五大发展理念"布局在浙江落地，针对转型升级的问题，省委提出要以"五水共治"为突破口，打好转型升级"组合拳"，通过"五水共治""三改一拆""四换三名""四边三化""创新驱动""浙商回归""一打三整治"、市场主体升级、小微企业三年成长计划、七大产业培育、规划特色小镇等，充分发挥浙江的优势，为浙江建设创新型省份打开了提升空间。[①]

2017年4月，车俊同志在接任浙江省委书记的第一时间就强调"八八战略"是引领浙江发展的总纲领，是推进浙江各项工作的总方略；"八八战略"这篇大文章，"不是管五年十年的，而是管全局管长远的……"，之后更是六谈"八八战略"，并要求各市班子要对照"八八战略"梳理近年来哪些优势发挥得比较好、哪些工作做得还不够到位、哪些短板还没找准补齐，以此作为改进工作、推动发展的开局之作。2017年5月10日，车俊同志在《浙江日报》头版头条发表

---

① 夏宝龙：《"八八战略"：为浙江现代化建设导航》，《求是》2013年第5期。

了《坚定不移沿着"八八战略"指引的路子走下去》。[①]

"两创"战略激发了浙江的市场热情，进一步彰显了浙江人民创业创新的优势；转型升级系列组合拳，进一步开拓了浙江经济转型之路；"五水共治""三改一拆"，是对"绿色浙江""腾笼换鸟""凤凰涅槃"的延续，是对"绿水青山就是金山银山"的践行；"四张清单一张网""最多跑一次"改革，源自机关效能建设，将简政放权推向深入。"八八战略"是推进"四个全面"战略布局在浙江的实践，是未来浙江推进五大发展理念的总路径。习近平同志曾经指出，"八八战略"不是拍脑袋的产物，而是经过大量的调查研究提出来的发展战略，聚焦的是如何发挥优势，如何补齐短板这两个关键问题，不要口号化，口号化的最终就是泡沫化，要抓实实在在的、有针对性的工作。

二 发展技术市场，促进科技成果产业化

浙江是国内比较早开放技术市场的省份之一，最早可以追溯至1979年，1982年3月，浙江召开了首届技术交易会，取得了良好的成效，并于1987年颁布了全国第一部地方性的技术市场条例——《浙江省技术市场条例》。进入21世纪，互联网的发展开始进入快车道，浙江抓住时机，开始将互联网与技术市场相结合，于2002年成立浙江网上大市场。2012年，为了解决网上市场与实体市场脱节的问题，开始建设"五位一体"的科技大市场，并于2014年投入使用。如今，浙江网上技术市场已成为国内资源集聚最多、技术交易最活跃、绩效最明显的网上技术市场之一。

浙江科技大市场是按照"平台化、市场化、产业化"的要求打造的"一平台、三体系、一模式"的科技大市场体系，一平台是指技术市场与科技大市场的双层复合、功能互补的交易平台；三体系指的是供需体系、技术交易服务体系、技术交易保障体系；一模式指的是竞价（拍卖）与其他方式相结合的技术转移模式。浙江在建设科技

[①] 车俊：《坚定不移沿着"八八战略"指引的路子走下去》，《浙江日报》2017年5月10日。

大市场上的具体做法包括：

一是领导高度重视。张德江同志在浙江省委十届七次全会上明确要求全省要切实办好浙江网上技术市场，积极探索科技成果交易、转化的新途径；此后，吕祖善同志曾多次听取专题汇报，明确表示政府要提供公益性服务。在网上技术市场启动的当天，多名省部领导出席了启动仪式，包括当时履新浙江的习近平同志，这是他到浙江参加的第一个活动。此后历任政府领导都高度重视浙江网上技术市场的建设。2017年12月8日中国浙江网上技术市场活动周在杭州开幕，浙江省委副书记、省长袁家军，浙江省人大常委会副主任毛光烈，浙江省政协副主席孙文友，国家知识产权局原局长、中国知识产权研究会理事长田力普等出席会议。

二是建立省、市、县三级市场分工协作机制和跨部门统筹协调机制，"一体化运营"实现线上线下一体化运营。目前，浙江网上技术市场已形成1个省级中心、11个市级市场、94个县级分市场和29个专业市场组成的统一平台。截至2016年年底，累计成交技术合同42000多份，合同金额超过463亿元。同时2014年建设的线下实体市场为网上平台提供"展示、交易、交流、合作、共享"五位一体的服务，与线上形成优势互补的局面。目前浙江省有线下大市场51家（市级11家，县级39家，省本级1家）。同时对网上技术市场进行改造提升，建立了一批"网上技术市场+孵化器""网上技术市场+众创空间""网上技术市场+示范推广基地"等网上网下紧密结合、创新资源积聚、服务功能齐全、使用快捷方便、安全机制完备的服务平台。

三是科技人员、企业、中介共同参与，实现多方互动的科技交易生态系统。根据中国浙江网上技术市场网站实时数据显示，截至2018年5月，浙江网上技术市场累计入驻专家62870名，院所31865所，服务机构12426多家，共有会员数目183355人，实现了全国的智力浙江用。围绕技术评估等领域，引入高校、企业、科研机构、专家等入驻，集技术供需服务、研发合作服务、技术交易服务、高校院所服务、科技企业服务的科技交易、项目孵化、成果交易、科技金融、众创空间创新生态于一体，形成了省市县科技大市场资源共享、平等竞争、协同服务的机制，打造了具有区域特色的科技大市场。

四是建设市场主体，实现公司化运营。浙江网上技术市场结合本省实际准确定位，以服务企业为宗旨，通过试点，一些长期制约技术市场发展的体制机制障碍逐步破解，促进技术市场建设发展的积极因素不断增强，运营主体从事业单位向企业转变，政府主导向市场导向转变，综合性服务向专业化服务转变。各地科技大市场的运营主体更加具有活力，运作机制更加灵活，在浙江科技大市场全省首批26家试点单位中，以公司化运作的运营主体18家。

三　推动绿色创新，实现产业可持续发展

在40年的发展过程中，浙江的发展并非一帆风顺。作为资源小省，浙江面临着诸多问题，尤其是粗放型的经济增长方式，造成了严重的环境污染。因此，早在2003年7月，时任浙江省委书记习近平同志便提出，要进一步发挥浙江的生态优势，创建生态省，打造"绿色浙江"。在"八八战略"的引领之下，启动"千村示范、万村整治"和"洁净乡村"建设。2010年，浙江提出建设全国生态文明示范区；2012年提出"坚持生态立省方略，加快建设生态浙江"；2014年提出建设"两美"浙江，重点推进铅蓄电池、电镀、印染、化工、制革、造纸等重污染行业整治，强化"腾笼换鸟"力度。在浙江的经济发展率先进入了新常态后，浙江省政府更是推出了一系列的组合拳，推进"五水共治"护绿水、"三改一拆"治违建、"四边三化"美环境，以实现浙江经济发展的转型升级，朝着从"两创""两富"到"两美"的路径进发。浙江的经验表明，环境友好与经济发展并不冲突，而其中的关键便是科技创新。

一是利用科技治理污染。围绕治水政策、规划引领、技术攻关、企业培育等八类问题，浙江省科技厅提出了有针对性的科技治水措施与对策，完成了省委、省政府"五水共治"子课题——"浙江科技治水的实践与探索研究"。全省各地科技部门主动征集技术需求，研究破解治水技术难题，有效形成了科技治水的工作合力。

二是大力发展节能环保产业，从而改造传统制造业，实现"以生态文明建设促转型升级、以转型升级保生态文明建设"。节能环保产

业一方面可为高污染、高能耗的企业提供节能环保技术和装备支撑，另一方面也推动着相关产业加大技术改造力度，促进产业升级。比如诸暨加快现代环保装备产业基地建设，成为中国最大的环保产业集群，生产的大气除尘装备占国内市场份额2/3强，推动节能环保产业进一步发展壮大。据统计，浙江环保装备产业规模居全国前列，占比超20%。

三是发展信息、健康、旅游等新型产业。在省政府的引导和治理之下，浙江已有许多地方（安吉、开化、淳安、长兴等）成功实现了绿色转型。浙江的绿色转型，同时也拉动了浙江的绿色创新，节能环保产业盛宴正在开启，节能环保被列入七大万亿级别产业，传统企业正在以绿色为突破口，发展可持续、可循环的生产方式，在政策的引导下充分发挥企业的创新能力，长兴蓄电池产业的绿色转型正是一个典型案例。

专栏5-1　长兴蓄电池产业的绿色转型

20世纪八九十年代，长兴工业因为蓄电池、水泥、粉体、印染、耐火、工业炉等传统产业的支撑，快速发展。但随着市场对工业技术水平的要求不断提高，这些支柱产业的发展遇到了难题，技术含量低，资源消耗大，环境容量已触及"天花板"，产业结构调整迫在眉睫。

2005年和2011年，长兴先后开展了两次蓄电池产业专项整治，大面积开展对蓄电池"低小散"企业的关停淘汰。长兴专门出台了《长兴县蓄电池产业转型升级实施意见》，引导蓄电池产业集群集聚发展，政府投资7.39亿元用于基础设施建设，规划了郎山和城南两大新能源高新园区。2011年，长兴实施"休克疗法"，对蓄电池行业实施比国标还要严格一倍以上的"长兴标准"，将原有175家蓄电池企业中的159家倒逼出局。

同时长兴出台了《铅酸蓄电池行业专项整治扶持政策》《关于金融支持长兴县铅酸蓄电池企业专项整治和转型升级的指导意见》等一系列专项扶持政策，在税收、土地、规费、设备投入等方面扶持和鼓励保留企业原地提升或搬迁入园、关停淘汰企业转产转行，共涉及政府资金近2亿元。通过整治，长兴蓄电池行业产值增长10.5倍。长兴蓄电池生产形成了从电池研发、生产及组装、原辅材料加工、零配件制造、销售到废旧电池回收的完整产业链。

目前，长兴蓄电池企业与国内20多家科研院所建立了合作关系，拥有2个国家级技术中心，8家企业研发中心，10家企业被评为国家重点扶持高新技术企业。2016年上半年蓄电池产业完成产值153.4亿元，同比增长12.2%；完成销售121.9亿元，同比增长3.95%。与此同时，完善科技创新优惠政策，鼓励支持企业研发创新，积极推动产品技术革新，加大新型电池研发力度，鼓励企业扩大蓄电池产品应用范围，开拓电池市场新空间，并且加快企业从动力应用领域向UPS电源、风力发电、太阳能发电等配套储能领域拓展。

四 依托高效服务，营造良好的创新生态

自1999年开始，浙江经历了5轮的行政审批制度改革，以提升行政效能，从政企不分到政府职能转变，从打不完的电话、盖不尽的公章到一张清晰明了的清单的转变，开启了从"一直在路上"到"最多只跑一次"的征程。2013年11月，作为全国唯一试点，浙江启动了以"权力清单"为基础的"三张清单一张网"建设，并于2014年7月，在全国率先部署"责任清单"工作，逐步形成"四张清单一张网"的总体布局。2016年12月，车俊同志在浙江省委经济工作会议上第一次提出了"最多跑一次"；2017年1月，"最多跑一次"被写进政府工作报告。

在促进科技创新的道路上，浙江省政府把"公共性""服务性"作为科技部门工作的取向，强化公共服务导向，大力发展市场化、专业化、集成化、网络化的"众创空间"，为创新创业提供全要素、低成本的服务；通过改善科技云服务平台，完善"数据一网打尽、服务一步到位"的众创服务体系，努力为各类创新载体提供精准的服务；坚持问题导向、精准对接，围绕高新区等重点区域、科技型企业等重点对象，建立常态化、长效化的工作机制，为科技企业提供"店小二"式的服务；最终营造出更有活力的创新生态系统和"大众创业、

万众创新"的氛围。浙江提高政府效能的具体做法包括：

第一，改变服务理念。随着市场化发展和改革的深入，原有计划经济的执政理念与新的需求产生了极大的冲突，因此，随着改革的进一步深入，"服务至上""以人为本"的服务型理念得以确立。自2013年起，时任浙江省委书记夏宝龙同志就多次强调，政府部门、机关干部要努力成为经济社会发展中的"店小二"，之后"店小二"式的服务便在浙江科技工作的方方面面体现出来。

第二，定期开展规范性文件清理工作。2015年，浙江省对以省科技厅名义发布的现行有效的126件规范性文件开展清理工作，废止行政规范性文件8件，明确规定其他未列入继续有效目录的省科技厅行政规范性文件将不再作为今后行政管理的依据。同时建立健全法律顾问制度，充分发挥法律顾问在重大科技决策、立法项目研究论证、规范性文件制定等行政决策中的积极作用，防范法律风险。

第三，推进政府信息公开工作，建立政务公开负面清单制度。扎实推进行政审批、财政预算决算等重点领域信息公开，加大主动公开力度，丰富主动公开信息内容，全面加强政府信息主动公开工作，公布的每个事项，都做到尽量详尽，针对每个事项，进一步简化办理流程，明确材料提交规范，并进行材料清单、办事流程、咨询电话公布，真正做到服务流程再简化、审批登记再简便、服务效能再优化。

第四，完成科技系统权力清单基本目录库比对规范、责任清单修订、"双随机"监管制度建立等工作。深化"四张清单一张网"，持续推进简政放权、转变职能，增加公共服务供给，简化优化公共服务流程，把先进的技术引入其中，完善科技创新云服务平台功能，基本实现公共服务事项的网上受理、办理和反馈。

第五，拓宽信息传播渠道。想方设法通过各种途径，最大限度地提高信息覆盖率、传播率和有效率，让办事人员了解、便捷获取信息。将已公布的"最多跑一次"事项全部入网，方便办事人员查询。将已公布的"最多跑一次"事项制成汇编材料，每个事项配备所需材料的填写样稿，发放到一线，对窗口工作人员进行业务指导和培训，提升窗口业务人员整体业务技能，打造"通岗型"审批登记专业人才。

专栏5-2　浙江"店小二"式服务

　　古代在驿馆、酒店服务的人员，人们常称其为"小二"或"店小二"，在古装剧本中，通常是"打酱油"的角色。如今，这个词在新的时代有了新的解释，淘宝员工统称为"店小二"，网店客服自称"店小二"，浙江政府部门中也有群"店小二"。自2013年起，浙江时任省委书记夏宝龙同志就多次强调，政府部门、机关干部要努力成为经济社会发展中的"店小二"，企业需要什么，有关部门就要提供什么样的服务和支持。这一称呼形象地把企业、基层比作"客人"，要求政府部门、机关干部当好服务企业、服务基层的"店小二"。随后，"店小二"随即成为浙江官方话语体系中出现频率颇高的一个特色词汇。在义乌，还专门成立了"店小二"办公室来服务企业。

　　浙江省委机关刊物《今日浙江》2016年3月刊发的一篇题为《浙江有群"店小二"》的报道指出，一站式审批、全程式代管、跟踪式联系、保姆式服务……浙江上下人人争当"店小二"，沉下身子精准服务，以干部服务的"加法"做起了项目引进的"乘法"，一大批"大好高精尖"项目纷纷落户浙江。如今，干部争当"店小二"已在浙江全省上下形成共识。各级干部亲上一线，带头服务企业、服务项目，为优化投资环境、推进项目建设立下了汗马功劳。

　　其中典型的案例有许多，比如格力无人化制造基地的引进，为了这个项目，杭州市市长张鸿铭数次赶到珠海与格力负责人洽谈，分管副市长和大江东管委会负责人也反复与格力负责人交流对接，"把项目放在杭州是令人放心的"。11月11日签署项目投资协议书，到12月26日的正式奠基，格力电器项目的前期工作仅仅用了45天时间，创造了项目推进的"大江东速度"。当方舟硅业有限公司在建设中遇到蒸气管廊配套难题时，服务该项目的衢州绿色产业集聚区干部徐建勇立即跑到巨化集团公司与管廊建设部门联系，把管廊及时铺设到企业门口，同时又帮助企业做好了厂区内的管廊设计及配套建设，帮助项目提前2个月建成投产。当湖州中石科技有限公司在项目建设中遇到资金问题时，湖州市发改委与市银监局的"店小二"积极牵线搭桥，使该公司投资19.8亿元的一期项目刚投产，二期投资18亿元的新项目马上得以开工建设。

为让项目早落地、早开工、早投产,浙江各地除了认真实施重大项目责任追究机制、完善领导干部重大项目联系机制、强化项目落实跟踪督查机制,还纷纷强化服务、克难攻坚,以更大的服务力度、更便捷的服务方式,保障项目建设的顺利推进。项目的建成,并不是政府服务的终点。面对风云变幻的市场,作为项目主体的企业,要最终产生效益,有很长的路要走,这对"店小二"提出了更高要求。"上情下达联络员""项目审批助办员""破解难题协调员""转型升级指导员"……遍布全省的"店小二",为企业发展壮大提供了强大助力。

第三节 浙江创新驱动发展与政府改革的启示

一 让老百姓分享科技红利

人民是历史的创造者,是改革的主体,要想改革成功,就必须获得人民群众的支持,充分发挥人民群众的积极性和创造性。改革开放以来,通过全面深化改革,浙江的经济、政治、文化、社会发展均取得了举世瞩目的成绩。其中最重要的是,浙江省政府始终坚持以人为本,以人民群众的关注为改革切入点,让老百姓能够切切实实地享受到改革带来的好处。从 GDP 来看,2016 年浙江实现生产总值 46484.98 亿元,在广东、江苏、山东之后,位居全国第四。但在居民人均可支配收入方面,2016 年浙江人均可支配收入 35537 元,高于广东、江苏,仅次于北京和上海,居全国第三。

浙江的民营经济能够走在全国前列,与浙江政府坚持走群众路线密不可分。改革开放以来,浙江各级政府能够充分尊重人民群众的意愿,尊重人民群众的首创精神和选择权利,"老百姓愿意干的不阻挡,老百姓不愿意干的不强迫",努力为人民群众提供创新创业的自由和空间,出台了众多引导、鼓励、推进民营经济发展的政策。正是因为浙江政府在出现矛盾的时候,始终以人民的利益为先,人民群众创新创业的积极性才没有被遏制,反而得到更好的激发,浙江各地早期的各种专业市场才能够蓬勃发展起来。凭借着"执政为民""藏富于民",浙江才能"无中生有":桐乡不出羊毛,却有全国最大的羊毛衫市场;余姚不产塑料,却有全国最大的塑料市场;海宁不产皮革,却有全国最大的皮革市场;义乌既不靠沿海,又非交通枢纽,却有全球最大的日用消费品批发市场,经销170多万种商品……

经济进入新常态之后,浙江高度重视资源、环境、健康安全等领域的工作,科技惠民成就显著。浙江省科技厅探索科技惠民计划,"政府主导、科技集成、协同实施、持续惠民"的立项方式确保能真正把科技成果配置给百姓。这是把科技计划体制改革落到实处的一个重大创新,是科技部门对财政科技资金负责任的表现。2015年,浙江有28项科技成果获得国家科技进步奖,其中涉及民生领域的有17项,占比达63%,这与浙江省政府的引导不无关系。浙江省政府在改革中坚持求真务实、真抓实干,强调重大决策之前的直接调研,坚持从"民之所好好之,民之所恶恶之"的人民利益出发,不搞华而不实、劳民伤财的"形象工程"和"政绩工程"。在科技成果转化方面,浙江省政府更是从人民的实际需求出发,去激励和推动科技创新。习近平同志在主政浙江期间曾无数次深入群众中去,他指出领导下访接待群众,是深入贯彻"立党为公、执政为民"的本质要求。下访不仅有利于检查指导基层工作,还有利于促进基层工作的开展与落实;不仅有利于为群众解决实际问题,还有利于培养干部执政为民的思想作风;不仅有利于及时处理群众反映的突出问题,还有利于密切党群、干群关系;不仅有利于向群众宣传党的路线、方针、政策,还有利于培养干部把握全局、推进改革发展的能力。从2005年开始,浙江省政府每年都要向群众征询政府来年要办的十件民生实事,围绕群众最关心、最直接、最现实的利益问题征询群众意见,浙江省政府在每年的《政府工作报告》中向群众做出承诺,这是浙江执政为民的"传统项目",至今已坚持不懈地狠抓了12年。

习近平同志指出,科技成果只有同国家需要、人民要求、市场需求相结合,才能真正实现创新的价值、实现创新驱动的发展。浙江省政府的行为恰恰是该思想的生动实践,由于项目来自群众,所以,政府的施政指向深得民心,有力地衔接了科技创新与经济发展。"农村信息化示范省"的建设、"科技特派员"制度、"五水共治"等专项行动,是浙江在科技惠民方面的努力代表。对于中央交给浙江的几十项改革试点任务,例如自由贸易试验区、国家监察体制改革、国家科技成果转移转化示范区等重大改革试点,浙江都是以国家战略和人民利益为取向,很少考虑一时一地的政策优惠力度大小。

专栏 5-3　丽水市城镇社区心脑血管病的综合防治科技惠民项目

《丽水市城镇社区心脑血管病的综合防治》于 2014 年落户丽水市莲都区,是浙江十大科技惠民计划项目之一。项目自从正式实施以来,通过政府支持、依托医院、疾控配合、社区组织、居民参与的综合管理模式,至今已在白云、万象、联城三个街道所辖社区(村)开展全人群干预策略及心脑血管病高危人群管理策略,对 2781 名脑卒中、冠心病、心力衰竭心脑血管病患病人群进行建档及随访干预工作(高血压、糖尿病根据省规范要求进行随访),完成 5937 名社区人群心脑血管病危险因素基线调查;2015—2016 年免费为 16048 名社区居民增加心脑血管疾病专项检查(如尿微量白蛋白、叶酸、同型半胱氨酸、糖化血红蛋白),项目承担单位丽水市中心医院还每周四下午派出高年资医师赴 3 个项目点坐诊,建设"丽水市心脑血管病防治"网站;2 年来,莲都区在心脑血管病综合防治方面积累了丰富的经验,初步建立起适合丽水市城镇社区人群心脑血管综合防治的干预措施和模式。

从科技惠民看,浙江省政府的做法是:一是准确把握惠民的定位,政府领导给予充分的重视,一把手或者分管领导对项目的实施进行协调;二是引进先进的、成熟的、适宜的、安全的技术成果,通过技术成果转化,产出有示范、复制和推广价值的成果;三是各部门协同合作,以主人翁精神来实施科技惠民项目,地方有关部门做到牵一科技惠民项目而动全身;四是建立民生公益与产业技术应用互动发展的激励机制,各地围绕绿色与安全制造、居民健康等公益性领域,出台相关政策,切实提高了科技创新在社会发展领域的显示度和绩效。

二 摆正政府与市场的关系

市场主导创新的模式注重市场化的资源配置机制，政府主导的创新模式则强调政府在资源配置中的主导地位。两者各有优点，政府主导有集中有限资源办大事的优势，在资源有限的情况下需要进行大型技术攻关项目的时候，会有相对优势；市场主导的创新模式更加注重市场机制的作用。两种创新模式与一个地区的历史沿革、经济基础、发展阶段密切相关。改革开放以来，浙江在创新模式上逐渐从政府主导向市场主导转变，政府扮演更多的是"创新的协调者"的角色，既强调政府应当在企业创新中发挥积极作用，又强调要通过市场化机制、相对间接的手段参与企业创新活动。

浙江各级政府在工作中一直坚持和完善"企业出题、政府立体、协同破题"的技术创新体系，以推动创新资源向企业聚集、创新政策向企业叠加，创新要素向企业流动。把技术创新作为一项系统工程来做，通过增强企业的"话语权"的制度保障，培育和发展创新型和高新技术企业，支持企业研发机构建设，推进重点研究院建设，加强企业为主体的产学研协同创新，最终建立起以企业为主体的技术创新体系，从而提高企业的技术创新能力。①

在这一过程中，政府担任了三个方面的角色：一是"引导者"的角色，比如出台发展战略、规划、产业指导目录，通过税收政策、资金扶持政策等引导和鼓励企业转型升级，增加技术创新投入，促进产学研结合；二是"守卫者"的角色，政府通过健全法律体系，出台相关政策，比如《浙江省著作权保护办法》《浙江省专利保护条例》《技术创新融资担保制度》等，营造良好的制度氛围；三是"店小二"的角色，通过破除阻碍科技进步的条条框框，坚持基层导向、问题导向、需求导向，重心下移、服务下沉，根据企业的实际需求，为企业发展提供一站式的贴心服务。

在社会主义市场经济体制机制下，"看得见的手"和"看不见的手"有机统一起来，努力形成市场作用和政府作用相互补充、相互协

---

① 周国辉：《第一动力》，浙江人民出版社2016年版，第11页。

调、相互促进的格局。对政府来说，就是要当好"园丁"，营造更加适宜的"气候"，提供更加肥沃的"土壤"，集聚更多更优的"种子"，让创业创新的激情竞相迸发，让一棵棵小树苗"茁壮生长"。

专栏 5-4　浙江"网店第一村"

　　十多年前，在网上卖东西可能被人认为是骗子，在网上买东西也是一件十分稀罕的时期，人们对电子商务存在着普遍怀疑的态度。而今天，电子商务已经犹如水电一般几乎成为生活的必需品，一机在手，想买就买，生活用品、零食干果、生鲜水果、汽车，甚至是飞机都可以在网上购买到。电商能够在浙江较早地蓬勃发展起来，离不开政府在背后的大力推进。2005 年浙江制定了首个电商产业政策，把电商发展正式纳入浙江经济工作的议事日程；2008 年实施"万家企业电子商务促进工程"，推动 15 万家中小企业开展电商业务，形成了政府和知名平台协同推进电商产业发展的有效模式。

　　"网店第一村"——青岩刘村正是在这样的背景下，通过"政府搭平台，村民唱主角"发展起来的。2008 年，受到国际金融危机的影响，义乌小商品批发经济也受到了巨大的影响，同时义乌日用百货批发市场也迁到了别处，村民的收入受到了严重的影响，增加村民的收入成为村委当时最重要的任务。当时的义乌工商学院副院长贾少华提议青岩刘村建设一个"淘宝城"，这个提议得到了时任村主任刘银山的支持。于是村里抓住了这个机会，和义乌工商学院开展了合作，开办免费培训班，建立大学生实践基地，鼓励电子商务的发展。为了发展电子商务，2010 年，村里主动寻求电信合作，投入 50 万元，实现了 4 兆光纤入户，虽然当时有一些村民不支持这一举措，但这一举措确实给网商带来了领先其他地区的网络环境，也成为青岩刘村的一大优势。

　　为了获得竞争优势，村民们自发地创造了一种"共享"的商业模式，最初青岩刘村的淘宝店只有 100 家左右，各自独立发展，资金不足，进货量少，同样的商品放在网上并没有多少价格优势。于是，网店之间鼓励"串货"，谁在哪种商品的进货上有优势，谁就负责这种商品的进货、拍照、做美工、做文案，跟其他卖家共享。这种"共享"模式，使得青岩刘村的网店在货品种类、货源质量和价格等方面的优势凸显出来。随着电子商务的发展，在青岩刘村，快递、摄影、网络推广、仓储外包等服务业快速发展。如今，青岩刘村已经发展成为年销售额超过 20 亿的"网店第一村"。

三 抓住转型带来的机会窗口

要把握战略机遇期，就要充分发挥人的主观能动性，尤其是宏观上的战略决策。习近平同志指出，新世纪头 20 年是我国经济社会发展的"加速期"和社会主义市场经济体制的"成熟期"。紧紧抓住和用好这一重要的战略机遇期，我们就可以在日益激烈的综合国力竞争中牢牢掌握主动权，从而实现中华民族的伟大复兴。这一战略机遇期，如果错过了，就不会再有。夏宝龙同志指出，这些年浙江改革发展一直走在前列，其中很重要的一个原因就是我们遇到了很多机遇，并且非常重视抓落实，很好地抓住了机遇、用好了机遇，把机遇落实成了实实在在的发展成果。

迄今为止，人类社会发生了三次由科学技术引领的工业革命，每一次工业革命，都极大地解放了生产力，使人类福利水平得到飞跃，人类社会发生了翻天覆地的变化。三次工业革命显示，谁在科技、制造革命中占领了先机，谁就跻身于世界强国之列，而每一次的工业革命都意味着科技范式的重大转变，而这其中呈现出来巨大的机会窗口，过去的两百年中，欧美发达国家通过抓住了工业革命带来的机会，实现了跨越式发展。而对于后发国家的发展，则是一种"从模仿到创新"的过程，而要真正实现发展的飞跃，则需要后发国家能够一方面利用发达国家已有的技术，另一方面要持续加强本国的创新能力，抓住范式转变所带来的机会窗口，从而实现从模仿到创新的跨越。

对于浙江经济发展阶段的判断，早在 21 世纪初期，浙江省发展改革委员会发布的《"十五"时期的宏观经济背景和浙江发展阶段分析》就对浙江的发展做出了准确和长期的判断，指出浙江经济发展在"十五"期间处于工业化中期的第二阶段；从总体上看，以大规模的数量扩张为特征的工业化发展阶段已经基本结束，浙江经济将开始进入以经济结构提升和经济质量提高为主的稳定增长的新阶段。2015年12月，《中共浙江省委关于制定浙江省国民经济和社会发展第十三个五年规划的建议》结合国内外发展环境对浙江的发展做出了新的判读，指出新一轮科技革命和产业变革蓄势待发，全球治理体系深刻变革，我国正处在全面建成小康社会决胜阶段，"十三五"是浙江强化创新驱动、完成新旧发展动力转换的关键期，是优化经济结构、全面提升产业竞争力的关键期，是加强制度供给、实现治理体系和治理能力现代化的关键期，是协同推进"两富""两美"建设、增强人民群众获得感的关键期，是防范化解风险矛盾、夯实长治久安基础的关键期。

浙江各级政府在对浙江的发展形势做出正确判断的同时，积极探索、深化改革，抓住了一个又一个的发展机遇。浙江各级政府在职能转变过程中，能从早期的"无为而治"到后面的"调整角色"，再到"科学有为"，一步步地激发了市场的活力，让企业发挥出巨大的创新活力，抓住了中国经济发展从计划经济到社会主义市场经济转变的机会窗口。浙江没有丰富的矿产资源，也没有大片的肥沃土地，但浙江拥有的最大资源就是"浙商精神"，浙江各级政府通过充分激发浙江人"敢为人先"的精神，抓住了战略机遇，从而创造了浙江一个又一个"以小搏大""无中生有"的商业奇迹。加入WTO后，浙江更是将"引进来"与"走出去"相结合，通过抓住经济全球化的机遇，引进国外的先进技术进行消化吸收，通过模仿创新、创造性模仿、改进型创新以及二次创新，再到自主创新，发挥利用外资在推动自主创新、产业升级、区域协调发展等方面的积极作用，通过创新对外投资和合作方式，支持企业在研发、生产、销售等方面开展国际化经营，加快培育我国的跨国公司和国际知名品牌，在发展的过程当中，既遵循了技术发展和产业发展的一般规律，稳步推动了由低而高的技术升级和产业升级，又按照发挥后发优势的要求，力争实现社会生产力的跨越式发展。

四 走在前列谋新篇

"干在实处，走在前列，勇立潮头"，这是习近平总书记在 G20 杭州峰会结束之际，对"浙江精神"的概括，这也是改革开放以来，浙江面貌发生巨变的真正动因。改革开放以来，浙江一直努力在推进改革和社会主义现代化建设中领先一步。这一方面是浙江精神的体现，另一方面是浙江各级政府不断推进体制机制改革的成果。当改革开放的号角刚一吹响，浙江就出现了中国的第一个个体工商户、第一个私营经济试验区、第一家股份合作制企业。改革开放之初，浙江是一个资源落后的经济穷省，没有办法依靠土地、矿产等资源致富，就必须要走出一条适合浙江特色的发展之路，浙江人敢为人先的精神以及浙江各级政府敢于担当，勇于开拓的气魄就在这种情况下体现出来。

当粗放式增长方式难以为继，浙江面临着"发展中的烦恼"的时候，"八八战略""绿水青山就是金山银山""腾笼换鸟，凤凰涅槃"等重要理论思想便在浙江这个经济大省率先破题，并深入实践。即使面临经济倒退，也要毅然停止 GDP 竞赛，卸掉了"GDP 的枷锁"，打造绿色浙江，走转型升级之路。2009 年开始，浙江经济结束了连续 18 年的两位数增长，增幅从高速向中高速切换。接下来的几年里，浙江主动把经济增长速度换挡期当成结构调整的重大机遇期，按照"绿水青山就是金山银山""腾笼换鸟，凤凰涅槃"等重要理论思想的指引，打出了一手漂亮的"组合拳"，一手抓去产能、去库存、去杠杆、降成本、补短板，一手抓"绿富美"产业的培育和发展，成功抵御住了温州中小企业债务危机潮和外部经济形势带来的冲击。

当经济增长从高速转向中高速的新常态来临时，质量更好、结构更优、增长动力更为多元、发展前景更加稳定已经成为浙江创新实践的新特征，四大国家战略，六大国家改革任务在浙江先行试验起来，一项项着眼未来的重大改革创新举措相继落地、开花结果：全国首个国家信息经济示范区、中国（浙江）自由贸易试验区先后获批；杭州城西科创大走廊已经开建，钱塘江金融港湾规划全新发布，义甬舟开放大通道正式开工。在行政效能的提升上，浙江更是提出了"最多跑一次"的改革,要为浙江的企业提供"店小二"式的科技服务。2016年浙江GDP达到47251亿元,人均GDP达到84916元,接近世界银行分类标准中的高收入经济体水平。2016年,信息、环保、健康、旅游、时尚、金融、高端装备制造和文化产业成为浙江八大支柱产业,其中信息经济核心产业增加值占到GDP的8.4%。第三产业对经济增长的贡献率达62.9%,成为经济发展主要动力。增长引擎从要素驱动、投资驱动转向创新驱动,新产业、新业态、新模式"三新"经济增加值对浙江GDP增长的贡献超过四成;高新技术产业增加值占规模以上工业40.1%,对规模以上工业增长的贡献率达68.5%。

第六章　总结与展望

历经40年的发展，浙江的创新实践创造了区域经济增长的奇迹。在东部地区陷入增长困惑和转型压力时，浙江将创新型经济作为主攻方向，先后提出"浙商回归""四换三名""信息经济"等重大经济社会发展战略，在科技创新和商业模式创新方面表现出了强劲的竞争优势，成为东部地区从要素驱动到创新驱动转型的率先实践者，浙江经济开始步入创新驱动、人才引领的新时代。党的十九大报告提出要构建现代化经济体系，在未来，浙江将会更加重视国际国内要素有序流动、资源高效配置和市场深度融合，以开放促改革。

本章结合前述篇章对浙江创新发展进行多维度梳理，借鉴比较优势理论、区域创新体系理论、二次创新理论、超越追赶理论等对浙江区域创新、产业创新以及企业创新等方面取得的成绩进行总结与提炼，并围绕浙江未来所面临的新型国际化环境、互联网新经济范式以及区域发展所呈现的创新创业生态化趋势，尝试探索性地分析与思考。

第一节　浙江创新发展的科学规律

一　从比较优势到"四驱模型"

（一）浙江早期发展的比较优势

改革开放以来浙江的高速增长得益于选择了一条适合于浙江资源要素禀赋的发展战略。这种战略选择既源于对计划经济体制经验的反思，又源于对发展目标切合实际的认知。浙江率先推进的市场化改革，促进了民营经济的大发展，使浙江在经济发展过程中采取了积极务实的举措，获得了市场体制的先发优势，逐渐走出了一条独特的创新发展道路。

一方面，浙江虽然自然资源匮乏，但能调动大量低成本的劳动力。在改革开放后的近 20 年，浙江省的要素结构特点是：（1）耕地资源和化石燃料资源等对经济发展具有重要意义的自然资源供给明显短缺；（2）资本存量相对贫乏；（3）劳动力资源丰富，供给较为充裕。相应地，浙江省要素价格特征是，劳动成本远低于发达国家和新兴工业国（地区），但是高于东南亚、南亚等一些低收入的发展中国家以及国内中西部经济发展相对落后地区。劳动力成本较低的结果是资本的高回报率，这对投资具有极大的吸引力，也是促进浙江的产业结构向劳动力密集型转换的内在动力。

另一方面，浙江拥有相对丰盈的企业家资源，是浙江经济发展的优势所在。改革开放后大量涌现的包括乡镇企业、股份企业、股份合作企业、个体私营企业在内的适合市场经济发展环境的新兴企业是企业家资源的外在表现形式。而"创新思维、创业精神、风险观念、经商能力"则构成了企业家的本质特点。相对丰盈的企业家资源是浙江经济发展得以迅速发展的重要原因，也是发展对外投资，"走出去"的资源优势。

面临不同的资源禀赋，浙江企业充分利用现有优势，规避不利因素，走出了一条条实现自主创新的特色路径。在 40 年的创新实践中，浙江发展面临着"突破传统体制进行制度创新"的破与立、"封闭式与开放式创新"的破与立、"内源与外源结合创新"的破与立、"单个企业与集群式企业创新"的破与立、"代工生产与自创品牌"的破与立、"内部研发与合作创新"的破与立、"本地化与全球化创新"的破与立。在一次次"破"与"立"的艰难选择和平衡探索中，浙江企业实现了对各种优势资源的整合和潜力挖掘；在一条条"破"与"立"的路径创造中，浙江经济实现了跨越式发展。

（二）浙江转型发展的后发优势

在发展经济学里，格申克龙（Gerchenkron）是第一个研究后发型现代化的经济学家，他认为后发者存在 5 个方面的"后发优势"：当发展的技术成为所传播的思想内容后，对于后来者来说，缩短了在黑暗中摸索的时间；当后来者开始现代化时，先发国家已有成熟的技术、计划、设备、组织结构和专业人才等现代化成果为后来者提供借鉴；后来者可以根据自己的特点来跳跃先发者所必须经过的过程，汲取先发者的经验教训，选择自己的发展路径；先发者的成就为后来者提供了可视可学的激励效应；由于经济一体化，先发者为了自己的利益向后发者提供援助。总的来说，后发优势是指借助于已成熟的市场化条件所享有的发展机会，即后来者可以以较低的代价获取领先者所费不菲而积累起来的发展成果（包括先进的设备、技术与学习经验），并结合自己的条件和环境，对先进的技术进行消化吸收，从而获得更大的利益。

新经济增长理论认为，一国长期经济增长的最终动力不仅是来自自然资源、物质资本的数量增加和单纯的规模扩大，更来自知识和人力资本积累水平所体现的科技进步，创新是经济社会发展的不竭动力。中国经济发展的比较优势得益于中国的人口红利，而后发优势则是建立在引进技术基础上的再创新，即二次创新。它是一个创新能力不断积累进化的动态过程，通过工艺创新实现对引进技术的本地化掌握，通过产品创新实现对引进技术的挖潜增效，通过更新颖技术的融入实现创新能力的质的跃升。

浙江经济从改革开放初期年均近13%的高速增长，调挡至近几年7%左右的中高速增长，这与当前错综复杂的全球环境、产业结构调整相关，意味着浙江正在越过经济增长的拐点，从"旧常态"进入到"新常态"，主动把重点聚焦到提质增效上，因为质量领先比速度领跑更加重要，高质量、高效益的经济增长才是持续健康的发展。全面实施创新驱动发展战略是关键，通过"一个驱动、两个倒逼"，即以创新为驱动，环境和要素倒逼企业转型升级，从而实现浙江经济发展"引擎"的更新换代。创新驱动，就是要把坚持市场在资源配置中起决定性作用和更好发挥政府作用有机结合起来，积极推进技术创新、产品创新、组织创新、商业模式创新和市场创新。新的"引擎"需要释放"三大红利"，即用改革红利、创新红利、人才红利推动浙江经济社会的健康、可持续发展。

改革红利——与全国其他地方一样，浙江省经济社会发展中也面临着同样的困难和问题，经济增长过多依赖低端产业、过多依赖低成本劳动力、过多依赖资源环境消耗等问题尚未根本改变。但改革开放40年来，浙江最成功、最值得总结的一条经验就是，浙江人在自然资源匮乏的情况下，把自身变成了资源。效率的改善往往需要通过制度安排来实现，也就是改革红利。浙江省比较早地探索和建设公平、开放、透明的市场环境，建立法制化的经营环境。

创新红利——民间活力是浙江经济社会发展的原动力。浙江经济依靠出口维持高速经济增长的方式已经不可持续，如何替代外部需求对浙江经济增长的贡献，根本策略是激发消费需求的贡献。这并不是简单意义上的用货币、财税政策增加需求，而是需要让浙江经济的每个细胞都变得自由起来，创造力才能充分发挥出来，通过产品创新刺激消费，实现高质量的经济增长。

人才红利——人才是科学发展的第一要素、第一推动力，在实施创新驱动发展战略过程中，必须高度重视人才工作。高效率、高强度的人才引进和培育工作，必须贯穿于重大人才工程的有序实施，依托于人才发展平台的有效构建，落实于重大人才政策的有力保障，只有这样才能实现"四海贤能招进来、本土精英冒出来、创新环境好起来"。浙江正在打造宜居宜业的"两美"浙江，营造一个良好的生活环境。浙江各地下大力气治理环境，"五水共治"工程使得治水、治气、治城、治乡、治堵等都有明显进展，浙江的吸引力由此正变得越来越强。随着生产和生活环境的持续改善，浙江对人才的吸引力正变得越来越强。人才红利将不断发力，促进管理创新、技术创新、劳动生产率提高，从而推动浙江经济的战略转型和创新发展。

（三）创新驱动发展的"四驱模型"

实施创新驱动发展战略推动科技创新是一项系统工程。一要着力推动科技创新与经济社会发展紧密结合，进一步打通科技和经济社会发展之间的通道，让市场真正成为配置创新资源的力量，让企业真正成为技术创新的主体；二要大幅提高自主创新能力，努力掌握关键核心技术；三要深化国际交流合作，扩大科技开放合作，充分利用全球创新资源，在更高起点上推进自主创新；四要加快科技体制改革步伐，破除一切束缚创新驱动发展的观念和体制机制障碍，营造良好的政策环境。在这个过程中，制度、市场、技术、全球化四大因素发挥着关键性的驱动作用，成为创新驱动发展的核心动力（见图6-1）。

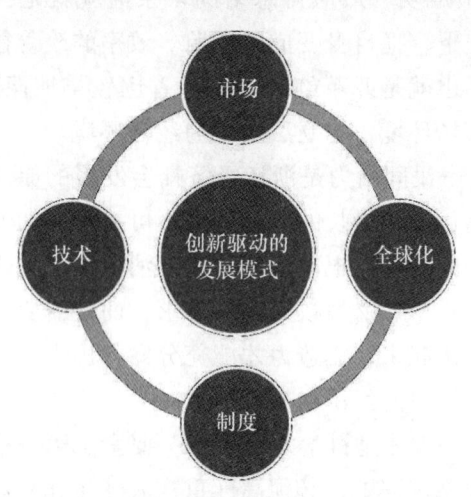

图6-1　浙江经济创新发展的四驱模型

从制度驱动力来看，浙江在实施创新驱动发展战略过程中把"看不见的手"和"看得见的手"很好地结合，在科技创新领域率先形成市场与政府作用的相互补充协调、相互促进统一的格局。首先，浙江充分发挥政府的规划和引领作用，使其成为创新意识与创新发展理念的引领者、保障者和培育者。围绕着"八八战略"，不断推进科技强省、人才强省、文化大省、教育强省战略，通过体制机制创新，推动了国企改革和民营经济的飞跃，激活了企业的创新活力，为浙江打造创新型科技强省做出了全面的布局。"八八战略"实施后，浙江省委坚持一张蓝图绘到底，一任接着一任干，不动摇、不停步、不懈怠、不折腾，把"干在实处、走在前列"的要求一贯到底，推动浙江各项事业发展不断跃上新台阶。从加快建设创新型省份和科技强省到明确提出建设信息经济大省的目标，再到打造"互联网+"世界科技创新高地，政府在其中发挥了关键引领作用。其次，通过提供各种规则、法律程序和行为规范，政府为促进创新发展提供了强大推力。浙江加强有针对性的制度供给,通过制度供给"做加法"实现创业创新"做乘法"。特别是在转轨时期,政府在提高知识产权保护力度、提高侵权成本、保护创新者权益、健全和发展适合创新需要的多层次资本市场等方面具有不可替代的作用。

从市场驱动力来看,凡是市场能做的事情,就尽量让市场去做。以市场为主导的"草根精神",顺应和引领时代新潮流,是浙江经济增长和中小微企业创业创新的根本动力。近年来,浙江省委、省政府继续积极落实国家战略,顺应经济发展新常态,对接国家"大众创业、万众创新""中国制造2025""一带一路"和长江经济带建设等战略,政府部门不断加快打造创业创新生态系统:营造良好创新环境,把创业成本降得更低、创业氛围更浓、创业资金对接更充分、全球高端要素更加聚集于浙江,从深层次保障了创业创新的可持续发展。以制度供给之"鞋"对接新型草根创业创新之"脚"。

从技术驱动力来看,浙江全面落实创新驱动发展战略,大力推进科技体制改革,努力让企业真正成为技术创新的主体,在经济转型升级中发挥核心作用。一是把科技创新摆在发展全局的核心位置,以全面建成创新型省份为目标,充分发挥科技创新在浙江经济社会发展中的核心支撑作用。二是创新政府科技管理模式。突出科技体制改革,激发创新创业的内生动力。突出高新园区建设,搭建创新创业的核心载体。突出众创空间培育,营造创新创业的良好氛围。突出技术市场发展,完善创新创业的市场机制。突出政策制度供给,营造创新生态环境。三是创新科技成果转化机制。既增加源头供给又强化平台服务,特别是发挥出浙商和民企优势,让民间资本追逐创新、投向创新,推动优势资源向重点产业、重点企业和重点项目集聚。四是完善科技扶持政策。形成了"激励人才、支持研发,加大成果奖励、保护、转化力度"的政策链,促进科技创新、制度创新两个轮子一起转。

从全球化驱动力来看,浙江充分利用创新要素更具开放性、流动性的特点,在对外开放战略上坚持自主创新和开放创新的辩证统一,坚持"引进来"和"走出去"相结合,积极融入全球创新网络,走出了一条创新发展之路,在自主创新过程中进一步开放,在开放创新中实现更高层次的自主创新。可以说，浙江对外开放进入了崭新阶段。今后要以国际化为导向，以"一带一路"统领新一轮对外开放，谋划实施一批最体现浙江资源禀赋、最契合国家战略使命的重大开放举措，加快城市国际化、企业国际化、人才国际化，努力成为参与"一带一路"建设的排头兵，不断增强统筹利用国际国内两个市场、两种资源的能力。

二 从二次创新到超越追赶

如何发挥后来者的后发优势，合理配置全球资源，参与国际市场竞争，提升浙江企业的创新能力，增强浙江企业的竞争优势，是当前浙江经济从"追赶"到"超越追赶"面临的首要问题。

（一）二次创新是赢得后发优势的最有效方法

后发者的技术学习与追赶一直是我国创新领域的讨论热点。吴晓波对中国企业创新的规律进行了研究，提出了发展中国家应立足于建立与发挥后发优势的二次创新理论。二次创新过程是一个创新能力不断积累进化的动态过程，通过工艺创新实现对引进技术的本地化掌握，通过产品创新实现对引进技术的挖潜增效，通过更新颖技术的融入实现创新能力的质的跃升。具体而言，就是通过两类技术引进（针对成熟技术的引进与针对新兴技术的引进），利用后发优势，使得技术落后的后发者从二次创新扎实地迈向后二次创新（直至一次创新），缩小与领先者的差距，实现技术上的追赶与超越。在二次创新理论框架下，"创新"与"模仿"并非两个完全割裂的概念，相反，从成熟技术引进开始，"创新"便蕴含在"模仿"之中，其思想显著区别于单纯的"引进—消化吸收—再创新"的线性过程。

二次创新是中国赢得后发优势的最大机会和最有效方法。中华人民共和国成立后，特别是改革开放以来，从成功实现技术追赶的案例来看，大多是通过二次创新实现的。从专利数据来看，1990年我国反映原始创新的发明专利授权量占17%，反映二次创新的实用新型专利授权量占75%；到2016年，尽管随着我国技术能力的提升，发明专利授权量升至23%，实用新型专利授权量降至52%，但实用新型专利依旧占到一半以上。从创新产品来看，大到火箭卫星、高速铁路、大型飞机、航空母舰,小到监控探头、搜索引擎、聊天软件、网上商城。尽管这些技术早期都非中国原创,但通过二次创新,在国内国际市场上都产生了很强的竞争力。这是一个从"量变"到"质变",从"追赶"到"超越"的伟大进程。

究其原因,首先,二次创新能够大幅度降低高新技术的攻关难度,明显减少人力、物力、财力的投入。一般来说,二次创新往往不需要像原始创新那样,需要长达数年从头开始的研发,二次创新时间更短,成本更低,也最能提升企业能力。其次,二次创新是直接在引进技术上发展而来的,所涉及的技术对象其针对性、现实性都更强,具有很低的技术与市场的不确定性。最后,二次创新开放式地博采众长,为我所用,将多种技术、平台或机器的重新组合创新,可做到优势互补、缺点互消,从而能发挥出更大的性能。

(二)超越追赶是转型升级的重要法宝

进入新时代,浙江的领军企业需要进入全面超越追赶的新态势。尽管通过前期成功的二次创新,浙江已经涌现出了一批领军企业,像阿里巴巴、海康威视、吉利等,但是浙江的领军企业多处于工程科学的创新层面,尚未真正进入基础理论研究驱动的原始创新。这就迫切要求领军企业建立超越追赶的创新体系。

例如,阿里巴巴2017年成立"达摩院",宣布3年投入1000亿元研发资金进行基础科学和颠覆式技术创新的研究,主要研究领域包括量子计算、机器学习、基础算法、网络安全、视觉计算、自然语言处理、人机自然交互、芯片技术、传感器技术、嵌入式系统等,涵盖机器智能、智联网、金融科技等。这些顶尖的实验室独立于母公司的研发体系,主要面向的是未来5—10年的发展方向,但绝非封闭起来搞研发,而是"一杯咖啡吸收宇宙能量",鼓励专家抱着开放的心态多与同行喝咖啡,吸取别人的思想,形成前进的动力。因此,超越追赶的创新体系,其管理模式、KPI考核指标等方面都有进一步强化二次创新的逻辑。

新兴技术或实验室技术在引进时处于技术生命周期模型中的主导设计形成阶段,技术领域的话语权、控制权正在形成过程中,技术创新的机会和空间广阔。当然,这对浙江企业的生产能力、投资能力和研发能力提出了更高的要求，迫切需要企业不断变革，转型升级，有能力来抓住新的机会。进入数字经济时代，以互联网技术等新兴技术领域为例，中国企业已经与发达国家基本处于同一起跑线。如百度公司从界面到搜索引擎内核都借鉴了美国谷歌公司，但是却根据自身的中文处理能力进行二次创新，建立了基于中国市场的产品；阿里巴巴通过对美国 e‐Bay、PayPal、Amazon 等公司的商业模式进行二次创新，一跃成为全球十大上市公司。阿里巴巴还通过技术创新与商业模式创新的融合，孕育了新的业态。

以 2017 年天猫"双 11"为例，网上成交额 1682 亿元，天猫"双 11"已经成为代表全球互联网技术创新制高点的超级工程，涵盖了交易、支付、客服、搜索、推荐、广告、库存、物流等大量世界领先的商业应用，这背后是阿里巴巴、蚂蚁金服、阿里云、菜鸟物流等技术工程人员，以及人工智能联合发展起来的技术与商业模式融合的新时代技术创新体系。但是这些技术，如互联网基础设施技术、人工智能技术、网络安全技术、云计算技术、支付技术等其实都是在西方原创技术刚刚兴起的基础之上发展而来的。

（三）中国特色的创新理论——C 理论

浙江乃至中国企业的创新和追赶正呈现出一种革命性的发展态势，华为、阿里巴巴、海康威视等一批中国企业的崛起，这些优秀中国企业的管理实践正在丰富着世界的管理宝典，比如华为任正非的灰度管理，海尔张瑞敏的"三生万物"与互联网式管理模式、李书福的"问题管理体系"等无不闪耀着中国管理的智慧。中国企业有一种从战略、组织、技术管理到员工治理体系的管理平衡思想，在中国又叫中庸之道。华为就是这样的一种管理，它的管理是打破平衡、建立平衡，在动态平衡中快速成长。任正非称之为灰度管理，其实就是面临管理冲突时的一种包容性，而这种包容性会带来管理效率的提升。

中国企业有一种基于学习的管理经验，在学习方面形成自己很独特的一些路径和方法，它不只是建立一个周期的平衡，而是面临着很多生命周期的一种迭代，是在迭代过程中的学习。我们把它概括为在超越追赶下的"非线性"学习机制，在某种生硬性学习、维持性学习和开发性学习后,可以看到在它的生命周期转换过程中,还需要另外一种学习,即忘却性学习——企业需要把上一个周期中掌握与积累的资源与能力有意识地放下,才能够具备足够的组织记忆与能力去学习下一个周期的关键技术。传统的线性学习强调以技术引进为手段、以生产能力为中心,而非线性学习阶段则不同于线性技术学习模型,在范式转换过程中,企业必须同时进行新旧两个范式的"双元学习",对旧技术范式持续利用,并开始对新技术范式进行开放性的探索,这是一个从"分隔型双元→过渡型双元→自洽型双元"的非线性过程。

基于第三次产业革命从价值链向价值网络转变的国际大趋势和企业前沿实践,华为、海尔、海康威视、吉利汽车、亨通集团等企业在创新中实现超越,从抓准切入点到摆脱路径依赖、从"学习"到"忘却学习"、从"非黑即白"的抉择到"黑白交叠的灰度"领导力、从基于核心竞争力的价值链到互补共享的价值网络,无不映射了中国管理哲学的逻辑——C 理论,即基于中国企业实践(Chinese firm's practice),以变革(Change)、互补(Complementary)、追赶超越(Catch-up and beyond)、共演(Co-evolution)为核心命题的中国特色管理理论体系。C 理论从中国情境出发,集二次创新和超越追赶理论之大成,既是中国情境下企业自主创新和技术追赶的特殊规律,又是发展中国家企业创新和技术追赶的普遍规律。

第二节 新时期创新发展的重大机遇

一 "一带一路"为浙江经济全球化升级迎来契机

浙江的全球化正是中国经济融入国际大舞台的一部微缩史。改革开放以来,浙商凭借"敢为天下先、勇争天下强"的精神迎来了"走出去"的黄金发展期,这 40 年来的全球化活动历经了对外贸易、资源获取和战略资产寻求三个主要阶段。21 世纪以来,浙商在"走出去"战略的引导下积极"出海",寻求海外市场、资源、效率及战略性资产,并在该过程中表现出了"浙商网络全球覆盖、民营资本高度参与、隐形冠军成功领军、跨境电商迅猛崛起、海外并购遍地开花"的鲜明特点。

在融入全球经济的过程中，浙江企业主动"走出去"与海外市场对接的意愿较强，这也赋予浙江企业对海外市场变化更高的灵敏性，成为中国融入全球化浪潮引人瞩目的群体。特别是在"一带一路"倡议推进过程中，浙江扮演着中国开放合作的先行者、物资储备与集散中心、区域连接战略枢纽、海陆网支撑通道的重要角色，为浙江各地加速融入全球价值链提供了坚实基础。

当前全球化形势呈现出新的特点，反全球化浪潮迭起，全球经济不确定性激增，美国不再愿意充当全球化的火车头，世界格局也将随之发生变化，这对中国来说，既是挑战，也是机遇。"全球第一商帮"浙商群体如何拥抱未来？党的十八大明确提出要坚持走中国特色自主创新道路、实施创新驱动发展战略，成千上万的浙江中小企业，依托技术与创新的赋能，凭借一贯的工匠精神，真正提高制造业的水平，修炼好"内功"才能与跨国企业在全球舞台上同台竞争。目前以企业为主体、市场为导向、产学研相结合的技术创新体系正在不断完善，为弥补浙江在全球化进程中的创新短板提供了契机。

2016年，G20杭州峰会让更多经济大国了解了中国，促进了中国更高层次的"走出去"。G20杭州峰会为中国经济发展带来了新机遇。第一，中国"走出去"的步伐将加快，全球贸易和投资会更加便捷化，这将为从事跨境贸易的企业带来更多商机。第二，G20对国际货币体系改革的讨论有利于人民币国际化。此次峰会后，人民币正式加入SDR[①]，意味着人民币在国际兑换、交换和清算上将得到更公平、客观的价值认定。第三，G20之后各国更加紧密的经济外交合作将确保"一带一路"政策更加稳定顺利地进行。

对浙江及浙商来说，后G20时代的新机遇主要体现在：第一，浙江、浙商、浙企的知名度大大提高，有利于浙江经济进一步融入国际化、全球化。浙江会在这个过程中更多更好地融入国家战略，比如，

---

① 特别提款权（SDR），最早发行于1969年，是国际货币基金组织根据会员国认缴的份额分配的，可用于偿还国际货币基金组织债务、弥补会员国政府之间国际收支逆差的一种账面资产。

由于本次会议中多国位于"一带一路"沿线,这就有利于浙江企业更好地参与到"一带一路"中。第二,G20 峰会极大地提升了杭州的城市品牌、形象和国际声誉。杭州将成为世界著名旅游城市,这将给杭州带来巨大的直接收益,长期收益将更大。杭州人民也是 G20 杭州峰会的直接受益者,比如公共设施得以翻修,环境得到治理,交通出行比以往更加井然有序等。而此次峰会的利好还将逐渐惠及全国。

二 互联网相关业态成为浙江经济发展新引擎

我国经济正面临全面而深刻的变革,以技术创新驱动的新经济通过传统行业与互联网融合,加速推进了由资本和要素主导型经济向消费和创新主导型经济转型的进程。新零售、新制造、新金融、新技术和新能源正是在这样的经济发展背景下提出来,是顺应新经济发展的必然选择。

浙江以互联网为核心的信息经济无论其自身发展还是对经济的辐射带动作用,都呈现强劲增长态势。近年来,浙江高度重视"互联网+"发展,在全国率先举起以"互联网+"为核心的信息经济大旗,力争率先发展、示范全国。2013 年浙江被国家确定为全国第一个"两化深度融合"示范省;2014 年浙江制定了全国省区第一个信息经济发展规划,成功举办了在浙江召开的首届世界互联网大会。2016 年,全省信息经济核心产业占 GDP 比重达 8.4%。目前,浙江的网络零售额约占全国的 1/5,活跃电商主体约占全国的 1/4。可以说,发展信息经济已成为全省上下转型升级发展最大的共识。加快发展以"互联网+"为核心的信息经济成为浙江适应新常态、重塑新优势的重要突破口和战略选择。

新经济已经成为浙江经济增长的新亮点。当今浙江经济转型升级中存在不少困难与挑战,曾经造福浙江的块状经济竞争优势正逐渐丧失,作为出口大省的价格优势也不复当年。让新常态拥抱新经济,由新经济引领新常态,是当前和今后一个时期浙江经济发展的大逻辑。必须紧紧抓住这一机遇,从战略的高度谋篇布局,加快发展新经济、培育壮大新动能,实现新旧发展动能接续转换,打造经济增长的新引擎。

从内在逻辑来看，新零售是未来商业的基本模式。它以互联网技术为依托，采用新技术融合线上线下，用大数据技术跟踪预测用户行为和消费偏好，深度触达消费者个体，满足消费者的全新需求。新制造将新零售从想象变成现实场景。新零售形态的变化，倒逼了制造业转型升级，使其商业模式转向C2B、C2M，更具智能化、个性化和定制化的新制造特征。新金融为新零售和新制造的参与主体提供包容性服务，为新制造和新零售提供便捷全面和个性化的金融支持，极大地释放了中小微企业在新零售、新制造领域的创新活力，赋能新经济的快速发展。新技术为新零售、新制造和新金融提供高效低成本的支撑，开启了新经济领域多种想象空间，提供各种个性化、智能化和高效率的技术支撑，加速了新零售、新制造和新金融各领域的成本降低、效率提升和转型升级。新能源——大数据成为推动新商业格局的核心要素，其不仅为商业环境下实物展示提供新的方式，为企业业务流程重组提供可能，还让信息数据实现无限链接与高效传播、快速匹配与大数据洞察成为可能。

三 特色小镇建设成为浙江创新引领的新实践

"特色小镇"这个名词起始于浙江，最早提出是在2014年，随着《浙江省人民政府关于加快特色小镇规划建设的指导意见》的出台，浙江省的特色小镇工作正式展开。2015—2016年，浙江省陆续公布了两批共79个省级特色小镇名单，这两批省级特色小镇名单基本上代表了浙江省特色小镇的全部类型与形式，也代表了国家范围内大部分的特色小镇的类型与形式。

特色小镇是按照创新、协调、绿色、开放、共享发展理念，聚焦支撑浙江长远发展的七大新兴产业，兼顾历史经典产业，结合自身特质，找准产业定位，挖掘产业特色、人文底蕴和生态禀赋，以产业为核心，融入文化、旅游和一定的社区功能，集成高端要素，通过市场化运作，形成"产、城、人、文"四位一体的创新创业发展平台。它不是传统行政区划单元上的"镇"，也不是产业园区的"区"。与产业园区相比，浙江特色小镇的产业从"低小散"升级为"高精尖"，功能从"大车间"转型为"新社区"，环境从"脏乱差"脱胎为"绿净美",人员从"工农军"为主变成"新四军"为主。浙江特色小镇以创新的理念内涵,努力探索未来经济发展的新模式,促进浙江经济向现代化发展。

特色小镇是贯彻落实习近平总书记对浙江"干在实处永无止境、走在前列要谋新篇"精神的具体实践,是经济新常态下加快区域创新发展的战略选择,也是推进供给侧结构性改革和新型城市化的有效路径,有利于加快高端要素集聚、产业转型升级和历史文化传承,推动经济平稳健康发展和城乡统筹发展。与20世纪90年代兴起的乡镇工业建设不同,特色小镇建设适应新时代我国新型信息化、新型工业化、新型城镇化的新要求,是在我国经济转型背景下产业园区发展的新形式。创新创业型小镇是特色小镇的一种,以科技与软件研发、互联网与大数据、企业孵化与经营为主要特色,适度发展智慧健康、文化创意、参观旅游、商业服务等业态。创新创业型特色小镇适应当代中国经济创新驱动发展的需求,在国家"双创"发展的号召下,相应的政策倾斜使得这种类型的特色小镇快速发展。

浙江创建特色小镇,较好破解了经济结构和动力转化的现实难题,同时也是供给侧改革的一项新探索。如何从一般规律的层面概括提炼特色小镇规划建设的基本路径,既高度凝练特色小镇的共同特性,又充分尊重不同特色小镇的独特个性,使之形成具有相对普遍指导意义的建设发展模式,从而更好地助力浙江经济发展,正是当下及未来重中之重的战略课题之一。

四 浙江创新发展面临的若干挑战

1. 新时期对浙江创新能力提出新挑战

浙江企业的创新活动主要以模仿和消化吸收再创新为主,缺乏国际一流水平的自主创新能力,核心技术对外依存度较高,产业发展需要的高端设备、关键零部件和元器件、关键材料等大量依赖进口。提升企业自主创新能力的瓶颈不仅仅来自企业内部,还和诸多外部因素密切相关,例如社会教育机制、研究机构和高校的科研水平、融资环境,以及政府的创新扶持等。所以,推进浙江制造业的转型升级,首先要解决自主创新能力不足的问题,重点完善以企业为主体、市场为导向、产学研用相结合的制造业创新体系，围绕产业链部署创新链，围绕创新链配置资源链，加强关键核心技术攻关，加速科技成果转化，提高关键环节和重点领域的自主创新能力。

　　2. 新时期创新发展对浙江区域发展模式和企业管理模式提出新挑战

　　新时期既是实体经济转型升级的重大机遇与挑战，也是对浙江区域经济发展模式和企业管理模式的要求，必须有与之相适应的规划、组织和管理模式。只有区域创新体系的不断完善，才能不断激发新的增长动能。同样，企业的组织能力、技术创新管理、人力资源管理、企业文化管理、产业支撑体系等多个方面共同发展，才能够支撑浙江从制造大省向制造强省转变。长期来看，智能装备是未来制造业发展的主流方向，网络化、自动化、数字化的高度融合是智能装备的主要特征。新型的管理模式应该强调数字化管理的理念，将这种理念融入产品的研发、制造、销售环节，以及企业的创新管理、人力资源管理和文化管理中。块状经济向高附加值的产业集群转变需要浙江企业"内外兼修"。所谓"外"是指企业借助外力重新布局。通过"走出去"的方式将一些附加值低的环节或产业进行转移，发挥"总部经济"的优势。此外，通过搭建平台引导鼓励各地产业间、集群间的合作。为此，我们可以为浙商提供有关境内外投资、并购的政策支持，鼓励中介组织的建立以促进信息的顺畅流动，引导并规范产业资本和金融资本的融合等方面的政策支持。所谓"内"是指企业探索并改进自身的商业模式。通过商业模式创新，企业可以降低那些绝对量在持续增加的成本的比例，为用户提供更多的价值。

　　3. 新时期创新发展对浙商群体素质提出新挑战

　　一家企业的发展，一个产业的进步，一个地区的兴旺，都离不开人的支撑，离不开精神动力的支撑。在《中国制造2025》推进过程中，要求通过机器换人减少一线普通操作工人数量，需要引进学历更高、素养更高、成本更高的劳动者，以满足智能发展、创新发展、品牌发展的需要，必须弘扬"千方百计提升品牌，千方百计保持市场，千方百计自主创新，千方百计改善管理"的"新四千精神"。"新四千精神"是一个整体，相互内在联系，其中品牌是占领市场的关键，改善管理是打造品牌的根基,自主创新是提升品牌的动力。一个企业家经过多年努力有了自己的企业,一个企业经过多年发展有了自己的品牌,如何保持企业在市场竞争中基业长青,如何保持品牌在市场竞争中畅销不衰,这需要浙商群体在新时期、新常态下做到凝意专志、内外兼修、心境澄明,把握机遇,毫不动摇地发展实体经济、做强做大制造业。

第三节　在范式转变中实现超越追赶

一　推进"全球浙江、全球浙企、全球浙商"战略

为实现浙江经济在新型全球化背景下的跨越式发展,助推浙江企业在未来国际竞争中占得先机,推动浙江商人成为全球商人中有独特魅力的群体,必须大力实施"全球浙江、全球浙企、全球浙商"战略,让浙江经济加快融入全球产业布局关键环节,让浙江企业加快提升全球资源配置整合能力,让浙江企业家尽快培养全球视野和与国际接轨的能力。

一要积极贯彻落实国家相关战略。充分利用好"四大国家战略"赋予浙江的政治优势,在战略区域内积极探索推动有益于浙江市场化进程的政策措施,创新工作思路,开展相关政策的先行先试工作。二要加快转变政府职能,试点改革行政审批制度,变审批管理为全程服务,加快打造符合国际惯例的政策体系,向美国、德国等具有先发优势的国家和地区加大政策借鉴力度,联合国家相关职能部门在浙江就提高全球布局市场效率、降低国际运作经营成本等主题开展试点工作,协助企业系统谋划、统筹利用全球创新要素资源,促进浙江产业升级和经济发展。

明确浙江战略定位,承接全球资源、经济要素。明确浙江"先进制造为本,高端产业为支柱"的产业发展思路,打造极具竞争力的全球战略性新兴产业创业区域。一是会聚高端人才资源。通过制定分类优惠政策,吸引企业家、高级知识分子、高技能工人等高级人才向浙江集聚,加大浙江人才同国际先进企业、经济体交流力度。二是集聚资金资源。搭建平台和渠道加强项目、资本对接,吸引优质创业资本

在浙江集聚，提升浙江企业参与全球资源配置能力。三是融通产业资源，培育本土世界级跨国公司，鼓励浙江企业积极参与全球产业价值链整合，学习优秀企业发展经验，提升浙江企业在全球竞争中的参与度和竞争力。

制定合理引导政策，助力企业国际竞争。全面推进信息经济发展战略，结合"四换三名"和"能源双控"工程加快推动传统产业转型升级，促进战略性新兴产业蓬勃发展，优化产业结构。大力贯彻"浙商回归"战略，吸引优秀浙江企业、全球浙商回归，共同打造及完善区域经济，使其在政策措施、创新活力、基础设施等方面可以同全球创业热土媲美。

着力培育浙江特色跨国经营企业家。一要提升企业家国际经营视野和全球资源整合能力。培育浙江本土跨国公司，关键是要培育既熟悉浙江省情又具备国际化视野的跨国经营企业家。相关职能部门要制定跨国经营企业家培训方案，向熟悉浙江省情同时在跨国企业经营研究方面有较深造诣的科研机构、高校购买培训服务。利用国家现有人才项目引进一批适合国际化经营的高级国际贸易人才、金融财会人才、科技人才、管理人才和法律人才，建立有助于国际经营人才流动的管理体系。二要打造有助于企业家发挥个人才干的市场经营环境，以市场改革促进企业发展，以企业发展倒逼市场改革，实现企业与经营环境的良好互动。三要为浙江企业提高国际化管理程度提供公共服务。针对民营企业数量多且家族式传承同国际化公司治理模式存在冲突的现状，需要引进更多大型或有跨国公司业务经验的管理咨询机构为企业提供相关咨询服务，同时需要从产权保护、政府信用等角度为企业走向国际化提供公共政策保障。

大力弘扬浙商精神，打造全球创业热土。积极贯彻落实"两创、两富"战略，通过加强政府平台宣传力度、鼓励浙江企业"走出去"等方法扩大浙江区域经济影响力，加大浙商精神在全球的推广力度，提升浙商精神在全球的认知度，传播浙江适宜创业创新的积极信号，为浙江吸引全球企业、资本及企业家的入驻营造优良舆论氛围，为浙江企业、企业家"走出去"获得所在地认可提供帮助。

借跨境电商融入全球价值链。跨境电商作为新的发展热点，因其全球区域供应链的优势互补及电商渠道扁平化的效率提升，正日益成为浙商寻求海外商机的选择。作为全国唯一一个信息化和工业化深度融合的国家示范区，浙江迅速瞄准了国际贸易的变革机会，培育对外贸易新的增长点，以杭州、宁波和义乌三个地区最为突出。2016年，全省实现跨境网络零售出口319.26亿元，同比增长41.69%，有6.44万家网店活跃在大型跨境电商平台上。另外，与跨境电商息息相关的物流、专业服务商等配套支撑体系也日趋完善，对其发展提供正向助力。"一带一路"沿线市场潜力巨大，是浙江实施贸易投资市场多元化、全球化战略的良好契机。"十三五"期间，浙江以"一带一路"倡议为指导，发挥区位优势，对接发展战略，与推进经济转型升级结合起来。"其中的主要着力点在于推进优势产业对接、保持贸易畅通、提升对外开放通道以及创新'互联网+'，发挥浙江电子商务尤其是跨境电商的发展优势，做好顶层设计。"

二 顺应"五新一平"互联网新经济时代发展趋势

一是顺应互联网新经济发展趋势，突出浙江电子商务生态的核心优势地位。近十年来，浙江一直保持国内电子商务发展的领先地位，电子商务服务生态核心优势明显、电商服务业协同效应突出、电子商务各领域的龙头企业云集，在新经济范式下要把电子商务生态优势发挥到极致，将电子商务与经济社会深度融合。二是把传统制造产业转型作为重中之重。传统制造行业是浙江经济最重要的基础，其如何更好地转型升级是政府及产业界面临的核心问题，浙江制造业的转型必须牢牢把握工业互联网这一趋势。三是把民生改善作为重要考量要素。民生改善是历届党委和政府关注的重点，顺应互联网发展的"五新"理念不仅要在实现经济模式转型上发挥动能，在改善民生方面也要有所作为，浙江经验的典型特征是以草根经济为基础，小微型企业、草根创业者应在新经济范式下享受到实现价值的便利。四是科学统筹各地区经济发展分工协作。一方面，在推动新经济发展中省内各地区要进行科学分析合理定位，把产业、业态、区位、要素上的互补性充分发挥出来，实现乘数效应；另一方面，新经济发展进程中需要发达地区更好地带动后发地区，真正实现普惠性、包容性发展。

1. 把握"五新"本质,强化服务职能,构建智慧政府

充分认识到互联网电子商务的新经济本质和内在逻辑,针对块状经济明显、中小企业众多为典型特征的浙江经济,更需要用大数据、云计算、物联网和移动互联网等技术改造和武装政府,提高政府的公共治理能力,以更好地服务民营中小企业的"五新"化发展。

(1)推动各地打造智慧政府2.0,促进经济社会新治理。首先,创新政府公共服务,升级老百姓喜欢用、用得好、网上网下协同的智慧服务平台。其次,创新政府工作方式,建设基于大数据技术的政府部门科学决策支撑系统。通过政府信息数据的互通和共享,构建不同部门间的协同体系,提高政府的公共治理能力,服务经济社会和企业的"五新"化发展,以适应互联网时代变化,实现经济社会的新治理。

(2)政府主导推动电子商务监管,引导新零售健康发展。借势"质检总局电子商务产品质量风险监测中心"和"质检总局电子商务产品质量12365投诉举报处置指挥中心"落户杭州,浙江要继续引领电子商务行业大数据监管云平台建设,在产品质量数据采集分析系统、产品质量舆情监测分析系统、产品质量监管协作系统等领域加大投入,通过大数据技术将新零售领域各主体的交易、物流、税务等环节纳入监管范围中,及时掌握新零售市场主体行为,实现信用评价、行为监管、主体及客体监管等职能智慧化。

2. 推动线上线下融合,重塑市场新体系,促进新零售发展

发挥电子商务服务、销售与消费等方面的领跑优势,实现实体经济与互联网的完美结合,构建具有更高的经济规模、更高的效率、更高的信息匹配度、更多的交易成功率、更低的交易成本的新零售市场。

(1)在各地推进传统市场升级改造工程,建设适应互联网发展的新分销体系。在全国电商如潮、上下游产业链系统整合的现代商贸业发展大潮下,传统专业市场无论在商业模式、业态组合、建筑规划等方面均已落后。未来的5—10年浙江要大力探索"线上网购、线下体验相融合"的商业新模式,打造集设计研发、标准制定、品牌孵化、展示交易、电子商务、旅游观光、文化体验、企业总部等多功能于一

体的、上下游产业链集聚、总部经济产业集群特色的专业市场。

（2）引导各类商业主体运用新技术、新工具、用数据来武装自己，建设线上线下一体化的新商业场景。加快对各类购物中心的数据与通信网络建设，商家在海量的商品信息和用户信息中，快速、高效完成顾客消费行为的深度挖掘，并迅速制定有效的企业运营和商业营销策略，满足消费者多样化、个性化的需求。对于连锁门店而言，帮助实现店内实时监测与资料收集，提升不同区域的门店管理效率。社区商店应全面融合互联网应用，发挥其最后一公里作用，不断改善民生。

（3）加大新经济基础设施的投入，保障新商业发展需要。各地政府要联合相关龙头企业、电商大平台企业进行科学认证与布局，加大新经济基础设施的投入，尤其在通信设施、物流仓储等领域，重塑供应链体系，进一步推进新零售的全面发展。

3. 鼓励新技术应用，加速新制造升级，实现供给侧改革

新经济正在引领浙江产业加速转型升级，这种由新兴经济业态带来的产业结构转型，被学者和专家们称为"最典型转型"，将重塑浙江产业结构、决定浙江经济的未来走向，加快供给侧结构性改革步伐。

（1）结合浙江八大万亿支柱产业，大力推进智能制造的发展与应用。以建设浙江"十三五"重点发展的八大万亿支柱产业为目标，运行互联网、物联网、大数据、云计算等信息技术，实现与各行各业融合发展，加快发展互联网工业、互联网服务业；大力发展智能制造（包括智能机器人、3D打印、柔性制造、无人驾驶、工业自动化等产业）在浙江的特色产业，如纺织服装、汽车制造、五金机电等中的应用推广；充分发挥市场对配置科技创新资源的决定性作用，打造产学研创新利益共同体，推动创新链、产业链、资金链精准对接，让创新要素跟着市场走、跟着企业走。

（2）新建重建合建一批高水平大学，全面推进生产力转化工作升级。重点新建组建一批企业主导的高水平大学，导入各方资源，加大研究投入，为阿里巴巴集团主导阿里巴巴商学院办学创造条件，提升阿里巴巴商学院办学层次，鼓励阿里巴巴联合海康威视、西子集团、

富士康等重点企业成立浙江先进制造研究院，为传统企业顺应互联网发展提供支持。着力打造如西湖大学（以前沿科学研究和高技术领域的高层次人才培养为目标的新型大学）、浙江大学工程师学院（依托浙江大学多学科综合及强大的工科基础、政产学研及国际合作优势，服务国家战略），充实新理论和新技术的供给，顺应时代发展和社会需求。

4. 创新金融服务方式，提升风险控制水平，打造普惠金融生态

移动互联网、云计算、大数据等新技术引发金融业"基因突变"，浙江民营金融基础好，在传统金融业务与互联网技术融合方面有着先天的优势条件，加之互联网创新创业十分活跃，对新金融的诉求也更为现实和紧迫。

（1）形成浙江版的新金融格局。大力推进浙江新金融体系的升级发展，以蚂蚁金服、浙江网商银行为代表的互联网金融企业开始成为全省金融体系的新兴力量，有"浙银品牌"之称的银行机构也在稳健发展，保险业的"浙江亮点"逐步显现，农业保险、科技保险、小额贷款保证保险等业务创新发展，此外，"浙江农信""浙江小贷"等支农支小品牌也逐一打响。基层小微金融的新生力量的不断壮大，将成为浙江版新金融的亮点。

（2）完善基于大数据的在线信用体系。政府引领金融机构及大电商平台公司主导，加快构建完善互联网时代的信用评估体系。传统商业银行积极主动拥抱互联网，不断探索新的发展路径。互联网金融企业在控制风险的同时加大对用户群体相关数据的开发与利用，完善新经济时代基于数据的信用体系，引导企业构建基于大数据的在线信用体系，降低金融风险。

（3）推进新金融与互联网双创的深度融合。通过扶持网商银行等新业态发展、出台针对青年创业者的优惠性金融政策、鼓励合乎法规的P2P类型项目落地推广，让新金融能真正惠及符合条件的所有创业者、年轻人、小企业，为这些传统金融模式下的弱势群体带来福祉，实现包容性发展，真正打造公平、透明、开放的普惠金融体系。

5. 探索新能源开发，搭建数据共享平台，赋能新经济转型

浙江正处在新旧产业发展动能换挡的关键阶段，旧的发展动能趋

于弱化，新经济、新动能在加快成长。全省经济既有工业4.0的新亮点，还有大量低水平的传统产业。新经济形虽弱而势渐强，加强新技术在浙江经济中的投入，以大数据来赋能各领域的生产与经营，必将是未来浙江经济转型的重中之重。

（1）结合各地产品特色建设大数据中心。借势全省块状经济发达的优势，认证和谋划重点突破产业，如杭州女装、绍兴轻纺、嘉兴箱包、宁波家电、温台五金、义乌小商品等，各地政府与知名大数据企业合作，逐步实现生产制造、销售、管理中的数据新能源开发，推进经济资源数据化，建设不同行业的产业大数据资源聚合和分析应用平台。

（2）逐步实现公共领域数据的开放，向社会各领域治理提供大规模智能化应用。发展工业大数据，推动大数据在工业研发设计、生产制造、经营管理、市场营销、售后服务等产品全生命周期、产业链全流程各环节的应用，分析感知用户需求，提升产品附加价值，打造智能工厂。

（3）加大数据能源在新商业模式和新产品服务中的应用，加大研究投入和资源导入，鼓励互联网龙头企业与实体经济龙头企业强强合作，为传统企业转型发展提供新动力。

三 探索"产、城、人、文"四位一体创新发展平台

1. 全新建设路径，引领高质发展

致力于产业高端，明确特色小镇需要锁定七大新兴产业或者十大历史经典产业，主攻最有基础和优势的特色产业，紧扣产业升级趋势，培育行业"单打冠军"。即便是主攻同一产业，也要差异化发展。如同样是信息经济特色小镇，云栖小镇主攻云计算、大数据，梦想小镇主攻互联网创业，跨贸小镇主攻跨境电子商务。

致力于业态创新，要求特色小镇围绕特色产业，聚合文化、旅游和社区功能，实现四大功能的有机融合与三次产业的交融发展。如嘉善的巧克力甜蜜小镇，围绕巧克力的生产，融入了工业旅游、定制体验、婚庆产业、花海种养等业态，2016年小镇实现服务业营业收入49亿元，工业企业主营业务收入6000万元，接待游客100多万人次。

致力于生态发展，把特色小镇布局在城乡接合部，规划面积控制

在 3 平方公里左右，以生态保护为底线，以建成 3A—5A 景区为标准，根据产业特色、地形特点、历史文化，打造独特的建设风格、人文气息，做强美丽经济。如杭州玉皇山南基金小镇，通过"三改一拆""腾笼换鸟"，建成了具有古典园林风格的金融小镇。2016 年小镇集聚金融机构 1090 家，资金管理规模超过 6000 亿元。

2. 全新政策供给，加快特色发展

第一，提高政策供给的有效性，设置有奖有罚的扶持政策，向完成年度目标任务的创建对象兑现扶持政策，对连续两年不完成的加倍倒扣用地指标。第二，优化政策供给的针对性，设计了多干多得利、期权式奖励的扶持政策。用地根据年度实际新用建设用地奖励，财政按照年度新增税收给予奖励，政策兑现从事先直接给予变为事后结算，最大限度发挥政策效应。第三，发挥政策供给的示范性，浙江择优公布了 10 个省级示范特色小镇，给予土地、产业基金设立等方面的倾斜支持。第四，强化政策供给的带动性，设置了宽进严定、动态培育的创建路径。浙江不搞区域平衡、产业平衡、数量限制，以是否符合特色小镇的内涵要求、建设目标作为唯一标准，择优分批公布省级特色小镇创建名单和培育名单，对于年度考核不达标的特色小镇则实施退出机制。通过正向激励和倒逼发展机制的紧密结合，保证浙江特色小镇的活力。

3. 全新运作机制，促进活力发展

浙江坚持政策引导、企业主体、市场化运作。创新建设模式、管理方式、服务手段，初步形成了市场为主的特色小镇运作机制。一是鼓励建设主体多元化。以开放的理念欢迎各类主体参与特色小镇的建设，如国企、民企、外企、高校、行业领军人物等。阿里巴巴集团技术委员会主席王坚博士就是云栖小镇的灵魂人物，浙江大学也建设了一个西湖紫金众创小镇。二是建设资金来源多样化。鼓励各类资金投入到特色小镇。民间资本成为小镇建设的主力军，国家也设立了特色小镇专项。三是做到过程管理动态化，创新设计特色小镇统计监测制度，采取一季一通报、一季一现场会、一季一"镇长论坛"、一年一考核、不定期约谈等方式，以成绩说话。动态淘汰低速、低效、低质发展的特色小镇。四是提供服务力求精准化，建立省领导联系制度以快速协调解决重大问题，要求各部门做好"店小二"以提供个性化、专业化的服务，允许国家、省以及符合法律要求的改革试点在特色小镇先行先试。

4. 问题导向模式，推进持续发展

作为特色小镇的原创地，浙江珍惜取得的丰硕成果，坚持问题导向，精准施力，确保特色小镇健康可持续发展。第一，突出质量，打造高品质的特色小镇。一是严把规范关，强化规划指导。二是严把进口关，优中选优，重点选择大企业、大集团、央企、浙商、高新技术企业参与的特色小镇。三是严把考核关，淘汰年度考核不合格的特色小镇，警告建设质量一般的特色小镇。强调高质量的建设导向。第二，彰显特色，建设个性化的特色小镇。一是指导特色小镇形象设计因地制宜，突出特色。二是指导小镇集聚产业特色，成为行业"单打冠军"。三是指导小镇形成独特的风格，做亮生态特色、人文特色、建筑特色，推进业态、生态、文态、形态的融合。第三，聚焦高端，建设引领型的特色小镇。一是积极推进以高新技术为主导的特色小镇建设。二是以环境"绿净美"为重点，加快改善生态环境。三是要以"高精尖"为重点，大力引进高端科研院所和高端人才。第四，强化创新，创建活力的特色小镇。一是大力推进特色小镇的节能节水，提高环境标准。二是充分发挥科技在特色小镇建设中的支撑和引领作用。三是以特色小镇的理念和方法，指导有需求的开发区、工业园区转型升级。

参考文献

陈劲：《走向自主：浙江产业与科技创新》，浙江大学出版社2008年版。

杜健：《外商直接投资与中国工业产业技术创新》，科学出版社2008年版。

段珊、王皓白：《浙江企业自主创新研究》，浙江大学出版社2013年版。

郭占恒：《改革与转型：探索浙江发展的方位和未来》，红旗出版社2017年版。

蒋泰维：《2007年浙江科技发展报告》，浙江科学技术出版社2008年版。

刘迎秋等：《浙江经验与中国发展》，社会科学文献出版社2007年版。

人民日报评论部：《习近平用典》，人民日报出版社2015年版。

吴晓波：《全球化制造与二次创新：赢得后发优势》，机械工业出版社2005年版。

吴晓波：《2012—2013浙江省创新型经济蓝皮书》，浙江大学出版社2013年版。

吴晓波、周伟华、陈学军：《中国企业健康指数报告（2016）》，浙江大学出版社2016年版。

吴晓波、陈凌、李建华：《2014全球浙商发展报告：国际化发展的浙商》，浙江大学出版社2014年版。

吴晓波、齐羽、高钰、白云峰：《中国先进制造业发展战略研究》，机械工业出版社2013年版。

习近平:《干在实处,走在前列:推进浙江新发展的思考与实践》,中共中央党校出版社 2006 年版。

习近平:《之江新语》,浙江人民出版社 2007 年版。

章小初、吴晓波:《移动互联网时代的价值创造——移动商务客户价值创造机制研究》,科学出版社 2014 年版。

徐明华、陈锦其:《浙江全面实施创新驱动发展战略研究》,中国社会科学出版社 2015 年版。

中共中央文献研究室:《习近平关于科技创新论述摘编》,中央文献出版社 2016 年版。

周国辉:《第一动力——科技创新思想与浙江实践》,浙江人民出版社 2016 年版。

陈传群:《星火计划浙江潮——论星火计划是推动浙江农村经济发展的一条有效途径》,《农经》1994 年第 4 期。

陈建军:《浙江经济:比较优势和"走出去"战略》,《浙江大学学报》(人文社会科学版) 2002 年第 1 期。

陈立旭:《自主创新精神与浙江经济发展》,《浙江社会科学》2000 年第 2 期。

陈时兴:《处理好政府和市场的关系,推进经济体制改革向纵深发展》,《浙江经济》2012 年第 23 期。

杜健:《经济转型中的全球化制造与中国》,《国际学术动态》2010 年第 6 期。

杜健、吴东、吴晓波、裴珍珍:《旗舰企业对本地企业知识转移的影响因素研究——基于全球制造网络的视角》,《科学学研究》2013 年第 3 期。

范柏乃、郑启军、段忠贤:《自主创新政策的演进:理论分析与浙江经验》,《中共浙江省委党校学报》2013 年第 4 期。

黄宇:《改革开放 30 年体制机制创新的浙江经验》,《今日浙江》2008 年第 12 期。

洪银兴:《创新驱动攀升全球价值链中高端》,《经济学家》2017 年第 12 期。

蒋泰维:《走浙江特色的自主创新道路》,《政策瞭望》2006 年第

4 期。

金德高：《常设技术市场的浙江模式》，《华东科技》1996 年第 6 期。

来佳飞：《特色小镇：杭州新经济的创新载体》，《浙江经济》2016 年第 18 期。

廉军伟：《基于企业研究院视角的县域科技创新研究——以浙江新昌为例》，《科技与经济》2016 年第 5 期。

刘亭：《从资源小省到经济大省》，《今日浙江》2007 年第 19 期。

刘友金、黄鲁成：《产业群集的区域创新优势与我国高新区的发展》，《中国工业经济》2001 年第 2 期。

吕克斐：《四大未来科技城发展要素比较分析》，《杭州科技》2011 年第 5 期。

彭新敏、郑素丽、吴晓波、吴东：《后发企业如何从追赶到前沿？——双元性学习的视角》，《管理世界》2017 年第 1 期。

任腾飞：《海康威视：依托人才打赢"突围战"》，《国资报告》2017 年第 7 期。

史晋川：《制度变迁与经济发展："浙江模式"研究》，《浙江社会科学》2005 年第 5 期。

唐根年、徐维祥、罗民超：《浙江区域块状经济地理空间分布特征及其产业优化布局研究》，《经济地理》2003 年第 4 期。

唐建国、胡芒谷：《中国浙江网上技术市场介绍》，《今日科技》2002 年第 10 期。

王方：《我国高新区政策变迁历程及发展趋势研究——基于中国 1984—2011 年高新区政策的考察》，《科技进步与对策》2013 年第 12 期。

王立军：《浙江省制造业技术引进消化吸收再创新研究》，《软科学》2007 年第 3 期。

汪群芳、李植斌：《基于人力资本的浙江省经济增长实证分析》，《浙江理工大学学报》2006 年第 4 期。

吴晓波：《二次创新的周期与企业组织学习模式》，《管理世界》1995 年第 3 期。

吴晓波、陈小玲、李璟琰：《战略导向、创新模式对企业绩效的影响机制研究》，《科学学研究》2015 年第 1 期。

吴晓波、陈颖：《中小企业组织二元性对企业绩效的影响机制研究》，《浙江大学学报》（人文社会科学版）2014年第5期。

吴增源、易荣华、张育玮、伍蓓：《新创企业如何进行商业模式创新？——基于内外部新知识的视角》，《中国软科学》2018年第3期。

夏宝龙：《按市场规律看形势谋实招　持续增强浙江经济竞争力和后劲》，《政策瞭望》2015年第10期。

项枫：《网上技术市场建设的"浙江模式"》，《中国国情国力》2013年第2期。

谢洪明、周健、程宣梅：《"全球浙江，全球浙企，全球浙商"——以全球化战略引领浙江中长期发展》，《浙江经济》2014年第22期。

姚明明、吴晓波、石涌江、戎珂、雷李楠：《技术追赶视角下商业模式设计与技术创新战略的匹配——一个多案例研究》，《管理世界》2014年第1期。

袁卫：《浙江有群"店小二"》，《今日浙江》2016年第1期。

袁继新、谌凯、林志坚、姚笑秋：《浙江省引进大院名校共建创新载体的实践》，《中国科技论坛》2013年第8期。

张鸿铭：《特色小镇：杭州转型升级、创新发展的新动力》，《杭州科技》2016年第2期。

浙江省委党校课题组：《新时期浙江发展的历史方位和目标任务》，《浙江经济》2017年第10期。

之江平：《创新驱动托起浙江经济升级版》，《浙江在线》2013年5月27日。

周国辉：《"德清模式"：一个现代寓言式的创新故事》，《浙江经济》2014年第11期。

周国辉：《把科技成果转化作为"第一工程"　继续打响"浙江拍"品牌》，《今日科技》2016年第11期。

周国辉：《明确定位　谋定而动　扎实推进之江实验室建设》，《浙江经济》2017年第5期。

朱淼、郑刚：《影响浙江省产业国际竞争力因素分析》，《浙江经济》2003年第6期。

习近平：《敏锐把握世界科技创新发展趋势，切实把创新驱动发展战略实施好》，《人民日报》2013年10月2日。

袁涌波：《总结浙江经验　贡献浙江智慧》，《浙江日报》2016年3月25日。

徐福志：《浙江省自主创新政策的供给、需求与优化研究》，硕士学位论文，浙江大学，2013年。

浙江大学全球浙商研究院：《2016浙江全球化发展报告》，杭州，2017年。

Benner, M. J. & Tushman, M., "Exploitation, Exploration and Process Management: The Productivity Dilemma Revisited", *Academy of Management Review*, 2003, 28 (2): 238 – 256.

Choung, J. Y., Hwang, H. R. & Song, W., "Transitions of Innovation Activities in Latecomer Countries: An Exploratory Case Study of China", *World Development*, 2014, 54 (1): 156 – 167.

Dutrénit, G., "Building Technological Capabilities in Latecomer Firms: A Essay Renew", *Science Technology & Society*, 2004, 9 (2): 209 – 241.

Figueiredo, P. N., "Beyond Technological Catchup: An Empirical Investigation of Further Innovative Capability Accumulation Outcomes in Latecomer Firms with Evidence from Brazil", *Journal of Engineering and Technology Management*, 2014, 31 (1): 73 – 102.

Gao, X. D., "A Latecomer's Strategy to Promote a Technology Standard: The Case of Datang and TD-SCDMA", *Research Policy*, 2014, 43 (3): 597 – 607.

Gereffi G., "International Trade and Industrial Upgrading in the Apparel Commodity Chain", *Journal of International Economics*, 1999, 48 (1): 37 – 70.

Hobday, M., "East Asian Latecomer Firms: Learning the Technology of Electronics", *World Development*, 1995, 23 (7): 1171 – 1193.

Hobday, M., Rush, H. & Bessant, J., "Approaching the Innovation Frontier in Korea: The Transition Phase to Leadership", *Research Poli-*

cy, 2004, 33 (10): 1433 – 1457.

Hoskisson, R. E., Wright, M., Filatotchev, I. & Peng M. W., "Emerging Multinationals from Mid-range Economies: The Influence of Institutions and Factor Markets", *Journal of Management Studies*, 2013, 50 (7): 1295 – 1321.

Kim, L., *Imitation to Innovation: The Dynamics of Korea's Technological Learning*, Boston, MA: Harvard Business Press, 1997.

Laamanen, T. & Wallin, J., "Cognitive Dynamics of Capability Development Paths", *Journal of Management Studies*, 2009, 46 (6): 950 – 981.

Lee, K. & Lim, C. S., "Technological Regimes, Catching – up and Leapfrogging: Findings from the Korean Industries", *Research Policy*, 2001, 30 (3): 459 – 483.

March, J., "Exploration and Exploitation in Organization Learning", *Organization Science*, 1991, 2 (1): 71 – 87.

Meyers, P. W., "Non-linear Learning in Large Technological Firms: Period Four Implies Chaos", *Research Policy*, 1990, 19 (2): 97 – 115.

Mu, Q. & Lee, K., "Knowledge Diffusion, Market Segmentation and Technological Catch – up: The Case of the Telecommunication Industry in China", *Research Policy*, 2005, 34 (6): 759 – 783.

Tushman, M. L. & O'Reilly Ⅲ, C. A., "Ambidextrous Organizations: Management Evolutionary and Revolutionary Change", *California Management Review*, 1996, 38 (4): 8 – 30.

Xiao, Y., Tylecote, A. & Liu, J., "Why not Greater Catch-up by Chinese Firms? The Impact of IPR, Corporate Governance and Technology Intensity on Late – comer Strategies", *Research Policy*, 2013, 42 (3): 749 – 764.

Xie W. & Wu G., "Differences between Learning Processes in Small Tigers and Large Dragons: Learning Processes of Two Color TV (CTV) Firms within China", *Research Policy*, 2003, 32 (8): 1463 – 1479.

Wu J., Si S. & Wu X. B., "Entrepreneurial Finance and Innovation: Informal Debt as an Empirical Case", *Strategic Entrepreneurship Journal*,

2016, 10 (3): 257-273.

Wu X. B., Dou W., Du J. & Jiang Y. L., "Production Network Positions, Innovation Orientation and Environment Dynamics: an Empirical Analysis of Chinese firms", *International Journal of Technology Management*, 2015, 67 (1): 77-102.

Wu X. B., Dou W., Gao Y. & Huang F. L., "How to Implement Secondary Product Innovations for the Domestic Market: a Case from Haier Washing Machines", *International Journal of Technology Management*, 2014, 64 (2-4): 232-254.

Wu X. B., Zhou H. J. & Wu D., "Commitment, Satisfaction, and Customer Loyalty: a Theoretical Explanation of the 'satisfaction trap'", *Service Industries Journal*, 2012, 32 (11): 1759-1774.

Wu X. B. & Li J., "Towards an Innovation-driven Nation", *STI Policy Review*, 2015, 6 (1): 36-53.

后　　记

习近平总书记指出，创新是引领发展的第一动力。抓创新就是抓发展，谋创新就是谋未来。适应和引领我国经济发展新常态，关键是要依靠科技创新转换发展动能。创新不仅推动经济量的巨大发展，更带来经济质的根本提升，是建设现代化经济体系的战略支撑。面对复杂的改革环境、艰巨的发展任务，今天的中国比以往任何时候都更加需要创新驱动。

在波澜壮阔的改革大潮中，浙江人解放思想，敢为天下先，敢争天下强，塑造了"特别能吃苦、特别能创业、特别能创新"的浙商品格，积淀了以"创业创新"为核心的浙江精神，迸发出浙江民本经济"聚沙成塔"的巨大能量。"民营、民富、民享"的民本经济始终是浙江创新驱动发展最大的活力所在，充分激发民间活力，全面释放内生动力。面对新挑战，浙江积极实施创新驱动发展战略，鼓励创新、激发创造，推动以科技创新为核心的全面创新，加快转变经济发展方式、破解经济发展中的深层次矛盾和问题，为经济发展注入新动能。创新驱动发展既是过去浙江干在实处的基本经验，也是今后继续走在前列的重要法宝。

"浙江的今天就是中国的明天。"处在改革发展的前沿，浙江人以务实、开放、领先的精神风貌，直面问题，迎接挑战，阶段性成果逐渐明晰，成为创新驱动促转型升级的鲜活经验。在改革开放40周年之际，系统回顾和提炼浙江创新发展的道路和启示，这既是对浙江改革开放40年发展基本经验最重要的总结，更是对浙江未来经济社会发展最重要的指引。

本书力求构建一个结构化的创新驱动发展逻辑模型，系统、准确、严谨地剖析浙江创新发展的重要驱动要素。本书也是集体智慧的结晶，特别感谢吴增源、杜健、郑素丽、韦影、胡保亮、范志刚、吴东、滕远阳等诸位团队成员，感谢浙江省社科联的领导及专家，正是他们的参与和协助使得本书得以高质量地完稿。在此，我们向为此书出版付出了心血和汗水的朋友致以最深切的谢意。

浙江乃至中国创新驱动发展的成果，实实在在，真真切切，与我们每一个人息息相关，我们既是过程的参与者，也是成果的分享者。让我们在参与和分享中共同感知进步，畅想未来！

由于水平所限，加上历史资料收集的工作量巨大，书中难免有不当之处，请各位读者不吝指正！

吴晓波
2018 年 5 月